명곡 최석정 문학세계에 대한 접근의 일단

오랫동안 꿈을 그리는 사람은 마침내 그 꿈을 닮아간다.

A person longing for any dream for a long time
resembles that dream at last. (Andre Georges Malraux)

기획연구총서 2
텍스트연구소
한국고전문학

명곡 최석정 문학세계에 대한 접근의 일단

윤재환 외 6인 지음
한국고전문학텍스트연구소

학자원

이 책은 단국대학교 부설 한국고전문학텍스트연구소의 기획연구 결과물로 간행된 도서임.

기획연구총서 간행사

한국 고전문학 텍스트 연구소는 창조와 혁신이라는 인문학의 정신을 바탕으로 대중들의 관심에서 버려져 있는 우리 고전의 가치를 새롭게 밝혀, 현대를 살아가는 사람들에게 삶의 지표와 미래의 희망을 제시하기 위해 설립되었습니다.

현대 사회를 인문학의 종말기라고 할 만큼 우리 주변에서 고전에 대한 관심은 찾아보기 어렵고, 인문학에 대한 흥미는 점점 옅어져 가고 있습니다. 그러나 현대 사회에 팽배한 인문학에 대한 폄하나 고전에 대한 그릇된 인식은 그 연원이 오래되었습니다. 인류의 역사를 되돌아보면 고전이 그 자체로 가치와 의미를 인정받았던 시기를 찾기 어렵고, 인문학이 위기가 아니었던 시대가 없었습니다. 하지만, 만약 그와 같은 인식이 진실한 것이라면 우리 사회에서 고전과 인문학은 이미 자취를 감추었어야 하지만 사회가 첨예해지고 기술 문명이 발달할수록 고전과 인문학에 대한 대중들의 갈망은 커지기만 합니다. 이와 같은 모습은 고전과 인문학이 우리 사회에서 결코 소외될 수 없는 본질적이고 중차대한 것임을 보여주는 것입니다.

한국 고전문학 텍스트 연구소는 고전에 대한 왜곡된 인식과 인문학에 대한 그릇된 편견을 교정하는 마중물이 되고자 설립된 연구소입니다. 본 연구소에서는 인문학 고전을 다양한 사회의 변화에 부응할 수 있도록 새롭게 가공하여 현대인들에게 고전과 인문학의 가치를 일깨우고 흥미를 부여하고자 합니다. 이를 위해 본 연구소에서는 자료의 정리와 번역 가공, 개인 학술 연구, 연구소 기획 연구라는 네 방향에서 우리 고전과 인문학에 접근하고자 합니다.

이번에 간행하는 기획연구총서 제2권은 이와 같은 본 연구소의 운영 방침에 따라 1권에 이어 발간되는 책입니다. 1권에서 다루었던 남구만의 제자 최석정을 대상으로 1년에 걸친 공동 연구와 기획 발표를 진행한 뒤 그 결과를 묶은 것입니다. 남구만과 같이 최석정도 당시의 위상이나 역할과 달리 그다지 알려져 있지 않아, 이 책을 통해 학계와 대중에게 최석정을 알리고 그에 대한 관심을 이끌고자 한 것입니다.

다양한 가치에 대한 고려를 바탕으로 한 연구 대상의 선정과 집단 연구를 통해 이루어지는 엄밀하고 정치한 연구 진행 과정은 개인 학술 연구와는 또 다른 의미를 지닐 것입니다. 그런 만큼 이와 같은 방법에 따라 산출된 연구 결과물로 이루어지는 기획연구총서는 인문학 관련 전문 연구자뿐만 아니라 일반 대중들에게도 우리 고전과 인문학의 가치와 의미를 알려 고전에 대한 왜곡된 인식과 인문학에 대한 그릇된 편견을 교정하는 일에 적지 않은 도움이 될 것이라 생각합니다.

이후로도 이와 같은 기획 연구 활동이 충실하게 이루어지기를 기대하며, 기획연구총서의 간행에 물심양면으로 도움을 주신 도서출판 학자원의 김병환 사장님께 다시 한 번 깊은 감사의 마음을 전합니다.

2020년 4월

단국대학교 부설 한국 고전문학 텍스트 연구소장

책을 펴내면서

명곡明谷 최석정崔錫鼎(1646~1715, 인조 24~숙종 41)은 17세기 후반부터 18세기 전반의 조선을 대표하는 관료 문인의 한 사람이다. 현종 12년부터 숙종 37년까지 관직에 종사하였고, 관직에서 물러난 이후 기로소耆老所에 들었을 만큼 당대 상당한 정치적 위상을 지녔던 소론少論 계열의 영수였다. 영의정 완성부원군完城府院君 최명길崔鳴吉의 손자로 70년의 생애 중 41년을 관직에서 보냈을 만큼 경륜經綸을 인정받았던 전문 관료였지만, 당대의 정치적 격변 속에서 수차례의 삭직削職을 겪기도 했었다.

그래서인지 현재까지 이루어진 최석정 관련 연구는 역사와 정치 분야를 중심에 두고 어문語文과 사상思想 분야에서 간간이 이루어졌다. 34권의 적지 않은 문집 속에 958수의 시를 비롯해 다양한 유형의 글들이 상당수 수록되어 있지만 최석정의 문학에 대한 접근은 상대적으로 소략하다.

이와 같은 상황에서 한국 고전문학 텍스트 연구소 기획 연구의 두 번째 대상으로 최석정을 선정한 것은 다음 몇 가지 이유에서이다. 첫 번째는 아직까지 최석정의 문학세계에 대한 연구가 본격적으로 이루어지지 않았다는 것이다. 문학 내의 세부 영역에서 개별적으로 진행된 연구조차 소략하기 때문이겠지만, 최석정의 문학세계 전체를 포괄하는 종합적인 연구나 검토는 아직까지 시도되지 않았다.

두 번째는 최석정이 지닌 확장성과 관계성이다. 최석정은 가학家學을 통해 우계牛溪 성혼成渾의 학풍學風을 익혔으며, 이후 당대 소론 계열의 영수였던 약천藥泉 남구만南九萬과 현석玄石 박세채朴世采에게 수학하였다. 이 중에서 남구만에게 상당한 영향을 받았던 것으로 보이는데, 남구만은 한국 고전문학 텍스트 연구소의 기획연구총서 1권에서 다루었던 인물이다. 남구만은 17~8세기 소론 계열의 영수로, 당시 소론이라는 자신의 당파를 지키고 후학을 양성하여 이후 소론 계열이 지속되는 데 결정적인 역할을 하였다. 최석정은 남구만의 고제高弟로, 남구만의 뒤를 이어 소론 계열을 이끌며 수많은 후학을 양성하였다. 따라서 남구만과 최석정을 이어 본다면 조선 중·후기 소론 계열의 문학적 속성이 전해지고 변해가는 과정을 살펴볼 수 있을 것이다.

한국 고전문학 텍스트 연구소에서는 기획 연구를 통해 그간 학계의 중심에서 한 발 빗겨나 있었던 대상에 대한 집단 공동 연구를 진행해 오고 있다. 2015년 9월 문을 연 이후, 연구소의 활동이 우리 학계에 조금이라도 실질적인 기여를 하기 위해서는 연구소 나름의 체계적인 연속 연구가 이루어져야 하고, 연구의 대상은 다양한 이유에 의해 학계의 중심에서 빗겨난 인물이나 집단이 되어야 한다고 생각했기 때문이다. 이에 따라 선정한 집단이 조선 후기 소론 계열 문인 집단이고, 그 두 번째 인물이 최석정이다.

최석정에 대한 접근으로는 처음 이루어진 기획 연구이자 집단 연구인 이 연구는 남구만의 뒤를 이어 진행된 것으로, 1년여의 연구 기간 동안 다양한 논쟁을 통해 수많은 시선의 교정을 이끌 수 있었다. 남구만을 이어 이루어진 기획 연구였기 때문에 한 번의 경험이 있었지만, 소략한 선행 연구는 연구의 시작부터 적지 않은 어려움을 주었다.

그렇지만 매달 이어진 소규모 발표회와 분기별로 진행된 연구 발표회, 그리고 학술 대회를 통해 최석정에 대해 조금씩 더 알아가면서 많은 생각을 가지게 되었고, 다양한 시선의 교정을 이룰 수 있었다. 기획 연구를 통해 이루어진 치열한 비판과 토론은 다시 한 번 개별 연구를 넘어선 집단 기획 연구의 필요성과 존재 이유를 선명하게 각인시켜 주는 것이었다.

한 번의 집단 기획 연구를 경험한 이후에 간행하는 기획연구총서 2권이지만, 이 책에는 여전히 많은 아쉬움이 있다. 그동안 들였던 노력을 오롯이 수렴하지 못한다는 것뿐만 아니라 1권을 간행하면서 느꼈던 문제가 여전히 반복되고 있기 때문이다. 하지만 최석정에 대한 기획 연구가 2017년 당시 기획연구총서의 간행을 염두에 두지 않은 상황에서 이루어졌고, 아직까지 기획 연구에 대한 의식이 부족하고 방법론이 완비되지 못한 상태라는 점을 고려해 본다면 비록 이 책이 조금 부족하더라도 낙담만 할 것은 아니라고 생각된다.

이 책은 최석정이라는 한 인물을 대상으로 한 최초의 기획 공동 연구의 결과물이자, 지난 2017년 한 해 동안 우리 연구소의 구성원들이 들인 노력과 흘린 땀을 담고 있다. 그런 점에서 소략하고 부족하지만 이 책은 여러 면에서 적지 않은 의미를 지닌다.

이 책을 출간하면서 기획연구총서 3권 곤륜昆侖 최창대崔昌大에 관한 책의 출판을 준비하고 있다. 기획연구총서 1권과 2권을 이어 나오는 만큼 그 책은 이 책보다 조금은 더 나은 책이 될 것이다. 그리고 그렇게 조금씩 또 하나씩 계속하다보면 언젠가는 우리 스스로도 만족할 수 있는 책을 출판할 수 있지 않을까 생각한다. 다시 한 번 이 책을 출간하기까지 연구소 구성원들이 바쳤던 노력을 되돌아보면서, 이 책을 접하는 모든 분들에게 이 책이 소소하더라도 값있는 책이 되기를 기대한다. 이 책이 출간되기까지 최선을 다해준 연구소 구성원들과 도서출판 학자원의 김병환 사장님께 감사의 마음을 전한다.

2020년 4월
죽전 연구실에서
저자들을 대표하여 쓰다

윤재환

차례

제3부

명곡明谷 최석정崔錫鼎 시세계詩世界의 탐색探索

제1부

명곡明谷 최석정崔錫鼎 논의論議의 전제前提

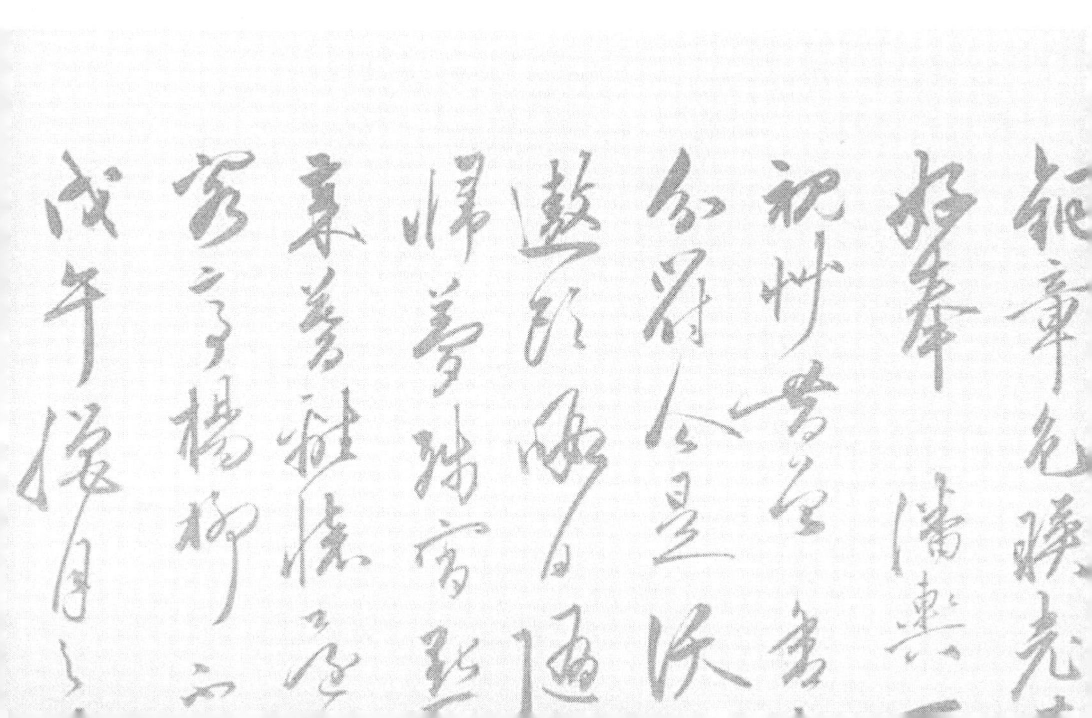

Ⅰ. 명곡 최석정의 삶과 문집 검토

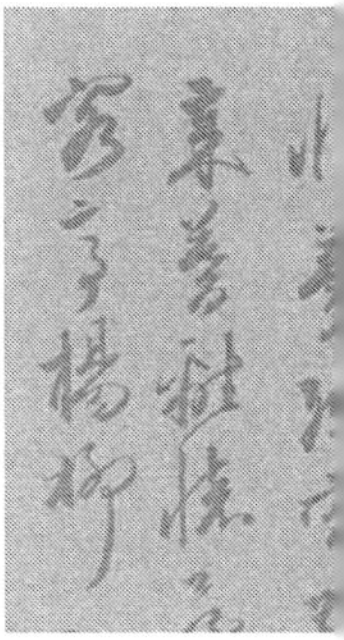

유명석

1. 명곡 최석정의 삶

최석정崔錫鼎은 전주全州 최씨로서 자는 여화汝和, 호는 명곡明谷 또는 존와存窩이며, 1646년(인조24)에 태어나 1715년(숙종41)에 70세의 일기로 세상을 떠난 조선후기의 관료 문인이다. 명곡의 초명은 석만錫萬이었으나 현종顯宗의 아명에 기휘하여 후에 이름을 석정錫鼎으로 바꾸었다.[1] 영흥 부사를 지낸 최기남崔起南(1559~1619)의 증손이며, 조부는 영의정을 역임했던 완성부원군完城府院君 최명길崔鳴吉(1586~1647)이고, 아버지는 한성좌윤 완릉군完陵君 최후량崔後亮(1616~1693)이다. 그러나 아버지 후량의 동생 최후상崔後尙(1631~1680)에게 아들이 없어 입양되었다.

1 崔昌大, 「先考議政府領議政府君行狀」, 『昆侖集』 卷19, "先府君姓崔氏, 初諱錫萬, 字汝時, 後爲翰林, 以顯宗小字嫌名, 有命改之, 改諱錫鼎."

가학家學을 통해 우계牛溪 성혼成渾의 학풍學風을 익힌 그는 어렸을 때부터 학문에 대한 남다른 기질을 보였다. 성품이 청명淸明하고 총명함이 남들보다 뛰어났으며 품행이 단정하고 진퇴進退에 절도가 있었고 글자와 부수를 깨우치고 나서는 육서六書의 대전大篆의 체제를 알았고 눈으로 본 것들은 모두 암송할 수 있었으며 밤낮으로 책상 앞을 떠날 줄을 몰랐다고 한다.[2] 9세에 시서詩書의 모든 글을 암송하고 사서四書에 통달했으며, 12세에 『주역周易』의 괘효卦爻의 변화에 통달하여 손수 도해圖解하고 백가百家의 책을 모두 보아 문의文義에 통달했으며 시문詩文을 지으면 문장이 이루어져 당시에 신동으로 불렸다.[3]

수학기에는 소론少論이 영수였던 약천藥泉 남구만南九萬(1629~1711)과 현석玄石 박세채朴世采(1631~169)에게 가르침을 받았는데,[4] 박세채에게는 『대학혹문大學或問』을 수학하였다고 한다.[5] 그리고 명곡은 어렸을 때부터 양와養窩 이세구李世龜(1646~1700), 포암蒲菴 이사명李師命(1647~1689)과 교유했던 것으로 보이는데 문집에 이들과 함께 지은 옥연적玉硯滴에 대한 연구시聯句詩가 남아있는 것을 볼 수

2 崔昌大, 「先考議政府領議政府君行狀」, 『昆侖集』 卷19, "公生而明悟穎異, 神采丰秀, 雖幼少時, 容止端重, 進退有度, 粹然如精金良玉. …… 旣識字, 便曉部首之分, 仍及六書篆籒之體, 聰記絶倫, 過目輒成誦, 日夜守書榻不去."

3 崔昌大, 「先考議政府領議政府君行狀」, 『昆侖集』 卷19, "九歲, 誦詩書全文, 博通史書, 十二歲, 通易象卦爻之變, 占揲之法, 手畫爲圖, 成一卷, 綜覽百家, 文義沛然, 爲詩文, 下筆成章, 一時籍籍稱神童."

4 『肅宗實錄補闕正誤』, 숙종 41년 11월 11일, "幼從南九萬·朴世采學."

5 崔昌大, 「先考議政府領議政府君行狀」, 『昆侖集』 卷19, "稍長, 從玄石朴公世采, 受大學或問."

있다.[6]

1662년(현종 3) 17세에 감시監試 초시初試에 장원을 했고, 1666년(현종 7) 진사시에 장원했으며 동시에 생원시에서는 8등으로 합격하였다. 1671년 26세에 정시庭試에 병과로 급제하여 승문원에서 관직생활을 시작하였다.[7] 승문원은 조선시대 외교문서를 담당한 관청으로 주로 문벌 가문의 자제들이 들어간 청요직淸要職이었다는 점에서 명곡의 출세가 보장된 관직이었다.

17세기 후반 정국이 노론의 일당 전제가 되어가는 과정에서도 명곡의 출사 이후 관료 생활은 약간 부침이 있기는 했으나 대체로 평탄한 길을 걸었다고 할 수 있다. 1672년(현종 13) 설서說書가 되어 세자를 가르쳤고, 1675년(숙종 1) 홍문관원이 되었으며, 응제문에서 2등의 성적을 받아 호피虎皮를 하사받기도 하였다.[8] 이후 오도일吳道一, 이돈李墪 등과 함께 한원翰苑에 천거되고, 병조좌랑·수찬을 역임하기도 하였으나 당쟁이 점차 격화되어 감에 자주 파직을 당하는 등 정치적 부침을 겪기도 하였다.

1678년(숙종 4) 명곡은 2차 예송에서 패하여 유배된 송시열宋時烈과 종실 복창군福昌君 이정李楨·복선군福善君 이남李柟 형제의 처벌을 주장하다가 유배된 김수항金壽恒을 변론하다가 남인 정권에 의해서 파직되어 문외송출을 당하기도 하였다. 하지만 곧 사면·서용되

6 崔錫鼎, 〈玉硯滴聯句. 同李壽翁世龜, 李伯吉賦.〉, 『明谷集』 卷1.

7 崔昌大, 「先考議政府領議政府君行狀」, 『昆侖集』 卷19, "辛亥, 中庭試丙科, 隸承文院."

8 崔昌大, 「先考議政府領議政府君行狀」, 『昆侖集』 卷19, "應製夫子待賈論, 御題也, 居第二, 賜虎皮."

었다.

1680년(숙종 6) 경신환국이 일어나 남인이 실각하고 서인이 다시 집권하였으나 서인 내부의 노소갈등은 점차 심화되고 있었다. 1685년(숙종11) 명곡은 부제학을 역임할 당시 서인이 노소老少로 분당分黨되는 사건의 중심에 있었던 송시열宋時烈과 윤증尹拯의 대립이 있었다. 이 때 명곡은 윤증을 변호하고 김수항을 배척하는 상소를 올렸는데 숙종에게 노염을 사 파직당하였다.[9] 그러나 곧 다시 서용되어 부제학과 병조참판 등을 역임하였다.

1687년(숙종 13) 서인은 노론과 소론으로 분열되고 송시열宋時烈이 윤증尹拯 부자父子를 비판하였는데, 나양좌羅良佐가 윤증을 변론하다가 노론의 공격을 받자 명곡은 상소를 올려 나양좌를 변론하였다. 이때 명곡은 선기옥형璿璣玉衡을 제작하는 데에 참여하기도 하였다.

1689년(숙종 15) 기사환국으로 노론 정권이 실각하고 남인이 재집권하자 명곡은 몇 년간 중앙 정계에서 물러나 안동 부사安東府使나 연안 부사延安府使와 같은 외직을 지내며 지방관으로 활동하다가 생부의 상을 당하여 벼슬에서 잠시 물러나 있기도 하였다.[10] 1694년

9 『肅宗實錄』, 숙종 11년 2월 9일, "仍下備忘曰 : 今觀副提學崔錫鼎疏本, 抑揚彼此, 偏護私黨之態, 透露難掩, 誠不勝驚愕. 目今朝著之不靖, 士習之不古, 予豈不知. 而自中論議, 不能盡燭, 處分未免失當. 大臣之前席論列, 無非正是非明好惡之意. 則何可以先入爲主不爲反汗乎. 錫鼎之反以此爲過擧, 實所未曉. 況其敲撼大臣之計, 有不忍正視者. 蔑視君相, 縱恣無忌, 一至於此, 誠可痛而亦可駭也. 崔錫鼎罷職不敍. 今後如此章疏, 勿爲捧入."

10 崔昌大, 「先考議政府領議政府君行狀」, 『昆侖集』 卷19, "己巳正月. …… 二月, 上盡黜舊臣, 進用南人, 以連注李益壽罪公, 命補安東府使. 四月, 有親癠

갑술환국 이후 남인이 재차 물러나게 되면서 명곡도 다시금 중앙정계에 참여하여 이조참판 · 한성부판윤을 지내고, 이조판서로 있으면서 서얼이나 음관 · 무관이라도 재주가 있는 자는 적극적으로 등용해야 하고 쌀을 받고 벼슬을 파는 폐단을 철폐해야 한다는 상소를 올리기도 하였다.[11] 이는 명곡이 실용주의적인 정치가였음을 알 수 있게 하는 부분이다.

1697년(숙종 23) 우의정에 올랐고, 9월 주청사가 되어 부사 최규서崔奎瑞, 서장관 송상기宋相琦와 함께 연경燕京에 다녀왔다. 당시의 연행은 왕세자책봉이 달린 중요한 연행이었다. 숙종은 1696년에 서문중徐文重을 청淸에 보내었으나 청은 『대명회전大明會典』에 의거하여 이를 불허하였다. 이때 명곡은 외번外藩과 종번宗藩의 차이를 근거로 법 적용을 달리해야 함을 들어 세자책봉을 성공시키는 공을 세웠다.[12]

歸侍邇, 安東邑大難治, 在官不滿三朔, 政聲翕然, 南民稱頌. 庚午, 拜延安府使, 約己寬民, 莅事勤劇, 重修平遠堂, 疏南大池, 作君子亭于池上, 東西者改觀. 明年罷還. 癸酉冬, 遭生考靜修公喪. 丙子, 制除."

11 『肅宗實錄』, 숙종 22년 7월 21일, "二曰求才. 我國用人, 專尙門地, 先京華後鄕人, 已乖立賢無方之義, 至於防塞庶流, 本非古制. 仁廟朝, 以許要不許淸, 稟裁署經, 久未擧行. 天之生材, 貴賤非有殊, 而枯項黃馘,騈死於蓬戶之下. 如宋翼弼之學術, 而終於布衣, 辛喜季之文章 · 禹敬錫 · 柳時蕃之才諝, 俱未能展其驥足, 可勝惜哉. 今雖未能頓革舊弊, 依定制, 授三曹各寺, 而有吏才者, 畀以州郡, 其出類拔萃者, 不在此限, 蔭 · 武亦宜稍寬其路, 俾無遺才之歎. 至於納米許通, 初因胡變而設, 旣久弊生, 謂宜特除其法. 伏願下詢廟堂."

12 『肅宗實錄』, 숙종 23년 3월 27일, "引見大臣 · 備局諸臣. 領議政柳尙運 · 右議政崔錫鼎, 稟奏文撰出事, 請以世子誕生後, 卽通彼國, 且告宗廟, 定以嫡長子, 中宮鞠養, 無異已出, 臣民屬望已久. 皇明祖訓五百里內宗藩, 慮有嫡庶爭

1698년(숙종 24) 명곡은 붕당朋黨의 폐해에 대해 극진하게 진달하여 노론에 미움을 받기도 했으나,[13] 이듬해 좌의정에 올랐다. 1701년(숙종 27) 명곡이 영의정이 되었을 때 숙종은 장희빈이 취선당就善堂 서쪽에 신당을 몰래 만들어 인현왕후仁顯王后의 죽음을 빌었다고 하여 추국을 명하였다. 명곡은 왕세자를 보호하기 위하여 장희빈의 처벌을 강하게 반대하는 상소를 올렸고, 이에 숙종은 역적을 보호하는 자 또한 역적이라고 말하며 명곡을 파직시켜 진천鎭川에 중도부처中途付處할 것을 명하였다.[14]

이듬해 1월 방면되어 판중추가 되었다가 1703년(숙종 29) 다시 영의정이 되어 1710년(숙종 36)까지 모두 열 차례 영의정의 자리에 올랐다. 명곡이 영의정의 자리에 오른 후 그를 향한 노론의 정치적 공세가 심해졌다. 1703년 정언 김보택金普澤은 명곡이 장희재張希載를 비호했다고 논박하였으며, 조부 최명길이 청나라와 화친을 주장했던 일을 빌미로 하여 정치적 공세를 받기도 하였으며,[15] 또 1707년에는 노론 인사인 좌의정 김창집金昌集과의 불화로 인하여 사직을 하였고, 1710년에는 자신의 저서 『예기유편禮記類編』이 주자朱子의 주註와 해석이 다르다는 이유로 노론의 심한 비판을 받자[16] 1711년(숙종 37)

立之患, 有此定制, 而非可用於外藩之意, 爲言, 上從之."

13 崔昌大, 「先考議政府領議政府君行狀」, 『昆侖集』 卷19, "戊寅正月, 上下敎, 深戒朝臣黨習, 其明日朝參, 公極陳朋黨之弊, 仍及己巳人罪犯差輕者, 宜以漸調叙, 老論皆不悅."

14 『肅宗實錄』, 숙종 27년 10월 1일.

15 『肅宗實錄』, 숙종 32년 3월 3일. "四學儒生宋婺源等, 上疏言, 領議政崔錫鼎, 以主和人鳴吉之孫, 有忘羞辱國之罪, 不可攝吾君而行皇壇之祀. 政院以敲撼大臣・壞亂朝廷, 爲目陳啓, 上下嚴敎, 命婺源邊遠定配, 還給其疏."

미사渼沙에서 은거하게 된다.

1715년(숙종 41) 명곡은 기로소耆老所에 들고 그해 세상을 떠났다. 숙종은 그의 죽음을 슬퍼하며 전교를 내려 예장을 속히 할 것을 명하였으며, 문정文貞이라는 시호를 내렸다.[17] 1716년(숙종 42) 1월 청주淸州 대율리大栗里 선영에 장례를 지냈다. 1721(경종 1) 경상도 관찰사 조태억趙泰億이 문집을 간행하였고, 1년 후인 1722(경종 2) 5월 남구만南九萬 · 윤지완尹趾完 · 박세채朴世采와 함께 숙종肅宗의 묘정廟庭에 배향配享되었다.

『숙종실록』에는 2편의 명곡의 졸기가 수록되어 있는데 각각 노론과 소론의 시각차가 반영되어 있다.

> 崔錫鼎은 성품이 바르지 못하고 공교하며 경솔하고 천박하였으나, 젊어서부터 文名이 있어 여러 서책을 널리 섭렵했는데, 스스로 經術에 가장 깊다고 하면서 朱子가 편집한 『經書』를 취하여 變亂시켜 삭제하였으니, 이로써 더욱 士論에 죄를 짓게 되었다.[18]

> 성품이 淸明하고 氣像이 和樂하고 端雅했으며, 총명함이 다른 사람보다 뛰어났다. 어려서 南九萬과 朴世采를 따라 배웠는데, 이치를 분별하여 깨달아 12세에 이미 『周易』에 통달하여 손으로 그려서 도

16 『禮記類編』으로 인한 노론의 최석정을 향한 탄핵은 숙종 35년 1월 18일부터 시작하여, 동년 3월 13일까지 이어지며 결국 불태워지고 만다. 『肅宗實錄』, 숙종 36년 3월 15일, "上出付頃年崔錫鼎所進禮記類編十五卷于政院, 仍下禮曹竝與頒賜臣僚者, 而收聚燒火."

17 『肅宗實錄』, 숙종 41년 11월 11일, "後諡文貞."

18 『肅宗實錄』, 숙종 41년 11월 11일, "錫鼎性傾巧佻淺, 少有文名, 淹博群書, 自謂最深於經術, 取朱子所編經書, 變亂而抵裂之, 以此尤得罪於士論."

면을 만드니, 세상에서 神童이라 일컬었다. 九經과 百家를 섭렵하여 마치 자기 말을 외듯이 하였는데, 이미 지위가 고귀해지고 늙었으나 오히려 誦讀을 그치지 않으니, 經術·文章·言論과 風猷가 일대 名流의 종주가 되었다. 算數와 字學에 이르러서는 隱微한 것까지 모두 수고하지 않고 신묘하게 解得하여 자못 經綸家로서 스스로 기약하였다.[19]

첫 번째는 노론의 시각이고 두 번째는 소론의 시각이다. 비록 평가에 대한 온도차는 존재하나 공통적으로 그의 문재文才를 인정하고 있음을 볼 수 있다. 또한 "문장은 기氣를 위주로 해야 하니, 혼후渾厚하고 전실典實하여 군더더기가 없는 것을 좋게 여긴다. 조탁하여 꾸미는 것을 훌륭하게 여기지 않고 시끄럽게 떠들어대는 것을 호방하게 여기지 않는다면 이미 반은 깨달은 것이다."[20]라는 말을 통해 그는 문장에 있어 의미가 통하는 것을 위주로 하고 수식을 중요하게 여기지 않았음을 알 수 있다.

명곡의 사승관계에 대해 『숙종실록』에서는 남구만과 박세채에게 수학하였다는 뚜렷한 기록을 남겼다. 명곡은 12세부터 남구만南九萬에게 수업을 받았고,[21] 박세채朴世采에게도 배웠으나 그 정확한 시기

19 『肅宗實錄補闕正誤』, 숙종 41년 11월 11일, "淸明愷悌, 敏悟絶人. 幼從南九萬·朴世采學, 刃解氷釋, 十二已通易, 手畫爲圖, 世稱神童. 九經·百家, 靡不通涉, 如誦己言, 旣貴且老, 猶誦讀不輟, 經術·文章·言論·風猷, 爲一代名流之宗. 以至算數·字學, 隱曲微密, 皆不勞而得妙解, 頗以經綸自期."

20 崔昌大, 「先考議政府領議政府君行狀」, 『昆侖集』 卷19, "文主於氣, 貴能渾厚典實而無冗雜, 勿以刻雕爲工, 勿以叫譟爲豪, 思過半矣."

21 崔錫鼎, 「藥泉門人錄跋」, 『明谷集』 卷13, "余年十二, 納拜於藥泉南先生."

는 알려져 있지 않다. 또한 아버지 최후량은 정두경鄭斗卿(1597~1673)에게 가르침을 받은 적이 있는데, 그때 명곡도 선친의 옆에서 정두경을 모신 적이 있다며 회고하였다.[22]

명곡의 교유관계는 워낙 방대하여 명확하게 몇 사람을 꼽기는 쉽지 않다. 성혼成渾의 학문에 영향을 받은 가계家系의 영향으로 주로 소론의 인사들과 교유가 맺어졌던 것으로 보인다. 문집에 남은 시나 편지, 제문, 만사들로 유추해보자면 그와 교유했던 대표적 인물들로 노소분당기에 소론을 이끌었던 윤증尹拯(1629~1714)이 있고, 어린 시절 함께 수학했던 이세구李世龜(1646~1700)가 있으며, 출사 후 오랜 기간 교유했던 임영林泳(1649~1696), 오도일吳道一(1645~1703), 이 밖에 박세당朴世堂(1629~1703), 윤지선尹趾善(1627~1704), 이세필李世弼(1642~1718), 정재륜鄭載崙(1648~1723), 이광좌李光佐(1674~1740), 조태억趙泰億(1675~1728), 최규서崔奎瑞(1650~1735), 정제두鄭齊斗(1649~1736) 등을 들 수 있는데 특히 정제두와는 함께 양명학陽明學에 대한 서신을 주고받기도 했다.[23]

명곡은 1646년 출생하여 26세의 나이로 정시에 합격한 이후 현종·숙종조에 굵직한 관직을 연이어 맡았다. 그는 남구만을 이은 소론의 영수로 좌의정, 우의정을 비롯하여 열 차례에 걸쳐 영의정의 자리에 올랐다. 당시 정권이 주로 노론의 힘이 작용하던 때였던 것을 감안한다면 숙종의 명곡에 대한 신임은 가히 파격적이라고 할 수

22 崔錫鼎, 「東溟集序」, 『明谷集』 卷8, "先親靜修公少時, 問業於公, 不佞自在髫丱, 望顏色而承謦咳者屢矣."

23 崔錫鼎, 「與鄭士仰書 壬申」, 『明谷集』 卷13.

있을 것이다. 명곡은 당론에 집착하지 않고 조정에서 중심 역할을 담당하며 관료 생활을 이어나갔다. 직업 관료의 성격이 강했던 그는 실리성과 실용성에 입각하여 정치적 폐단과 백성들의 어려움에 귀를 기울였던 정치가이자 행정가였다. 문인으로서 시문을 즐기기도 했지만 그보다 그의 특장점은 공적 문서에 있어서 많은 수의 상소를 작성하여 자신의 뜻을 관철시킨 것이다. 그 결과 명곡은 남구만의 뒤를 이어 조선 후기 소론의 영수로 활약하였던 조태억으로까지 계보를 잇는 중심인물로 자리하고 있다.

2. 명곡 최석정의 『명곡집明谷集』[24]

명곡의 문집 『명곡집明谷集』은 1721년(경종 1)에 명곡의 제자인 조태억에 의해 34권 15책 목판본으로 출간되었다. 문집이 시록별詩錄別로 편차되어 있고 편목마다 자주自註를 달아놓은 것으로 보아 명곡은 자신의 손으로 문집을 정리하려고 했던 것으로 보인다. 그러나 문집의 정리는 그의 손에 이루어지지 못하고 아들 최창대와 문인文人들이 이어 문집을 수습하였다. 최창대는 간행을 앞두고 갑작스레 병으로 세상을 떠나며 일을 마치지 못한 것을 매우 한스럽게 여긴 채[25] 1720년(숙종 46) 세상을 떠나게 된다. 명곡의 문인인 조태억이

24 최석정의 문집에 대한 자세한 사항은 한국고전번역원의 『명곡집』 해제를 참고하여 서술하였음을 미리 밝힌다.

25 李宗城, 「祭昆侖崔公文」, 『梧川集』 卷13, "先集之未刊, 卽爲兄臨歿之恨."

그 일을 맡아 그해 겨울, 영남의 관찰사로 있을 때 감영에서 사비로 목재와 일꾼을 산 뒤 명곡의 편비編裨였던 권희학權喜學에게 감독을 맡겨 간역刊役을 시작하여 이듬해 1721년(경종 1) 봄에 대구大邱의 경상慶尙 감영監營에서 목판본으로 간행을 마쳤다. 서문 말미에 합천 해인사에 판목을 보관한다는 장판기藏板記가 실려 있다.[26]

당시는 신임옥사辛壬獄事로 소론少論 정권이 잡고 있던 때였으므로 문집의 간행이 숙종 때보다 용이했을 것이다. 그렇긴 해도 문집 간행의 실무를 맡았던 권희학權喜學이 몇 달 만에 일을 마쳤으므로 조태억은 새로운 벼슬을 제수받아 상경할 때에 그의 공로를 칭송한 시를 지어 주었다.[27] 초간본은 현재 규장각, 장서각, 국립중앙도서관, 성균관대학교 중앙도서관 등에 소장되어 있다. 국립중앙도서관장본은 34권 15책이고 서문이 권미에 첨부된 데 비해, 장서각장본을 비롯한 나머지는 34권 17책이며 서문이 권두에 있고 총목차가 권목차의 뒤에 있는 등의 차이가 있다.

『명곡집』의 권1~6은 시집詩集으로 총 737제 958수의 시가 수록

---

26 趙泰億, 「明谷集序」, 『明谷集』, "先生旣捐館, 嗣子副學君昌大與及門諸人, 編次遺集, 將謀印布, 不果就而副學君遽歿矣. 方其疾革, 囑泰億曰, 家集未及行, 吾且死, 目不瞑矣, 子可能成此事否. 泰億涕泣而心諾之. 是年冬, 忝按嶺南, 旣到營, 卽捐俸鳩工鋟梓, 使先生舊編裨權喜學董其役, 不數月而功告訖. …… 冊板藏于陜川海印寺."

27 趙泰億, 〈明谷先生遺集之刊印也. 權君喜學宗董其役, 不數月而工告訖, 其勞誠不少矣. 屬承同樞新除, 將上京, 故題贈二律.〉, 「詩」, 『謙齋集』 卷15, "每過松山淚未乾, 六年人事足悲酸. 殘生我愧歐門軾, 舊客君如衛舘安. 亡友昔言今不負, 先師遺集幸能刊. 托名卷尾眞知忝, 經世高文百代看.", "每服吾師藻鑑明, 泥途識子是豪英. 百年知遇常含感, 二品推遷足詫榮. 欲報舊恩須盡力, 幸從遺稿得輸誠. 青油緣業應難了, 莫戀庭樞忘達城."

되어 있다. 저작 시기에 따라 시록별詩錄別로 편차되어 있고, 시록詩錄마다 자주自註가 달려있다. 권1에는 「초미록焦尾錄」, 「중광록重光錄」, 「추궤록抽匱錄」, 「난대록蘭臺錄」, 「기성록騎省錄」, 「옥서록玉署錄」, 「성서록城西錄」이 수록되어 있다. 「초미록焦尾錄」에는 총 7제 10수의 시가 실려있으며 1671년 이전에 지어진 것들인데 아쉽게도 불에 타버려서 남은 것이 많지 않다.[28] 「중광록重光錄」에는 총 10제 10수의 시가 수록되어 있으며 1671년에 근친勤親을 위해 부친 최후량崔後亮의 백천白川 임소任所를 오갈 때의 작품과 그해 겨울 문과文科 정시庭試에 급제했을 때의 작품들이다. 동생 최석항崔錫恒이 장가들 때에 기쁨을 기록한 시문이 남아있는 것을 볼 수 있으며 한가로움을 읊거나 병중에 깨달음을 읊은 시들이 보인다. 「추궤록抽匱錄」에는 총 12제 13수의 시가 수록되어 있으며 1675년 가을에 한림翰林으로 왕명을 받들고 오대산五臺山 사고史庫에 가서 실록實錄을 포쇄暴曬하고 돌아온 때의 작품을 모은 것이다. 외직에 있으며 숭릉崇陵, 청허루淸虛樓나 월정사月精寺, 상원사上院寺 등을 방문하여 짓거나 스님에게 지어준 시들이 보인다. 「난대록蘭臺錄」에는 총 10제 14수의 시가 수록되어 있으며 1675년부터 1676년까지 한원翰苑에 있을 때의 작품을 모은 것이다. 벗인 이세구李世龜와 이사명李師命에게 부친 차운시와 노론의 영수였던 김수항金壽恒이 유배 중일 때 부친 시, 소론의 문인인 조상우趙相愚, 조지겸趙持謙, 유상운柳尙運, 오도일吳道一 등에게 보낸 시들이 보인다. 「기성록騎省錄」에는 총 10제 23수의 시가 수록되어 있으며 1676년부터 1677년까지 병조兵曹 낭관郎官으

28 崔錫鼎, 「焦尾錄 自註」, 『明谷集』 卷1, "少時作, 多所焚棄, 存錄其若干故云."

로 있을 때의 작품을 모은 것이다. 푸른 대나무의 자세를 읊은 8수의 연작시와 현종顯宗의 숭릉崇陵에서의 감회를 읊은 시가 남아있다. 「옥서록玉署錄」에는 총 17제 25수의 시가 수록되어 있으며 1678년 옥당玉堂에 있을 때의 작품을 모은 것이다. 월과月課에서 지은 〈차황희수락매次黃姬水落梅〉부터 〈차양맹재춘초次楊孟載春草〉까지의 시 10수가 실린 것을 볼 수 있다. 「성서록城西錄」에는 총 17제 33수의 시가 수록되어 있으며 1678년에 교리로 있다가 관직을 삭탈당하고 서문西門 밖 춘전春田 이경휘李慶徽의 고택故宅에 우거할 때의 작품을 모은 것이다. 정두경의 〈제박연도題朴淵圖〉에 차운한 시가 보이며, 관직이 삭탈된 자신의 상황과 스승 남구만이 유배를 당한 때에 느낀 쓸쓸함과 울적함을 〈차노두추흥次老杜秋興〉 8수 연작시로 풀어냈다.

권2는 「영주록榮州錄」, 「군탄록涒灘錄」, 「갑을록甲乙錄」, 「반강록磻江錄」, 「서조록西曹錄」이 수록되어 있다. 「영주록榮州錄」에는 총 23제 57수의 시가 수록되어 있으며 삭출削黜당하여 성 밖에서 지내다가 1679년 봄에 부친 최후량崔後亮의 임소任所인 영천榮川에 따라갔을 때의 작품을 모은 것이다. 당시 명곡은 관직 생활에서 벗어나 유흥을 즐길 여유가 있었는지 사찰을 찾거나 뱃놀이를 즐기며 지은 시가 보인다. 「군탄록涒灘錄」에는 총 7제 7수의 시가 수록되어 있으며 1680년 옥당에 되들어갔을 때의 작품을 모은 것이다. 명곡이 응제시應製詩에서 수석을 차지하여 호피를 받고 난 뒤 지은 시와 시원試院에서 지은 시는 성군을 노래하고 자신의 재능이 고갈되어감을 읊은 것들이다. 「갑을록甲乙錄」에는 총 57제 66수의 시가 수록되어 있으며 1684년에 모친상의 복상服喪을 마친 이후부터 1685년까지의 작품을 모은 것이다. 차운시와 화운시가 대다수를 차지하며 특이한 점은 회문시가 한 수 수록된 점이다. 「반강록磻江錄」에는 총 18제 25수의 시가 수록되어 있으며 1685년 가을에 부제학으로서 상의 엄한 교지를 받고 정세가 좋지 못하여 금천衿川의 번당동樊塘洞에 우거할 때의 작품을 모은 것이다. 비로정飛鷺亭, 자하동紫霞洞, 삼악사三岳寺를 찾아가 보고 느낀 경치와 흥을 드러낸 시가 있다. 「서조록西曹錄」에는 총 13제 25수의 시가 수록되어 있으며 1685년 겨울에 병조 참판이 되었을 때의 작품을 모은 것이다. 조성기趙聖期를 방문하거나 그의 시에 차운하여 학문에 대해 논의한 시들이 남아있다.

권3은 「초여록椒餘錄」, 「유조록柔兆錄」, 「정무록丁戊錄」, 「영가록永嘉錄」, 「도유록徒維錄」, 「소성록邵城錄」, 「한거록閑居錄」이 수록되어 있다. 「초여록椒餘錄」에는 총 87제 91수의 시가 수록되어 있으며 1685년 겨울에 진주겸사은부사陳奏兼謝恩副使가 되어 이듬해에 연경燕京을 다녀오면서 지은 작품들을 모은 것이다. 명곡은 상사上使 정재숭鄭載嵩, 서장관 이돈李墪과 함께 1686년 1월 28일에 표를 받고 출발하여 2월 20일에 압록강을 건너 3월 25일에 연경燕京에 들어가 옥하관玉河館에서 머물다가 41일 만에 돌아왔다. 처음 겪는 연행에서의 감회와 당시 거쳐간 화석정花石亭, 송경松京, 기자묘箕子廟, 통군정統軍亭, 구련성九連城, 봉황성鳳凰城, 요동遼東, 심양瀋陽, 산해관山海關, 북경北京, 광녕廣寧 등의 이국적인 지역의 풍경을 담은 시가 실려 있다. 「유조록柔兆錄」에는 총 17제 17수의 시가 수록되어 있으며 1686년 여름에 대간의 논핵으로 파직되었다가 겨울에 서용될 때까지의 작품을 모은 것이다. 당시에 인정받지 못한 명곡의 고뇌가 담긴 시가 남아있다. 「정무록丁戊錄」에는 총 19제 19수의 시가 수록되어 있으며 1687년 정묘년과 그 이듬해 무진년에 지은 작품을 모은 것이다. 총 19수 가운데 8수가 만시라는 점이 특이하다. 또한 오도일, 홍수주와 도장동桃藏洞이라는 곳을 유람하며 지은 연구시가 있다. 「영가록永嘉錄」에는 총 5제 7수의 시가 수록되어 있으며 1689년 봄에 이조 참판에서 안동 부사安東府使에 제수되었을 때의 작품을 모은 것이다. 망호루望湖樓, 영호루暎湖樓를 찾아 공무는 잠시 내려놓은 채 주변 경관을 즐기는 여유를 담은 시가 남아있다. 「도유록徒維錄」에는 총 8제 9수의 시가 수록되어 있으며 1689년 여름에 안동 부사에서 체차되어 서울로 돌아와 한가하게 지낼 때의 작품을 모은 것이다. 「소성록邵城錄」에는 총 19제 25수의 시가 수록되어 있으며 1689년 겨울에 인천仁川에 우거할 때의 작품을 모은 것이다. 고요히 유유자적하는 즐거움을 읊은 시들이 수록되어 있다. 「한거록閑居錄」에는 총 16제 16수의 시가 수록되어 있으며 1690년 사제私第에서 지낼 때의 작품을 모은 것이다. 역시 한가로운 삶을 노래한 시들이 실려 있다.

권4에는 「염성록鹽城錄」, 「부귀록賦歸錄」, 「초평록草坪錄」, 「후한거록後閑居錄」이 수록되어 있다. 「염성록鹽城錄」에는 총 63제 71수의 시가 수록되어 있으며 명곡이 연행갔을 때를 제외하면 가장 많은 시가 실려있는 시기이다. 1690년 여름에 연안 부사延安府使가 되어 이듬해 여름에 체차될 때까지의 작품을 모은 것이다. 화석정花石亭, 용봉암龍鳳庵으로 유람을 가서 짓거나 아들 최창대, 홍세태와 함께 지은 연구시가 있다. 「부귀록賦歸錄」에는 총 16제 21수의 시가 수록되어 있으며 1691년에 파직되어 한가히 지낼 때의 작품을 모은 것이다. 〈한강조설도寒江釣雪圖〉에 대한 제화시가 있으며, 노론에 가까웠던 이익상李翊相을 위해 지은 4구 연작의 만시가 남아있다. 「초평록

草坪錄」에는 총 10제 10수의 시가 수록되어 있으며 1691년 가을에 진천鎭川 초평草坪에 초옥을 짓고 우거할 때의 작품을 모은 것이다. 양지陽智의 시골 노인에게 감명을 받고 평생 벼슬살이를 하느라 가족에게 신경쓰지 못한 아쉬움을 읊은 시가 보인다. 「후한거록後閑居錄」에는 총 55제 68수의 시가 수록되어 있으며 1692년과 1693년에 황화방皇華坊에서 한가로이 지낼 때의 작품을 모은 것이다. 여기서 특기할 점은 그가 『논어』·『맹자』·『대학』·『중용』 사서四書를 시제詩題로 삼은 것이다. 이는 평소 경서經書를 근본으로 삼았던 그의 문학관을 엿볼 수 있는 부분이다. 또한 〈영중자詠中字〉는 한자漢字에 대해 읊은 시로 어학에 대한 그의 관심사를 알 수 있게 한다.

권5에는 「문형록文衡錄」, 「자회록蔗回錄」, 「강한록江漢錄」, 「기경록己庚錄」이 수록되어 있다. 「문형록文衡錄」에는 총 23제 26수의 시가 수록되어 있으며 1696년에 생부의 복상을 마친 이후부터 1697년까지의 문형을 맡았을 때의 작품을 모은 것이다. 〈빈풍도시豳風圖詩〉 2수는 임금이 백성들의 고단함을 이해하기를 바라는 마음을 담은 시이다. 「자회록蔗回錄」에는 총 71제 87수의 시가 수록되어 있으며 1697년에 왕세자책봉주청사王世子冊封奏請使로 부사副使 최규서崔奎瑞, 서장관書狀官 송상기宋相琦와 함께 연경燕京에 다녀올 때의 작품을 모은 것이다.[29] 「초여록椒餘錄」에 수록된 시와는 달리 연행 도중에 느끼는 괴로움, 부담감, 책임감 등과 같은 감회가 중심이 되는

29 김묘정(「1697년 三使 연행시의 교류성 연구」, 『한민족어문학』 78, 한민족어문학회, 2017.)은 「蔗回錄」 소재 한시가 70제 135수라고 하였으나 확인 결과 실제 수량과 적잖은 차이가 있었다. 아마도 시를 세는 과정에서 착오가 있었던 듯하다.

시들이 실려 있다. 「강한록江漢錄」에는 총 17제 23수의 시가 수록되어 있으며 1698년 여름에 의주義州에서 돌아와 대간의 논핵을 받고 서강西江의 복파정伏波亭에 머물 때와 겨울에 인천仁川에 우거할 때의 작품을 모은 것이다. 회양 부사로 가는 유신일兪信一과 동지 부사로 청나라에 가는 이덕성李德成에게 자신의 경험을 바탕으로 하여 환로의 어려움을 언급하며 공무를 잘 처리하기를 바라는 시가 남아 있다. 「기경록己庚錄」에는 총 14제 19수의 시가 수록되어 있으며 1699년 기묘년 봄에 장릉莊陵 총리사摠理使로 있을 때와 이듬해 경진년에 서추西樞에 있을 때의 작품을 모은 것이다. 오랜 벗 이세구李世龜의 죽음을 슬퍼하는 6수 연작의 만시를 볼 수 있는데 이를 통해 명곡의 교유관계를 확인할 수 있다.

권6에는 「후초평록後草坪錄」, 「후소성록後邵城錄」, 「한고록漢皐錄」, 「황비록黃扉錄」, 「청교록青郊錄」이 수록되어 있다. 「후초평록後草坪錄」에는 총 13제 18수의 시가 수록되어 있으며 1701년 영의정으로 상의 뜻에 거슬려 진천鎭川에 중도부처되었을 때의 작품을 모은 것이다. 집구시集句詩를 볼 수 있으며, 중도부처되었음에도 초연한 자세로 덤덤함을 유지하려 하고, 도의 수양을 언급하는 시가 보인다. 「후소성록後邵城錄」에는 총 6제 9수의 시가 수록되어 있으며 1703년 여름에 인천仁川 종숙宗叔의 장사莊舍에 머물 때의 작품을 모은 것이다. 정제두鄭齊斗와 박심朴鐔을 벗이라 언급하는 시가 있어 명곡의 교유 관계를 확인할 수 있으며, 은거를 편안히 여기는 시가 수록되어 있다. 「한고록漢皐錄」에는 총 23제 38수의 시가 수록되어 있으며 1704년에 한남漢南 반포盤浦에 우거할 때의 작품을 모은 것이다. 오랜 벗인 오도일의 죽음을 슬퍼하는 6수의 만시와 스승 남구만의 부인의 죽음에 대한 3수의 만시가 남아있으며, 『주역』·『모시』·『상서』를 시제로 삼아 지은 시를 통해 그의 문학적 지향점을 확인할 수 있다. 「황비록黃扉錄」에는 총 15제 23수의 시가 수록되어 있으며 1706년 이후 수년간 영의정의 제수와 체직이 반복될 때의 작품을 모은 것이다. '동향친전향축冬享親傳香祝', '삼공연차대제三公連差大祭', '영소세자향永昭世子享', '태묘세수친알太廟歲首親謁', '태묘매년친제太廟每年親祭', '사단친향社壇親享' 등 나라의 예를 읊은 6수 연작시를 볼 수 있다. 「청교록靑郊錄」에는 총 39제 53수의 시가 수록되어 있으며 1710년에 대간의 탄핵을 받고 동교東郊에 나가 지낼 때의 작품을 모은 것이다. 소론의 영수인 남구만과 윤증의 만시를 볼 수 있고, 〈논태서건상論泰西乾象〉과 〈논태서곤여論泰西坤輿〉는 명곡의 학문적 관심이 미친 범위를 헤아릴 수 있는 시이다.

명곡의 시를 살펴보면 유난히 차운시나 화운시, 연구시, 송시, 증시가 많이 보이고 뒤로 갈수록 만시가 많아지는 경향이 있다. 관련 인물들을 나열해보자면 남구만, 윤증, 오도일, 이세구, 이사명, 조상우, 조지겸, 유상운, 이민서, 홍두주, 최규서, 남용익, 김수항, 조성기, 홍세태, 이익상 등이다. 몇몇 인물을 제외하면 대부분 소론 계열의 인물들과 교유했음을 알 수 있다. 명곡은 교유의 수단으로 시를 적극 활용했다고 생각된다. 그러나 명곡이 집구시나 회문시를 짓기도 한 점은 시를 단순히 교유의 수단이 아니라 문학 활동으로 여겼음을 유추할 수 있는 부분이다. 또 다른 한 가지 특징은 자신의 학문적 관심을 시로 읊었다는 것이다. 사서삼경은 물론 서학西學까지 작시의 제재로 삼았다는 점은 명곡 시의 특징이라고 할 수 있다.

권7~8에는 부賦 4편, 서인序引 38편이 수록되어 있다. 부는 1666

년에 친구 조의징趙儀徵이 지은 〈광유통廣幽通〉에 차운한 〈광유통부廣幽通賦〉, 청주 목사로 부임하는 스승 남구만을 전송하며 귀전歸田의 뜻을 담아 지어준 〈서사抒思〉, 장유張維가 굴원屈原의 〈천문天問〉에 대해 〈속천문續天問〉을 지었는데 명곡이 여기에 다시 차운한 〈대속천문對續天問〉 등이 실려 있다. 서인序引에는 운서韻書인 「오음편운五音篇韻」, 「예부운약禮部韻略」, 조부 최명길崔鳴吉이 지은 「괘변도설卦變圖說」, 명곡 자신의 저작인 「초여록椒餘錄」, 「예기유편禮記類編」, 「논맹유편論孟類編」에 대한 서문, 김덕함金德諴의 「성옹집醒翁集」, 조복양趙復陽의 「송곡집松谷集」, 황종해黃宗海의 「후천집朽淺集」, 정두경鄭斗卿의 「동명집東溟集」에 대한 서문, 「전록통고典錄通考」, 「천동상위고天東象緯考」에 대한 서문 등이 실려 있다.

권9에는 기記 10편, 변려문駢儷文 10편이 수록되어 있다.[30] 기는 궁궐 안에 선기옥형璿璣玉衡을 설치하기 위해 지은 제정각齊政閣에 부친 「제정각기齊政閣記」, 이상적 관리의 궁극적 목표는 '여민동락與民同樂'임을 밝힌 「파주풍락헌기坡州豐樂軒記」, 관리와 누정의 관계를 설명한 「자민루기字民樓記」, 경종景宗의 완쾌를 축하하기 위해 지은 「집경당기集慶堂記」, 대나무의 청허한 성질에 빗대어 이상을 제시한 「차군정기此君亭記」, 신라 시조를 모시는 사당인 경주 나왕전羅王殿의 중수를 기념한 「경주나왕전중수기慶州羅王殿重修記」, 노년에 산수를 즐기며 사는 즐거움을 묘사한 「이로당기二老堂記」, 술에 취한 즐거움과 물에 취한 즐거움을 비교대조하여 논설한 「취수정기醉水亭記」,

30 기문에 대한 개관은 권진옥의 논문을 참고하였다. 권진옥, 「明谷 崔錫鼎의 기문」, 『동아시아고대학』 49, 동아시아고대학회, 2018.

제천堤川 의림지義林池에 지은 누정에 부친 「임소정기臨沼亭記」, 나양좌羅良佐를 위해 『주역周易』의 둔괘屯卦의 의미와 변방으로 유배 가는 그를 권계하는 「둔재기遯齋記」가 있다. 건물의 목적에 따라 의론이 조금 차이가 나는데, 공적 건물에 부친 기문은 권계하는 내용이 위주이고 사적 건물에 부친 기문은 청탁자와 작자의 철리哲理가 교섭된 내용이 위주이다. 변려문에는 김석주金錫胄, 정태화鄭太和, 이사명李師命에게 내린 교서, 초평草坪 춘수당春睡堂, 광릉光陵 정자각丁字閣, 북청北靑 노덕서원老德書院에 대한 상량문, 죄인 이홍발李弘渤 등을 복주한 뒤에 내린 반교문頒敎文, 왕세자 가례를 마친 뒤에 내린 반교문, 세자빈 죽책문竹冊文 등이 실려 있다.

권10에는 제문祭文 45편이 수록되어 있다. 윤순거尹舜擧, 조복양趙復陽, 이경억李慶億, 이형姨兄 이만겸李萬謙, 이선李選, 정엄鄭淹, 박장원朴長遠, 박태상朴泰尙, 신익상申翼相, 남구만南九萬 등 평소 교유했더 인물들에 대한 제문 외에 친인척들을 위해 지은 제문들이 수록되어 있다.

권11에는 잠箴 6편, 명銘 16편, 찬贊 6편, 잡저雜著 16편이 수록되어 있다. 잠에는 1688년에 『주역』에서 나온 '불원복不遠復'이란 말을 가지고 지어 올린 「불원복잠不遠復箴」, 조정에서 조회를 할 때의 예에 대한 「위저육잠位宁六箴」, 아이가 갖춰야 할 네 가지 덕에 대한 「시아사덕잠示兒四德箴」, 부덕에 대한 「계녀잠戒女箴」, 네 가지 중요한 행동에 대한 「사요잠四要箴」, 장릉莊陵을 봉축할 때 「사요잠四要箴」을 바탕으로 하관下官들에게 보인 「사자잠四字箴」이 있다. 명에는 게으르지 말고 뜻을 독실히 하며 장난치지 않고 기氣를 다잡는다는 「좌우명座右銘」 및 1688년에 지은 「자명종명自鳴鍾銘」 및 지장의 화려하지 않지만 요긴함을 말한 「지장명紙藏銘」이 있다. 이항복李恒福, 남구만南九萬, 조형趙珩에 대한 화상찬畫像贊 등이 실려 있으며, 잡저로는[31] 이인병李寅炳, 윤제명尹濟明, 이오李澚, 남학증南鶴增, 김희로金希魯, 조준명趙駿命에 대한 자설字說 외에 『주역』의 「계사系辭」와 「문언文言」이 공자孔子가 지은 것이 아니라는 구양수歐陽修의 논의에 반박하는 「문언계사변文言系辭辨」, 1675년에 자공子貢의 물음에 "나는 좋은 값을 기다리는 자이다[我待賈者也]"라고 대답한 공자의 말에 대해 논하여 응제에서 2등을 차지하여 호피를 하사받았던 「부자대가론夫子待賈論」, 조조의 책사였다가 비참한 최후를 맞이했던 순욱荀彧을 비판한 「순욱론荀彧論」, 촉한蜀漢 정통론正統論을 주장한 「정통론正統論〉, 격물치지格物致知 공부를 위해 제작한 〈우주도宇宙圖〉에 대해 논한 「우주도설宇宙圖說」, 「태현시책해太玄蓍策解」, 포은 정몽주에 대한 자신의 견해를 논한 「논포은유사論圃隱遺事」 등이 실려 있다. 명곡의 어휘 활용이나 구성, 형식미와 논리 전개를 살펴볼 수 있는 글들이다.

권12에는 제발題跋 49편이 수록되어 있다. 1673년 명곡이 설서說書로 있을 때 강연을 위해 지은 『대학집람大學集覽』, 주자朱子의 주차奏箚 중에 불명확한 부분을 보충한 『주자주차朱子奏箚』, 아들 최창대가 책을 읽기 시작하자 그에게 준 『동몽수지童蒙須知』, 명나라의 수학자 정대위가 지은 『산학통종算學統宗』, 나만갑羅萬甲의 문집인 『구포집鷗浦集』, 남구만의 문인에 대한 기록인 『약천문인록藥泉門人錄』,

31 논설류에 대한 개관은 권진옥의 논문을 참고하였다. 권진옥, 「明谷 崔錫鼎의 논설류 산문 연구」, 『동양고전연구』 70, 동양고전학회, 2018.

조부 최명길의 문집인 『지천집遲川集』 등에 대한 발문이 수록되어 있다.

권13에는 서독書牘 24편이 수록되어 있는데 그가 살아온 행적을 보았을 때 많은 양은 아니다. 인물별, 시기별로 편차되어 있으며 남구만에게 10통, 이세구에게 24통씩 남아있고 나머지 박세채朴世采, 윤증尹拯, 박세당朴世堂, 윤지선尹趾善, 이세필李世弼, 정재륜鄭載崙, 정제두鄭齊斗, 이광좌李光佐, 조태억趙泰億 등에게 보낸 편지는 한두 통에 불과하다. 『하곡집』에 정제두가 1693년부터 1713년까지 총 20년간 명곡에게 보낸 30통의 서신이 있는 것을 확인할 수 있다.[32] 이는 명곡의 양명학에 대한 관심을 보여주는 부분이며, 따라서 『명곡집』에는 의도적으로 정제두와의 서신을 누락시킨 것으로 판단된다.

권14~20에는 소차疏箚 117여 편, 수의收儀 6편이 시기별로 편차되어 수록되어 있다.[33] 권14에는 1676년 「이사천사직소以史薦辭職疏」부터 1686년 「평산운봉서원청액소平山雲峯書院請額疏」까지 9편이 수록되어 있고, 권15에는 1688년 「진위저육잠소進位宁六箴疏」부터 1698년 「재선천사직소在宣川辭職疏」까지 17편이 수록되어 있고, 권16에는 1698년 「서복후진정세소敍復後陳情勢疏」부터 1701년 「논공사상복변제지절차論公私喪服變除之節箚」까지 14편이 수록되어 있고, 권17에는 1701년 「공경연명차公卿聯名箚」부터 1706년 「인송무원소 변무사직 잉진선조사적소因宋婺源疏 辨誣辭職 仍陳先祖事蹟疏」까지 19편이

32 鄭齊斗, 「書三」, 『霞谷集』.

33 최석정의 상소문에 대한 개관은 윤재환의 논문을 참고하였다. 윤재환, 「명곡 최석정 상소문 연구 : 「因宋婺源疏 辨誣辭職 仍陳先祖事蹟疏」를 중심으로」, 『한국문학과 예술』 27, 숭실대학교 한국문학과예술연구소, 2018.

수록되어 있고, 권18에는 1706년 「인송무원소 변무사직 잉진선조사적소因宋婺源疏 辨誣辭職 仍陳先祖事蹟疏」까지 12편이 수록되어 있고, 권19에는 1707년 「인좌상김창집차 청감처사소因左相金昌集箚 請勘處四疏」부터 1708년 「인권익평소 출성후진정세사직차因權益平疏 出城後陳情勢辭職箚」까지 22편이 수록되어 있고, 권20에는 1708년 「진시무사조차陳時務四條箚」부터 1714년 「인반소자진소因泮疏自陳疏」까지 24편이 수록되어 있다. 1688년 「위저육잠位宁六箴」을 바치면서 함께 올린 상소, 1696년 시무 10조를 아뢴 차자, 1699년에 정폐政弊 4조를 아뢴 차자, 1708년에 시무 4조를 올린 차자가 실려 있으며, 변무와 사직하는 상소가 중심이 된다. 이를 내용에 따라 간쟁諫諍·탄핵彈劾·論事·시무時務·청원請願·변무辨誣 등으로 나누어 볼 수 있다. 상소문은 『명곡집』에서 가장 눈여겨봐야 할 부분 중 하나이다. 시를 제외하고 문집에서 가장 많은 수량을 차지하는 상소문은 공적 문서의 작성에 능했던 명곡의 면모와 그의 글쓰기 방법까지도 파악할 수 있기 때문이다. 수의는 장릉천장長陵遷葬, 왕비묘현王妃廟見, 단종의 복위 절차 등에 대한 의견을 개진한 것들이다.

권21~34에는 묘도문자墓道文字가 실려 있는데 권수로 따졌을 경우 『명곡집』에서 가장 많은 분량을 차지한다. 권21~22에는 비명 14편이 실려 있는데, 이의배李義培, 조형趙珩, 나홍좌羅弘佐, 이광하李光夏, 오숙吳翽, 홍서봉洪瑞鳳, 이경휘李慶徽 등에 대한 것이며, 권23~24에는 묘갈명 34편이 실려 있는데, 전호겸田好謙, 장치세張治世, 허유예許惟禮, 원호元昊, 박원탁朴元度, 권두기權斗紀, 윤절尹哲, 최립崔岦, 김홍복金洪福 등에 대한 것이다. 권25~27에는 묘지 및 묘지명 37편이 실려 있는데, 최후정崔後定, 숙정공주淑靜公主, 정호선丁好善,

최명길崔鳴吉, 오상吳翔, 오두인吳斗寅, 여성제呂聖齊, 남계하南啓夏 처, 최혜길崔惠吉 처, 나성두羅星斗 처 등에 대한 것이다. 권28~34에는 묘표 및 묘표음기墓表陰記 25편, 행장行狀 3편, 시장諡狀 13편이 실려 있다. 묘표는 이시만李時萬, 이백린李伯麟, 정채화鄭采和, 최후상崔後尙, 최명길崔鳴吉 등에 대한 것이며, 행장은 이경억李慶億, 최명길崔鳴吉, 최혜길崔惠吉에 대한 것이고, 시장은 박장원朴長遠, 이의배李義培, 이경석李景奭, 신익상申翼相, 정응두丁應斗, 박태상朴泰尙, 이상진李尙眞, 김우석金禹錫 등에 대한 것이다. 명곡이 시문詩文을 관계 유지의 수단으로 활용한 점을 다시금 확인할 수 있다.

권미에 1721년에 조태억이 경상도 관찰사를 지낼 때 지은 서문이 실려 있어 문집 간행에 대한 전말을 대략적으로 살펴볼 수 있다. 또한 책판冊板을 합천陜川 해인사海印寺에 보관한다는 장판기藏板記가 붙어 있다.

이렇듯 『명곡집』에는 다양한 종류의 글들이 수록되어 있으며, 적지 않은 양의 시와 더불어 문에서 가장 많은 양을 차지하는 소차에서 명곡의 생각을 엿볼 수 있다. 이 부분에 대한 자세한 사항은 다음 장 '명곡明谷 최석정崔錫鼎 연구硏究의 현황現況과 과제課題'에서 다뤄보기로 한다.

II. 명곡 최석정 연구의 현황과 과제

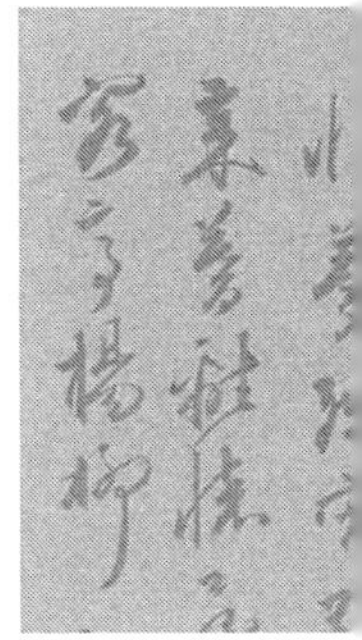

유명석

1. 명곡 최석정 연구 현황

명곡 최석정에 대한 연구는 주로 산학算學과 어학語學, 예학禮學에 주조를 이룬다. 명곡의 행적이나 정치사적 위상으로 인해 그의 문학은 연구자들의 관심에서 벗어나 있었던 것인지도 모른다. 하지만 최근에 명곡이 사행 중에 지은 차운시에 관한 글과 문장을 다룬 글들이 나오기 시작하였다. 여기서는 명곡의 연구에 대한 현황과 가치를 파악하고 미진한 부분을 찾아 앞으로 명곡 연구가 나아가야 할 방향에 대해 탐색해보고자 한다.

1) 문학에 대한 연구

명곡의 삶과 문학적 배경을 다룬 가장 첫 연구는 윤명선의 석사학위논문에서 이루어졌다.[34] 윤명선은 명곡의 생애를 그가 평생을 몸담았던 관직생활 위주로 살피고 이어 명곡의 학문적 배경과 성향을 정리하였다. 명곡의 학문적 연원은 기본적으로 조부인 최명길崔鳴吉의 영향으로 양명학陽明學에 관심을 가졌으며, 남구만南九萬·박세채朴世采에게 각각 역사지리학歷史地理學과 예학禮學을 전수받았을 것으로 보았다. 그리하여 명곡의 학문은 가학家學의 영향을 받아 탈주자학적이고 실천적인 소론의 학풍을 견지하였고 수학·천문학 등 다양한 학문에 관심을 가진 것으로 파악하였다.

명곡의 문학 작품을 직접적으로 언급한 연구는 최근에야 비로소 시작되었다. 그중 가장 먼저 이루어진 것은 차운시에 대한 연구로 김묘정에 의해 연구되었다. 김묘정의 「1697년 삼사三使 연행시의 교류성 연구 - 최석정崔錫鼎·송상기宋相琦·최규서崔奎瑞의 작품을 중심으로 -」[35]는 최근에야 시작된 명곡의 문학 연구 가운데 가장 선행된 것이다. 여기서는 먼저 1697년 연행의 특징에 대해 주목하였고 당시 연행에 참여하였던 명곡 외에 송상기宋相琦, 최규서崔奎瑞와의 연행시에서 드러나는 교류성 양상에 대해 주목하였다. 이 글은 사행시의 내용적 측면에서 벗어나 형식적 측면에 주목했다는 점에서 그 의미를 갖는다. 당시 연행에 참여했던 세 사람이 여타의 문인들의 사행시에 비해 많은 양의 차운시를 지었고 연구聯句 형식의 백운시百韻詩를 지었으며 특정 장소에 남아있는 시에 차운한 일에 주목하였다. 이를 각각 '차운시次韻詩에 드러난 공간 담론의 공유', '백운연구

34 윤명선, 「최석정의 생애와 학문」, 전남대학교 교육대학원 석사학위논문, 1996.

35 김묘정, 「1697년 三使 연행시의 교류성 연구 - 崔錫鼎·宋相琦·崔奎瑞의 작품을 중심으로 -」, 『한민족어문학』 78, 한민족어문학회, 2017.

시百韻聯句詩에 표출된 주제의 유기적 운용'으로 특징적인 면을 설명하였다.

권진옥은 명곡의 문文에 주목하여 두 편의 논문을 발표하였다. 첫 번째 연구는 명곡의 기문記文에 대한 것[36]으로, 이 글이 명곡의 문학에 대한 사실상 첫 번째 연구라고 할 수 있다. 김묘정의 사행시 연구는 명곡이라는 단일 인물에 초점이 맞춰진 것은 아니기 때문이다. 권진옥은 이 글에서 『숙종실록』의 졸기에 남아있는 명곡의 문학에 대한 평가를 인용하여 연구자들이 명곡의 문학에 주목해야 할 당위성을 피력하였다. 그리하여 『명곡집』 소재 10편의 기문에 대한 개관에 이어 명곡 기문의 특징을 '참신한 비유를 통한 이상적인 목민관 제시'와 '『주역周易』과 『장자莊子』를 활용한 의론 전개'로 구분하여 「차군정기此君亭記」, 「자민루기字民樓記」, 「둔재기遯齋記」, 「취수정기醉水亭記」 네 작품을 살펴보았다.

권진옥의 두 번째 연구는 명곡의 논설류論說類에 대한 것이다.[37] 이 글은 앞서 기문記文에 이은 논설류論說類에 대한 연구로 『명곡집』 소재 논설류 문장 14편을 개관하고 명곡의 논설류 문장의 특징을 살폈다. 『명곡집』 소재 논설류의 특징을 '액자식 구성을 통한 입체적인 논리 전개'와 '유비類比를 활용한 군왕에 대한 권면', '논리적 정합성과 형식미의 추구' 세 가지로 구분하여 「순욱론荀彧論」, 「부자대가론夫子待賈論」, 「문언계사변文言系辭辨」 세 작품을 살펴보았다. 이 작품

36 권진옥, 「明谷 崔錫鼎의 記文 연구」, 『동아시아고대학』 49, 동아시아고대학회, 2018.

37 권진옥, 「明谷 崔錫鼎의 논설류 산문 연구」, 『동양고전연구』 70, 동양고전학회, 2018.

들을 통해 명곡이 논의를 뒤집는 역발상과 설득력을 높이는 방법을 통한 시각의 전환, 논리적 정합성과 형식미의 조화를 꾀한 글쓰기 방식을 활용하였다고 파악하였다.

윤재환은 명곡의 문文 가운데 가장 많은 분량을 차지하며 조선시대 고도의 정치적 담론 행위였던 상소문에 주목하였다. 「명곡 최석정 상소문 연구 -인송무원소 변무사직 잉진선조사적소因宋婺源疏 辨誣辭職 仍陳先祖事蹟疏를 중심으로-」[38]를 통해 공적公的 문장에 뛰어났던 명곡의 역량을 확인하고자 하였다. 『명곡집』에 수록된 117편에 달하는 상소문들을 내용에 따라 간쟁諫諍·탄핵彈劾·논사論事·시무時務·청원請願·변무辨誣 등으로 나눌 수 있다고 하였고, 그 특징을 '변무와 사직 위주', '연작 상소'로 파악하였다. 그리고 명곡의 상소문 가운데 최명길 변무사직 상소인 「인송무원소 변무사직 잉진선조사적소因宋婺源疏 辨誣辭職 仍陳先祖事蹟疏」를 논의의 중심에 두었다. '「인송무원소 변무사직 잉진선조사적소因宋婺源疏 辨誣辭職 仍陳先祖事蹟疏」의 구성과 전개', '최석정의 문장과 「인송무원소 변무사직 잉진선조사적소因宋婺源疏 辨誣辭職 仍陳先祖事蹟疏」' 이 두 부분을 통해 투식어의 생략과 평이한 문체의 사용, 순탄하고 무리 없는 표현과 문자를 이용한 구체적인 의견 진술, 논리 중심의 전략적인 글쓰기 방법 구사, 규범적 논거의 인용, 원론에 뿌리내린 주장, 인용의 구체성이라는 명곡의 글쓰기의 전형을 파악하였다.

---

38 윤재환, 「명곡 최석정 상소문 연구 -因宋婺源疏 辨誣辭職 仍陳先祖事蹟疏를 중심으로-」, 『한국문학과 예술』 27, 숭실대학교 한국문학과예술연구소, 2018.

2) 정치, 사상 및 기타 연구

명곡의 정치·학문적 성향이나 생애, 이력으로 인해 현재까지 이루어진 연구는 산학算學과 어학語學, 예학禮學에 집중되어 있다고 할 수 있다. 이러한 결과는 명곡의 다재다능과 박학다식을 증명하는 성과이다. 문학적 측면을 제외하고 명곡에 대해 이루어진 연구 분야는 크게 정치政治·사상思想, 산학算學, 어학語學, 예학禮學 총 네 가지로 구분이 가능하다. 이 글은 문학 연구를 위주로 한 것이므로 기타 연구에 대해서는 소략하게 살펴보겠다.

먼저 정치政治·사상思想에 대한 연구들은 명곡이 주자학을 중시하면서도 양명학을 탄력적으로 수용해 관념과 명분에만 빠지는 것을 보완하고자 하였고, 개방적인 자세로 서학을 수용하여 18세기 지식인들 내부에 서학 수용의 기반을 마련한 것으로 보았다. 또한 그가 중시했던 정치적 사안을 정계政界의 탕평蕩平, 서얼 등용, 과거제의 개선, 관제의 개혁, 청나라와의 실리외교 등으로 파악하였다.[39] 이를 통해 명곡이 추구했던 정치와 사상은 실용과 실리에 바탕을 둔 것으로 보았다.

39 강신엽, 「최석정의 정치사상」, 『동국사학』 28, 동국사학회, 1994. ; 신병주, 「17세기 후반 소론학자의 사상 : 윤증·최석정을 중심으로」, 『역사와 현실』 13, 한국역사연구회, 1994. ; 김용흠, 「숙종대 소론 변통론의 계통과 탕평론 -明谷 崔錫鼎을 중심으로-, 『한국사상사학』 32, 한국사상사학회, 2009. ; 이희재, 「17세기 최석정의 신뢰사회 구축을 위한 조화와 탕평의 리더십」, 『율곡학연구』 23, 율곡연구원, 2011. ; 김용흠, 「소론 정승이 장희빈을 살리려는 이유는? -명곡 최석정의 정치 노선과 탕평책-」, 『내일을 여는 역사』 66, 2017.

산학算學은 명곡의 기하학幾何學 저술인 『구수략九數略』을 중심으로 한 연구가 대부분이다.[40] 명곡은 당시 서양에서 유입된 산법算法 지식을 인용·흡수하여 자신만의 차별성을 확보한 것으로 보았다. 또한 서양과 명곡의 수학을 비교·설명하고, 기존에 조선은 중국이나 서양에서 발전되어 받아들여진 수학을 이용해왔으나 직교라틴방진에 있어서만은 명곡이 자체적으로 구성한 수학임을 피력하여 명곡의 수학적 능력과 그것이 집약된 저서 『구수략九數略』의 가치를 드러내었다.

어학語學은 명곡의 음성학音聲學 저술인 『경세훈민정음도설經世訓民正音圖說』을 위주로 한 연구가 축적되었다.[41] 명곡이 『경세정음經

40 김용운, 「최석정의 마법진」, 『한양대학교 논문집』 8, 1974 ; 윤태주, 「崔錫鼎의 九數略에 나타난 數理思想과 유럽數學의 收容에 對한 考察」, 경북대학교 교육대학원 석사학위논문, 1988. ; 박성래, 「한국 역사상 가장 뛰어난 수학자 최석정」, 『과학과 기술』 37, 한국과학기술단체총연합회, 2004. ; 정해남, 「수학철학적 관점에서 본 〈구수략〉」, 『한국수학사학회지』 22, 한국수학사학회2009. ; 김성숙, 강미경, 「최석정의 직교라틴방진」, 『한국수학사학회지』 23, 한국수학사학회, 2010. ; 오영숙, 「조선후기 算學의 一面 : 崔錫鼎의 算 '읽기'」, 『한국실학연구』 24, 한국실학회, 2012. ; 송홍엽, 「오일러를 앞선 최석정의 오일러방진」, 『정보와 통신』 30, 한국통신학회, 2013. ; 조희영, 「『九數略』, 송대 도서상수학으로 짜인 조선수학서」, 『정신문화연구』 40, 한국학중앙연구원, 2017. ; 이상구·이재화, 「최석정의 산학연구와 「養窩集」의 저자 李世龜」, 『한국수학사학회지』 28, 한국수학사학회, 2015.

41 김석득, 「실학과 국어학의 전개 : 崔錫鼎과 申景濬과의 학문적 거리」, 『동방학지』 16, 연세 학교 국학연구원, 1975. ; 배윤덕, 「崔錫鼎의 經世正韻 硏究 : 韻攝圖와 관련하여」, 『국어국문학』 104, 국어국문학회, 1990. ; 배윤덕, 「崔錫鼎의 經世正韻 硏究」, 『동방학지』 71~72, 연세대학교 국학연구원, 1991. ; 배윤덕, 「崔錫鼎의 經世正韻 연구 : 外內四攝부터 外內八攝까지」, 『국어국

世正音』을 저술한 이유와 함께 그 가치를 밝히고 이어 명곡이 성운학과 상수학적 관점에서 훈민정음을 해석하려 했던 노력은 언어학・음운학・음성학 발달에 기초재가 되거나 인접 분야 발전을 유발하는 간학적間學的・수학적 소재가 될 수 있을 것으로 보았다. 또한 명곡을 조선후기 정음학正音學의 학풍을 선도한 인물로 파악하였다.

예학禮學은 노론老論들에 의해 사문斯文으로 지목되어 불태워졌던 『예기유편禮記類篇』을 위주로 한 연구가 축적되었다.[42] 명곡이 실용

문학』 114, 국어국문학회, 1995. ; 최상진, 「崔錫鼎의 陰陽動靜論과 탈미(Talmy)의 動力學 패턴 比較, 『어문연구』 28, 한국어문교육연구회, 2000. ; 김동준, 「崔錫鼎의 語文觀과 文明認識 -經世正韻五贊을 중심으로-, 『한국고전연구』 42, 한국고전문학회, 2012. ; 심소희, 「최석정의 《經世訓民正音圖說》연구」, 『중국어문학논집』 73, 중국어문학회, 2012. ; 심소희, 「최석정의 《황극경세・성음창화도》에 대한 인식」, 『한중언어문화연구』 28, 한국중국언어문화연구회, 2012. ; 심소희, 「조선후기 문인들의 서신을 통한 성운 인식 고찰 -최석정과 정제두의 서신을 중심으로-」, 『중국언어연구』 38, 중국어문학회, 2012. ; 심소희, 구현아, 「조선시기 최석정과 황윤석의 성음인식 비교 -『皇極經世, 聲音唱和圖』에 대한 훈민정음 표음체계의 분석을 중심으로」, 『중국언어연구』 45, 한국중국언어문화연구회, 2013. ; 심소희, 「『經世訓民正音圖說』 坤冊 「群書折衷」 연구」, 『민족문화』 43, 한국고전번역원, 2014. ; 이희재, 「17세기 조선후기 최석정의 훈민정음의 역학적 원리 연구」, 『대동철학』 66, 대동철학회, 2014. ; 조희영, 「明谷 崔錫鼎, 易數로 邵康節과 소통 후 남긴 메시지 탐색」, 『동방학지』 189, 국학연구원, 2019.

42 양기정, 「『禮記類編』의 編纂과 刊行에 대한 연구」, 『서지학보』38, 한국서지학회, 2011 ; 양기정, 「『禮記類編의 編刊과 毁板・火書에 관한 연구」, 성균관대학교 석사학위논문, 2011. ; 이희재, 「崔錫鼎의 『禮記類編』에서 본 學禮」, 『공자학』 22, 한국공자학회, 2012. ; 이희재, 「최석정의 『禮記類編』에서의 家禮觀」, 『동양예학』 27, 동양예학회, 2012. ; 이희재, 「최석정의 『예기유편』에서의 길례와 흉례」, 『동양예학』 33, 동양예학회, 2014.

적 목적으로 『예기』를 재구성하여 『예기유편』을 체계적으로 엮었으며, 그 구성에 있어 본래 『예기』의 대학과 중용을 복원한 특징을 언급하며 그 서지적 가치를 언급하였다.

지금까지 명곡에 대한 주요 연구들은 문학 이외의 범위에서 다양하게 이루어졌다. 이 연구들은 명곡의 관심이 미쳤던 학문의 범위와 깊이를 보여준다. 이를 통해 확인할 수 있는 명곡의 학문적 성향은 바로 실리성과 실용성이다. 명곡이 문학 외에 정치사상 및 산학, 어학, 예학에까지 관심을 넓힐 수 있었던 원인과 원칙은 그의 실리적인 학문적 태도가 바탕에 있었기 때문에 가능했다고 할 수 있다. 앞으로 명곡의 문학 연구까지도 활발하게 이루어진다면 명곡에 대한 이해는 더욱 깊어질 것이다.

2. 명곡 최석정 연구의 전망과 과제

명곡에 대한 연구는 1970년대부터 시작되어 현재까지 꾸준히 이어지고 있다. 그러나 축적된 성과를 살펴보면 산학算學과 어학語學, 예학禮學에 가장 경도되어있고 나머지는 정치나 사상에 주로 치중되어 있다. 이러한 결과는 권진옥의 평가처럼 명곡의 삶이나 정치적 위상이 그에 대한 문학적 관심을 멀어지게 했기 때문일 수 있다. 혹은 명곡이 산학算學이나 어학語學, 예학禮學에 워낙 탁월한 재능을 가졌던 까닭일 수도 있다. 그리하여 명곡에 대한 문학적 접근은 거의 전무하다 할 정도였으나 근 몇 년 사이 연구자들의 관심을 받게 되었다.

명곡은 일찍부터 문한文翰으로 명성을 떨쳤고 소차疏箚와 같은 공문에 뛰어났던 관료문인이었다는 점에서 그의 문학에 대한 논의는 필수적으로 이루어져야 한다. 지금까지 이루어진 명곡의 문학에 대한 연구논문은 실질적으로 세 편뿐이다. 이 세 연구는 각각 기문, 논설류, 상소문을 연구의 주제로 삼아 문체별로 개관했다는 점에서 연구의 양적 부족을 어느 정도는 해소해 주었다고 할 수 있을 것이다. 또한 명곡의 문文에 대한 연구자들의 선제적 접근은 명곡이 문장과 공적 문서에 탁월한 능력을 발휘했음을 확인시켜주었다고도 말할 수 있을 것이다. 이 연구들은 불모지에 가까웠던 명곡의 문학 연구가 시작되는 출발선이다. 앞으로 연구자들이 명곡의 문학과 마주할 수 있게 하는 마중물로서의 역할을 했다는 점에서 가장 큰 가치를 지닌다.

『명곡집』은 총 34권 15책으로 이루어져 있다. 수록된 작품들을 문체와 수량에 따라 나열해 보자면, 시詩 958수, 부賦 4편, 서인序引 28편, 기記 10편, 변려문騈儷文 10편, 제문祭文 45편, 잠箴 6편, 명銘 16편, 찬贊 6편, 잡저雜著 16편, 제발題跋 49편, 서독書牘 24편, 소차疏箚 117편, 수의收儀 6편, 비명碑銘 14편, 묘갈명墓碣銘 34편, 묘지墓誌·묘지명墓誌銘 37편, 묘표墓表·묘표음기墓表陰記 25편, 행장行狀 3편, 시장諡狀 13편이다. 시와 문 모두 절대 적지 않은 양이다. 이는 앞으로 명곡 문학에 대한 연구가 활발하게 이루어질 수 있다는 가능성을 의미한다.

명곡의 문학에 대한 연구자들의 무관심이 명곡의 문학적 역량이 산학, 예학, 어학과 같은 다른 분야에 비해 뒤떨어졌음을 의미하지 않는다. 그보다 명곡의 다재다능을 의미한다고 보는 게 타당할 것이다. 앞으로 명곡의 시문詩文에 대한 전반적이고 종합적인 연구가 이루어진다면 명곡의 문학세계에 대해 더욱 심도있는 파악이 가능할 것으로 전망한다. 그제야 우리는 명곡이라는 인물을 다각도로 조망할 수 있게 될 것이다.

Ⅲ. 명곡 최석정의 문학론

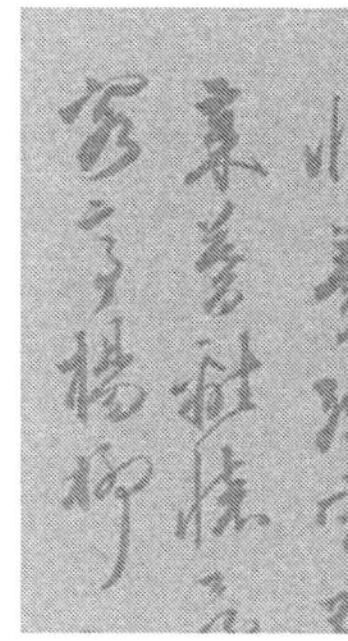

이황진

1. 들어가면서

명곡明谷 최석정崔錫鼎(1646~1715)은 서인이 노론과 소론으로의 분기가 시작된 후 소론계의 정치·사상·학문 등의 초석을 다진 약천藥泉 남구만南九萬(1629~1711)·명재明齋 윤증尹拯(1629~1714)·서계西溪 박세당朴世堂(1629~1703)·남계南溪 박세채朴世采(1631~1695) 등의 뒤를 이어 소론계의 입지를 더욱 공고히 다진 인물이다. 그리고 최석정은 현존하는 최고最古의 산서算書인 『구수략九數略』을 저술하였으며, 훈민정음에 대한 최초의 연구적 노작인 『경세훈민정음도설經世訓民正音圖說』을 저술하여 이들 분야에서 선구자적인 역할을 한 인물로 익히 알려져 있다. 이러한 이유들 때문인지 현재까지 최석정에 대한 연구는 『구수략』을 중심으로 한 산학 연구,[43] 『경

43 김성숙·강미경, 「최석정의 직교라틴방진」, 『Journal for history of mathematics

세정운』을 중심으로 한 어학 관련 연구,[44] 『예기禮記』를 분류하여 편찬한 책인 『예기유편禮記類編』에 대한 연구[45] 그리고 그의 정치나 사상[46]에 대한 연구가 주를 이루어 왔다. 반면, 최석정의 문학과 관

(한국수학사학회지)』 28-2, 한국수학사학회, 2010. ; 오영숙, 「조선후기 산학의 일면 – 최석정의 산 읽기」, 『한국실학연구』 24, 한국실학학회, 2012. ; 이상구 · 이재화, 「최석정의 산학연구와 『양와집』의 저자 이세구」, 『Journal for history of mathematics(한국수학사학회지)』, 한국수학사학회, 2015. ; 윤태주, 「최석정의 구수략에 나타난 수리이상과 유럽수학의 수용에 대한 고찰」, 경북대학교 교육대학원 석사학위논문, 1988.

44 김동준, 「최석정의 어문관과 문명인식」, 『고전문학연구』 42, 한국고전문학회, 2012. ; 김석득, 「실학과 국어학의 전개 – 최석정과 신경준과의 학문적 거리」, 『동방학지』 16, 연세대학교 국학연구원, 1975. ; 배윤덕, 「최석정의 경세정운 연구」, 『국어국문학』 114, 국어국문학회, 1995. ; 심소희 · 구현아, 「조선시기 최석정과 황윤석의 성음인식 비교」, 『중국언어연구』 45, 한국중국언어학회, 2013. ; 심소희, 「최석정의 〈經世訓民正音圖說〉 연구 –〈聲音律呂唱和全數圖〉과 〈經史正音切韻指南〉의 체제 비교를 중심으로」, 『중국어문학논집』 73, 중국어문학연구회, 2012. ; 심소희, 「조선후기 문인들의 시선을 통한 성운 인식 고찰 – 최석정과 정제두의 서신을 중심으로」, 『중국언어연구』 38, 한국중국언어학회, 2012. ; 이희재, 「17세기 조선후기 최석정의 훈민정음의 역학적 원리 연구」, 『大同哲學』 66, 대동철학회, 2014.

45 윤명선, 「최석정의 생애와 학문」, 전남대학교 교육대학원 석사학위논문, 1996. ; 양기정, 「『禮記類編』의 編刊과 毁板 · 火書에 관한 연구」, 성균관대학교 석사학위논문, 2011. ; 양기정, 『『禮記類編』의 편찬과 간행에 대한 연구」, 『서지학보』 38, 한국서지학회, 2011. ; 이희재, 「최석정의 『禮記類編』에서 본 학례」, 『공자학』 22, 한국공자학회, 2012. ; 이희재, 「최석정의 『禮記類編』에서의 家禮觀」, 『동양예학』 27, 동양예학회, 2012. ; 이희재, 「최석정의 『禮記類編』에서의 길례와 흉례」, 『동양예학』 33, 동양예학회, 2014.

46 강신엽, 「최석정의 생애와 사상」, 『지둔김갑주교수화갑기념사학논총』, 1994. ; 강신엽, 「최석정의 정치사상」, 『동국사학』 28, 동국사학회, 1994.

련해서는 조선후기 소론계 문학론을 연구한 글에서 간략하게 다루어지는 정도에 그쳐 왔다.[47] 그런데 근래에 들어 부분적으로 다루어진 것이긴 하지만 김묘정에 의해 최석정의 연행시에 대한 연구[48], 권진옥에 의해 최석정의 산문에 대한 연구,[49] 윤재환에 의해 상소문 연구[50]가 이루어지는 등 최석정의 문학 분야에 대한 연구가 활기를 띠고 있는 양상이다. 하지만 최석정 문학 연구의 선행 작업이라 할

; 김교빈, 「조선후기 주자학과 양명학의 논쟁 - 정제두와 박세채 · 윤증 · 민이승 · 박심 · 최석정의 논쟁을 중심으로」, 『시대와 철학』 10-2, 한국철학사상연구회, 1999. ; 김용흠, 「소론 정승이 장희빈을 살리려한 이유는? - 명곡 최석정의 정치 노선과 탕평책」, 『내일을 여는 역사』 66, 내일을 여는 역사, 2017. ; 김용흠, 「숙종대 소론 변통론의 계통과 탕평론 - 명곡 최석정을 중심으로 -」, 『한국사상사학』 32, 한국사상사학회, 2009. ; 신병주, 「17세기 후반 소론학자의 사상 - 윤증 · 최석정을 중심으로 -」, 『역사와 현실』 13, 한국역사연구회, 1994. ; 이희재, 「17세기 최석정의 신뢰사회 구축을 위한 조화와 탕평의 리더십」, 『율곡사상연구』 23, (사)율곡연구원, 2011.

47 김영주, 「조선후기 소론계 문학이론의 특징 연구 (1)」, 『퇴계학과 유교문화』 35, 경북대학교 퇴계연구소, 2004. ; 김영주, 「조선후기 소론계 문인의 문학론 연구」, 경북대학교 대학원 박사학위논문, 2005. ; 송혁기, 「노 · 소 분기기의 학적 지형과 남구만 계열 소론계의 문학비평」, 『고전과해석』 10, 고전문학한문학연구학회, 2011.

48 김묘정, 「1697년 三使 연행시의 교류성 연구 - 최석정 · 송상기 · 최규서의 작품을 중심으로」, 『한문족어문학』 78, 한민족어문학회, 2017.

49 권진옥, 「명곡 최석정의 기문 연구」, 『동아시아고대학』 49, 동아시아고대학회, 2018. ; 권진옥, 「명곡 최석정의 논설류 산문 연구」, 『동양고전연구』 70, 동양고전학회, 2018.

50 윤재환, 「명곡 최석정의 상소문 연구」, 『한국문학과 예술』 27, 숭실대학교 한국문학과예술연구소, 2018.

수 있는 최석정의 문학론에 대한 연구가 아직 이루어지고 않은 실정이다. 이에 필자는 본고에서 최석정의 문학관에 대해 살펴보고자 한다.

다만, 최석정의 문학관을 그의 문학작품보다는 그가 저술한 다른 문인의 문집 서발序跋을 중심으로 살펴보고자 한다. 이는 문학작품에 대한 분석이 그의 문학관보다는 그의 문학적 특색을 고찰하는데 더 적절한 방법일 수 있는 반면, 서발에 대한 분석이 문학론을 살펴보는데 더 적절한 방법일 수 있다고 생각하기 때문이다. 물론 서발의 경우 그것을 쓰는 사람은 그 문집의 저자 혹은 서발을 부탁해 오는 사람과 상당한 친분이 있는 경우가 대부분이며 또한 그러한 부탁에는 으레 그 서발에 좋은 말을 써줄 것이라는 기대가 숨겨져 있을 것이기에 그 문집과 저자에 대한 부정적인 내용이 담기는 경우는 거의 없다. 그러한 사실을 감안하면 사실 서발에 있는 그 저자와 문집과 작품에 대한 평가가 온전히 객관적이라고만은 할 수 없을지도 모른다. 하지만, 설령 그 저자나 문집이나 작품에 대한 과찬이나 과대평가가 이루어지고 있다고 할지라도, 그러한 비평을 하는 근거로 삼는 논리나 서발을 쓰는 사람 자신의 문학적 견해, 즉 문학관까지 허위라고 부정해서는 안 될 것이다.

본고는 필자의 논리와 논증이 중심이 되는 글이라기보다는 최석정이 쓴 다른 사람의 문집에 대한 서序와 발跋에서 문학에 대해 관점이 나타나 있는 부분들을 발췌하여 정리하여 제시하는 것이 위주가 됨을 미리 밝힌다.

2. 최석정의 시문에 대한 당대의 평가와 최석정의 문학관

한 작가의 문학관을 살펴보는 데 있어 가장 좋은 자료가 되는 것은 그 작가가 시나 문에 대한 자신의 견해를 직접 서술해 놓은 글일 것이다. 그 무엇보다 시론 및 작가론과 작품론이 다양하게 들어가 있는 '시화詩話'나 문학에 대한 자신의 견해를 자유로운 형식으로 쓴 '잡록雜錄'(잡저雜著, 잡기雜記, 만필漫筆)은 그 작가의 문학론을 살펴볼 수 있는 더할 나위 없이 좋은 자료가 된다. 그리고 문집의 앞이나 뒤에 붙이는 글인 '서발류序跋類'(서序, 발跋, 제題, 인引, 서후書後), 문학과 관련된 자신의 견해를 논리적으로 서술한 '논변류論辨類'(논論, 설說, 변辯, 원原)의 글 역시 그 저자의 문학론을 엿볼 수 있는 자료가 된다. 그 외에 문학에 대한 진지한 논의를 주고받거나 저자의 문학에 대한 주장이 담겨 있는 '서독류書牘類'나 시문에 대한 자신의 주장이 담긴 '책策', 시詩로써 시詩를 논하거나 평한 '시詩' 등도 작가의 문학론을 구명하는데 도움이 되는 자료들이다.[51]

『명곡집』은 34권으로 구성되어 있는데, 권1~6은 시 958수, 권7~8은 부賦 4편과 서인序引 38편, 권9는 기記 10편과 변려문騈儷文 10편, 권10은 제문祭文 45편, 권 11은 잠箴 6편, 명銘 16편, 찬贊 6편, 잡저雜著 16편, 권12는 제발題跋 49편, 권13은 서독書牘 24편, 권14~20은 소차疏箚 100여편과 수의收儀 6편, 권21~34는 비명碑銘, 묘갈명墓碣銘, 묘표墓表 등의 묘도 문자 120여 편이 수록되어 있다. 최석정이 별도의 항목으로 자기 자신의 문학관을 구체적으로 서술한 글은 찾

51 정대림, 『한국고전비평사 - 조선후기편』, 태학사, 2001, 24~47면.

아보기 어렵다. 『명곡집』에는 '시화詩話'가 없으며, 권11「잡저雜著」에 논변류論辨類 글 16편이 수록되어 있기는 하지만 문학론과 관련지을 만한 내용이 드물다. 다만 권7~8의「서인序引」에 수록된 글 중 일부와 권12「제발題跋」에 수록된 글 중 일부 그리고 권13「서독書牘」에 수록된 편지 중 일부에서 최석정의 문학론을 구명究明해볼 수 있는 내용을 적잖게 찾아볼 수 있다. 이는 서나 발에는 문집의 성격, 배경, 동기, 경위, 사상, 문학 비평 등이 담겨있게 되는데, 특히 작가의 약력이나 인격을 소개하면서 이를 작품에 연결하여 비평하는 예가 많기 때문이다. 최석정이 쓴 서발 중에서는 특히 김덕함金德諴(1562~1632) 문집의 서문인「성옹집서醒翁集序」, 조복양趙復陽(1609~1671) 문집의 서문인「송곡집서松谷集序」, 정두경鄭斗卿(1597~1673) 문집의 서문인「동명집서東溟集序」, 조종저趙宗著(1631~1690) 문집의 서문인「남악집서南岳集序」, 임전任錪(1560~1611) 문집의 서문인「명고집서鳴皐集序」, 이경석李景奭(1595~1671) 문집의 서문인「백헌집서白軒集序」등에는 최석정 자신의 시론이나 문장론 그리고 조선의 문학사에 대한 견해가 비교적 구체적으로 담겨져 있어 최석정의 문학론을 구명하는데 큰 도움이 된다.

이 부분에서는 단장취의斷章取義가 될 수도 있겠지만, 최석정의 문학론이 드러나는 부분들을 발췌하여 필자 나름대로 최석정의 문학론을 재구성해 보려 한다. 위에서 언급한 몇 개의 서문이 그 중심 내용이 될 것이다. 본 장에서는 최석정의 문학관을 시와 문으로 나누어 살펴볼 것인데, 먼저 최석정의 시문에 대한 당대의 평가[52]를 간략히

52 최석정에 대한 당대의 평가를 엿볼 수 있게 하는 글은 많지 않으며, 있는

살펴본 후, 다음으로 최성적의 문학관이 드러나는 서의 내용을 시와 문으로 나누어 정리하기로 한다.

1) 시詩

(1) 최석정의 시에 대한 당대의 평가

① 약천 남구만(1629~1711)

최석정은 12세 때부터 약 10년간 남구만의 문하에서 수학하였다.[53] 최석정이 15세 때(1660년)에 진천鎭川으로 가는 남구만을 전송하며 시 〈두류산가 경송남선생진천지행頭陀山歌 敬送南先生鎭川之行〉[54]을 지어 올리자, 남구만은 거기에 차운하여 '최석정의 재주와 의표가 해동에서 제일이며, 시문이 뛰어나고 지기志氣가 높아 그런 뛰어난 제자를 가르칠 수 있어 오히려 행운'이라 밝힌 바 있다.[55] 남구만은 당시 최석정의 스승이었기에 뛰어난 어린 제자에 대해 다소의 과찬과 과장이 없지는 않았겠지만, 당시의 최석정에 대해 대단히 높게 평가하고 있음을 알 수 있다.

것도 門人 趙泰億이 쓴 「명곡집서」와 아들 최창대가 쓴 행장 「先考議政府領議政府君行狀」 속에 담겨진 내용들이 대부분이어서 그 객관성을 온전히 보장하기는 어렵다.

53 崔錫鼎, 「藥泉門人錄跋」, 『明谷集』 권12, "余年十二 納拜於藥泉南先生因束脩請學焉 日挾筴游其門近十年."

54 崔錫鼎, 〈頭陀山歌 敬送南先生鎭川之行〉, 『明谷集』 卷1 「焦眉錄」

55 南九萬, 〈次韻贈崔生錫萬 後改錫鼎〉, 『藥泉集』 卷1, "崔生才標冠海東, 快如神鶻當秋空. 文學可言子夏詩, 志氣肯學樊遲農. 試事不啻五對二, 揮翰早能驚眞宰. 與余從游今數歲, 美璞還資山石治. … (後略) …."

② 서파 오도일(1645~1703)

西坡 吳道一은 함께 수창할 적마다 감탄하며 말하기를 "崔公의 시는 편폭이 계속 이어져 끊임없이 나오니 마치 천군만마가 깃발을 날리고 북을 치면서 전장을 뒤덮는 것처럼 그 기세를 감당할 수 없을 정도이다."라고 하였다.[56] (趙泰億, 「明谷集序」)

吳道一은 시로 명성이 있었는데 공과 수창한 시가 많다. 한번은 공의 아우 判書公(崔錫恒)에게 말하기를 "汝和의 시는 동시대 여러 공들이 미치지 못할 뿐만 아니라 이전의 거공들이 공과 겨루더라도 공을 이길 자는 적을 것이다."라고 하였으니 心腹한 말이라 하겠다.[57] (崔昌大, 「先考議政府領議政府君行狀」)

③ 곤륜 최창대(1669~1720)

詩는 新巧에 힘쓰지 않고, 또한 平實하고 典厚하게 지었으며, 氣가 쇠약해지지 않는 것을 위주로 하셨다. 늘 谿谷 張維의 말을 들어 "辭는 詩體를 채울 수 있고, 氣는 뜻을 펼 수 있어야 한다. 이 두 가지에 능하면 비록 옛사람에게 미치지는 못하더라도 말세의 수척하고 궁벽한 병통은 면할 수 있다."고 하셨다.[58] (崔昌大, 「先考議政府領議政府君行狀」)

56 趙泰億, 「明谷集序」, 崔錫鼎, 『明谷集』, " 西坡吳公道一每與之酬唱, 輒歎曰, 崔公之詩, 連篇累紙, 愈出愈不窮, 如千兵萬馬, 旗鼓蔽野, 其氣勢不可當."

57 崔昌大, 「先考議政府領議政府君行狀」, 『昆侖集』 卷19, "吳公道一號能詩, 多與公酬倡, 嘗語公弟判書公曰, '汝和之詩, 不特同時諸公所不及, 雖與前輩鉅公並驅, 尠有能爭霸者, 蓋心服之言也'."

58 崔昌大, 「先考議政府領議政府君行狀」, 『昆侖集』 卷19, "爲詩不務新巧, 而亦以平實典厚, 氣不衰餒爲主. 每擧谿谷之言曰, '辭足充體, 氣能暢意, 能是則雖不及古人, 庶乎免末世寒瘦仄僻之病.'"

위의 글들을 통해, 최석정의 시는 그 기세가 대단하며 동시대 시인들이 미치지 못할 정도의 수준이라는 당대의 평가를 받았으며, 최석정은 신기新奇하고 공교한 것에 힘쓰지 않고 기氣를 중시하는 시관을 가지고 있었음을 알 수 있다.

(2) 최석정의 시관詩觀

[1] 시詩는 문文의 정화精華

① 詩는 문학의 精華이다. 최고의 경지가 格調, 그 다음이 聲韻, 그 다음이 體裁, 그 다음이 思致이다. 격조와 성운은 타고나는 것이며 체재와 사치는 기교로 극점에 이를 수 있다. 자고로 시로 이름을 떨친 사람이 많은데 체제·사치를 터득한 사람은 열에 예닐곱으로 晚唐과 宋의 명가들이 그러한 사람이고, 성운을 터득한 사람은 겨우 둘 셋으로 中唐의 여러 명가이며, 격조를 터득한 사람은 盛唐의 몇몇 시인 이외에는 전혀 듣지 못하였으니 시를 어찌 쉽게 말할 수 있겠는가.[59] (「鳴皐集序」)

[2] 시의 전범典範은 성당盛唐 시대의 대가大家

② 시에 있어서는 李白과 杜甫, 盛唐 시대의 여러 대가를 표준으로 삼고 黃庭堅과 陳師道 이하의 시는 아예 언급하지 않았다.[60](「東

59 崔錫鼎, 「鳴皐集序」, 『明谷集』 卷8, "詩者, 文之精華也. 太上格調, 其次聲韻, 其次體裁, 其次思致. 格調·聲韻 得之於天, 體裁·思致, 可以人巧造極. 自古以詩名家者多矣, 得其體裁·思致者, 十之六七, 若晚李·趙宋名家是已, 得其聲韻者, 堇二三, 若中唐諸家是已. 至如得其格調者, 盛唐數家之外, 蓋寥寥無聞, 詩豈可易言乎哉?"

60 崔錫鼎, 「東溟集序」, 『明谷集』 卷8, "取之如探囊。然於詩則獨取李、杜及盛唐諸名家, 爲之標準, 死不道黃、陳以下語."

溟集序」)

③ 공의 시는 『詩經』과 『離騷』의 근원까지 곧장 탐구해서 본래의 면목을 찾으려고 노력하여 이론에 빠지지도 않고 말 껍데기에 떨어지지 않았고 결코 元和[唐]이후의 어투를 사용하지 않아서 典雅하고 고결하여 저절로 天然의 기색이 있었다.[61] (「鳴皐集序」)

[3] 조선의 시문학사에 대한 관점

④ 조선의 시는 중기 이전에는 모두 송나라 시인을 본받아 蘇東坡와 陳師道의 범위를 벗어나지 않았다. 穆陵시대에는 문장가들이 부쩍 많아져서 조금씩 三唐으로 발걸음을 옮겨 가서 붓을 잡은 자나 예술을 논하는 이들은 모두가 宋代와 元代의 시인을 말하는 것을 수치스럽게 여겼으나 여전히 俗習을 모두 씻어 내지 못하였다. 유독 蓀谷 李達과 石洲 權韠만이 唐詩에 가까우니 이들은 실로 바른 방향으로 나아가는데 앞장 선 공로가 있다. 내가 鳴皐 任公의 시를 보니 권필 · 이달과 더불어 세 발 솥과 같은 형세이며, 그의 격조와 성운은 거의 도에 가깝다.[62] (「鳴皐集序」)

[4] 좋은 시의 요건

⑤ 지금 공의 유고를 보니 그의 시는 엄정한 것을 숭상하여 전혀

61 崔錫鼎, 「鳴皐集序」, 『明谷集』 卷8, "公之爲詩, 直探風 · 騷之源, 務求本來面目, 不涉理路, 不落言筌, 絶不爲元和以後口氣, 沖雅孤高, 自有天然之色."

62 崔錫鼎, 「鳴皐集序」, 『明谷集』 卷8, "本朝之詩, 中葉以前, 皆效宋人, 槩不出蘇、陳範圍. 穆陵之世, 文士鬱興, 稍稍步驟於三唐, 操觚講藝者, 擧能羞道宋、元, 而猶未能盡洗習氣。獨蓀谷 · 石洲號爲近唐, 實有倡道正始之功. 以余觀於鳴皐 任公之詩, 可與權 · 李鼎峙參盟, 其於格調、聲韻, 殆庶幾焉。公之爲詩, 直探風 · 騷之源, 務求本來面目, 不涉理路, 不落言筌, 絶不爲元和以後口氣, 沖雅孤高, 自有天然之色."

진부한 말을 답습하지 않았고, 그의 文은 기운찬 것을 위주로 하면서도 대개 군더더기 말을 늘어놓지 않았으니 이것은 모두 천부적으로 타고난 眞正하고 강대한 기운이 그렇게 형상화된 것이다. …… 공이 남긴 글과 말은 모두 타고난 正氣에 근원을 두고 있어 얼마 되지 않은 글도 후대 사람은 더욱더 귀중하게 여긴다.[63] (「醒翁集序」)

⑥ 공의 시는 아름답고 힘차며 마치 천리마나 명마가 달려 나가는 것 같다.[64] (「東溟集序」)

⑦ 공은 조잡한 시를 대단하다고 여기거나, 겉만 떠들썩한 시를 웅장하다고 여기거나 어려운 韻을 사용하는 시를 기이하다고 여기는 것을 좋게 보지도 않았을 뿐더러 또한 매우 병통으로 여겨서 극력 배척하였다.[65] (「鳴皐集序」)

⑧ 공의 인품은 맑고도 탈속하며 법규에 구구하게 얽매이지 않아서 金粟後身[李白]과 매우 흡사하였다. 비록 봉양을 위해 벼슬을 해서 하급 관직을 전전하였으나 세상의 때에 물들지 않고 훨훨 세상을 버리고 신선이 되고자 하는 뜻이 있었으므로 공이 시를 지을 때는 비속한 세상 사람들의 어투를 사용하지 않았으니 참신한 시문과 뛰어난 예술성이 근본이 없이 그렇게 될 수 있겠는가.[66] (「鳴皐集序」)

63 崔錫鼎, 「醒翁集序」, 『明谷集』 卷8, "今觀公遺稿, 其詩尙奇峻而絶不蹈陳言. 其文主勁切而類不涉曼辭, 是皆出於眞正剛大之所稟而象之然也. …… 然凡公咳唾言說之遺, 皆原於所稟之正氣, 則寂寥斷編, 在後人益可貴重."

64 崔錫鼎, 「東溟集序」, 『明谷集』 卷8, "其爲詩, 雋拔揚厲, 如天驥名駒奔軼絶塵."

65 崔錫鼎, 「鳴皐集序」, 『明谷集』 卷8, "其於世之粗豪以爲大, 叫譟以爲雄, 拗險以爲奇者, 非唯不屑爲, 抑亦深病而力絀."

66 崔錫鼎, 「鳴皐集序」, 『明谷集』 卷8, "蓋公人品淸高脫俗, 不規規於繩尺, 絶類金粟後身. 雖勉就祿仕, 棲棲薄宦, 而不染世之滋垢, 飄然有遺世羽化之意, 故其所唫呀, 不作喧卑煙火人語, 淸文絶藝, 夫豈無本而然耶?"

최석정의 시관이 많이 드러나는 글은 임전(1560~1611) 문집의 서문인 「명고집서」와 정두경(1597~1673) 문집의 서문인 「동명집서」인데, 이것은 그만큼 이들의 시를 높이 평가했기 때문이다. 최석정은 '시는 문학의 정화'라고 하며 문학에서 시의 위상을 매우 중요시하였다. 이는 이이李珥가 "문사란 말 가운데 순수하고 화려한 것이며, 시란 문사 가운데 가장 아름답고 뛰어난 것이니 시가 세상에서 중시되는 까닭을 여기서 볼 수 있다."[67] 고 한 것과 일맥상통하는 견해라 할 수 있다. 최석정은 당대唐代 특히 이백이나 두보 같은 성당盛唐 시대의 대가를 그 전범으로 삼았다. 최석정은 조선에서는 목릉[선조] 시대 때에 많은 문장가들이 배출되었으며 이는 시단이 당唐을 배우고 익혀 당풍唐風이 크게 일어났기 때문이라고 인식하였다. 선조대를 조선시의 극성기로 잡는 것은 제가들의 일치된 견해였으며, 그 시대를 중심으로 이전을 학송學宋의 시대, 이후를 학당學唐의 시대로 보는 것 또한 일반적으로 인정되고 있는 견해이다. 따라서 조선초의 학송의 시풍이 선조대를 전후하여 학당의 시풍으로 바뀌면서 조선시가 크게 발전하였음을 알 수 있다. 최석정이 높이 평가하는 조선의 시인이 손곡 이달(1539~1612)과 석주 권필(1569~1612) 그리고 자신이 서문을 쓴 명고 임전과 동명 정두경인 것도 마찬가지 이유이다. 특히 조선 후기에 정두경의 시문에 대한 찬반 논란은 무척 분분했었으며, 일면 마치 소론과 노론의 당파간의 대립이자 싸움 같은 양상처럼 여겨지기도 했다.[68] 따라서 정두경을 비판한 노론계의 대

67 李珥, 「仁物世藁序」, 『栗谷全書』 「拾遺」 卷3.

68 정두경의 시문에 대한 평가의 논란은 남은경의 「동명 정두경 문학의 연구」

표적 문인 김창협(1651~1708)의 견해[69]가 당대 노론의 문학관을 대변한다고 본다면, 최석정의 이 「동명집서」는 소론의 문학론을 대변한다 하겠다.

최석정은 시 창작에 있어 타고나는 천부적인 재능이 시 창작에 있어서 큰 역할을 한다고 보았다. 시의 최고의 경진인 '격조格調'와 그 다음 경지인 '성운聲韻'은 타고나는 것이라고 한 것이나, 성옹 김덕함의 시문이 '타고난 정기正氣'에 근원을 두고 있다고 한 데서 그러한 사실을 엿볼 수 있다. 또한 최석정은 맑은 인품과 탈속한 기상도 좋은 시를 만든다고 보았다. 반면, 조잡한 시를 대단하다고 여기거나, 겉만 떠들썩한 시를 웅장하다고 여기거나 어려운 운韻을 사용하는 시를 기이하다고 여기는 것을 좋게 보지도 않았을 뿐더러 또한 매우 병통으로 여겨서 극력 배척하였다.

오도일은 최석정의 시에 대해 "편폭이 계속 이어져 끊임없이 나오니 마치 천군만마가 깃발을 날리고 북을 치면서 전장을 뒤덮는 것처럼 그 기세를 감당할 수 없을 정도이다."[70]라며 그 시의 기세가 우뚝

(이화여대 박사학위논문, 1997)의 '정두경 문학에 대한 후배의 포폄과 그 의미' 부분과, 이남면의 「동명 정두경 한시 연구」(고려대학교 박사학위논문, 2012)의 '정두경 시의 문학사적 의의' 부분에서 구체적으로 다루고 있다.

69 김창협은 정두경의 시에 대하여 "그 시가 비록 清新하고 뛰어나서 세속의 악착스럽고 진부한 기운이 없기는 하나 그 정치한 말과 오묘한 意思는 고인의 심오함을 엿보지 못하고 분방한 필치가 또 詩家의 변화를 다 구현하지 못했다."(故其詩雖清新豪俊 無世俗齷齪庸腐之氣 然其精言妙思 不足以窺古人之奧 橫騖旁驅 又未能極詩家之變)하여 엄중하게 비판하고 있다. (金昌協, 「雜識」, 『農巖集』 卷34)

70 趙泰億, 「明谷集序」, 崔錫鼎, 『明谷集』, "西坡吳公道一每與之酬唱, 輒歎曰, 崔公之詩, 連篇累紙, 愈出愈不窮, 如千兵萬馬, 旗鼓蔽野, 其氣勢不可當."

하여 동시대의 시인들이 미치지 못할 정도라며 최석정의 시를 높이 평가한 바 있다. 이는 최석정 자신이 정두경의 시에 대해 평한 내용과 흡사한 평가이다. 그리고 최창대는 부친 최석정의 시는 "신기新奇하고 공교한 데 힘쓰지 않고 평실平實하고 전후典厚하게 지었으며 기氣가 쇠약해지지 않는 것을 위주로 하였다"고 밝혔는데, 이는 임전의 시에 대해 평가한 ⑦과 유사하다. 따라서 최석정이 지은 시와 그의 시관은 상당부분 부합한다 인정할 수 있다.

2) 문文

(1) 최석정의 문장에 대한 당대의 평가

① 약천 남구만(1629~1711)

약천 남상공께서는 일찍이 "최석정은 六經을 종합하고 백가를 두루 섭렵하고 있어 비록 옛날의 通儒라 할지라도 이보다 나을 수 없다. 그 奏議와 疏箚는 적절하여 陸宣公(陸贄)과 견줄 만하다."고 하셨다.[71] (趙泰億, 「明谷集序」)

② 겸재 조태억(1675~1728)

문장을 지으면 모두 화평하고 典麗하였으며 넓고도 치밀하였다. 소재의 선택하고 고사를 운용하는 것은 經史를 넘나들어 辭理가 모두 지극하고 華實이 서로 부합하여 각 體가 모두 갖추어져 우뚝한 대가라 할만하다. 선생과 같다면 진정 경세의 문장이라 할 만 하며,

71 趙泰億, 「明谷集序」, 崔錫鼎, 『明谷集』, "藥泉南相公嘗曰 '崔相之錯綜六經 雖古之通儒 亦無以過之. 其奏箚剴切 可方陸宣公.'"

『易大傳』에서 "크게 소유하는 것을 대업이라고 이른다." 하였는데 그와 가깝다 하겠다.[72] (趙泰億, 「明谷集序」)

③ 곤륜 최창대(1669~1720)

문장은 오로지 六經을 근본으로 삼고 百家를 두루 통달하였는데, 중년에는 昌黎(韓愈)의 문장을 많이 읽으셨다. 일찍이 다음과 같이 말씀하셨다. "문장은 氣를 위주로 해야 하니, 渾厚하고 典實하여 군더더기가 없는 것을 귀하게 여긴다. 조탁하여 꾸미는 것을 훌륭하다고 여기지 않고 시끄럽게 떠들어대는 것을 호방하다고 여기지 않는다면 이미 절반은 깨달은 것이다." 담론하는 자들이 이르기를 "공의 문장은 經學에서 터득하여 남들이 미칠 수 없는 경지이다."라고 하였다.[73] (崔昌大, 「先考議政府領議政府君行狀」)

④ 『숙종실록보궐정오肅宗實錄補闕正誤』

九經과 百家를 모두 섭렵하여 마치 자기 말을 외듯이 하였는데, 이미 지위가 고귀해지고 늙었으나 오히려 송독을 그치지 않으니, 경술·문장·언론·풍유가 일대 명류의 종주가 되었다.[74] (「최석정의 졸기」)

72 趙泰億, 「明谷集序」, 崔錫鼎, 『明谷集』, "故發而爲文詞 皆和平而典麗 弘贍而縝密. 取材使事 出入經史 辭理俱到 華實相副 各體咸備 蔚爲大家. 若先生眞可謂經世之文章 而易大傳所謂富有之謂大業者."

73 崔昌大, 「先考議政府領議政府君行狀」, 『昆侖集』 卷19, "爲文章專以六經爲本, 貫穿百家, 中年多讀昌黎文. …… 譚者謂公文得於經學, 爲難及. 爲詩不務新巧, 而亦以平實典厚, 氣不衰餒爲主."

74 『肅宗實錄補闕正誤』, 숙종 41년 11월 11일, 「판중추부사 최석정의 졸기」, "九經百家, 靡不通涉, 如誦己言, 旣貴且老, 猶誦讀不輟, 經術文章言論風猷, 爲一代名流之宗."

⑤ 농암 김창협(1651~1708)

계유년(1693) 2월에 仲和(金昌協)와 더불어 明村(羅良佐)의 집에 모여서 이야기를 하다가 문인들에 대해 미쳐서 서로 訕評하였다. 중화가 말하길 "崔汝和(崔錫鼎)는 다른 사람의 시문을 보면 허여함이 많고 비판이 적은데, 이것은 훌륭한 점을 칭찬하는 것은 잘하고 나쁜 점을 비판하는 것이 서툴기 때문이다. 朴士元(朴泰輔)은 허여함이 적고 비판을 많이 하는데, 이것은 장점을 칭찬하는 것은 서툴고 나쁜 점을 비판하는 것은 잘하기 때문이다. 그러나 그 비판으로 인해 고쳐서 완전해질 수 있으니 곧 나쁜 점에 대해 비판함을 잘하는 것은 곧 남에게 이익이 된다. 내가 士元에게서 이런 점을 취한다"고 하였다.[75] (金柱臣, 「隨事箚錄」)

당대의 평가에서도 볼 수 있다시피 최석정은 시보다는 문장에 더 능하였음을 확인해 볼 수 있는데, 그의 문장은 '경세의 문장'이라 할 만하며, 한 시대 명류의 종주가 될 정도였다는 높은 평가를 받았다. 특히 주의奏議와 소차疏箚와 같은 공거문에 뛰어났다. 이는 폭넓은 독서를 통해 경서, 백가, 사서 등을 두루 섭렵했기에 가능한 것이었다. 그가 아들 최창대에게 했다는 "문장은 기氣를 위주로 해야 하니, 혼후渾厚하고 전실典實하여 군더더기가 없는 것을 귀하게 여긴다. 조탁하여 꾸미는 것을 훌륭하다고 여기지 않고 시끄럽게 떠들어대는 것을 호방하다고 여기지 않는다면 이미 절반은 깨달은 것이다."는

75 金柱臣, 「隨事箚錄」, 『壽谷集』 卷9, "癸酉仲春 與仲和會敍于明村 語及文人互相訕評. 仲和曰 '崔汝和見人詩文 多予少訕 是則善善長而惡惡短也. 朴士元少予多訕 是則善善短而惡惡長也. 然因其訕評而可修改致完 則長於惡惡者便益於人 吾於士元 有取焉.'"

말이 곧 최석정의 문장관을 대변한다고 할만하다.

김창협에 따르면 최석정은 남의 시문을 비평함에 있어 "훌륭한 점을 칭찬하는 것은 잘하고 나쁜 점을 비판하는 것은 잘 못한다."고 평가했는데, 이는 최석정이 온건하고 타협적인 정치노선을 견지하며 8번이나 영의정을 역임하였다는 사실을 떠올리면, 그러한 시문 비평의 성향은 그의 성품에서 기인한 것으로 볼 수도 있을 듯싶다.

(2) 최석정의 문장관文章觀

[1] 문장文章은 불후不朽의 성사盛事

① 옛적부터 "문장은 불후의 성대한 일이다."라고 하였으니 정밀한 예술은 반드시 혼자만이 가진 재주와 초탈한 기개를 가진 다음에 비로소 대가의 경지에 들어설 수 있다. 그렇지 않고 말을 번드레하게 하고 겉모양만 꾸미면 단지 닳아빠진 빗자루를 스스로 진귀하다고 여기고 망령되게 黃屋에 견주는 것이 될 뿐이니 어찌 높이 평가할 수 있겠는가.[76] (「南岳集序」)

② 문장의 운수는 국가의 흥망성쇠에 좌우되어 마치 天命이 있는 것 같기도 하다.[77] (「白軒集序」)

[2] 문장의 전범典範은 선진先秦·양한兩漢 시대의 문장

③ 문장은 前漢 시대에, 시는 盛唐 시대에 최고조에 달하여 더 이상 보탤 것이 없다. …… 先秦·兩漢 시대의 문장을 두루 읽었으며

76 崔錫鼎, 「南岳集序」, 『明谷集』 卷8, "古稱 '文章爲不朽盛事', 然是猶藝之精者, 必有獨得之才邁往之氣然後, 方可與論於家數之淺深。不者, 雖榮華其言, 藻繪其色, 秖爲弊帚之自珍, 黃屋之僭擬而已, 曷足貴哉?"

77 崔錫鼎, 「白軒集序」, 『明谷集』 卷8, "文章之運, 以國家而隆替, 若有天命者存."

司馬遷을 매우 좋아해서 종신토록 힘을 쏟았다. 수백 수천 번을 읽어 종횡으로 꿰뚫었으며 가져다 쓰기를 주머니에서 꺼내 쓰듯이 하셨다.[78] (「東溟集序」)

④ 선생의 문장은 순수하게 경전과 역사에서 나왔으며 한유와 소동파에서 자료를 취하고 주자와 정자의 성리학를 분석하여 평범함 속에 저절로 굴곡과 꾸밈이 있으니 참으로 經世之文이라고 할 만하다.[79] (「南岳集序」)

⑤ 공은 일찌감치 경학을 탐구하였고 역사에 더욱 조예가 깊었으며 제자백가를 관통하여 정화를 맛보았으므로 문장으로 표현되는 것이 이와 같았다.[80] (「松谷集序」)

[3] 조선의 문장에 대한 관점

⑥ 문장의 운수는 국가의 흥망성쇠에 좌우되어 마치 천명이 있는 것 같기도 하다. 조선 시대 文運의 홍성은 穆陵[宣祖] 시대에 가장 우뚝하였고 廢朝[光海君] 때 쇠퇴하였다가 다시 仁祖의 태평 시기에 다시 성행하였다. 아, 이것이 어찌 인력으로 할 수 있는 것인가.[81] (「白軒集序」)

---

78 崔錫鼎, 「東溟集序」, 『明谷集』 卷8, "夫文之於西漢, 詩之於盛唐, 至矣盡矣. …… 遍讀先秦、兩漢之文, 而尤酷嗜馬遷, 終身肆力, 誦數至累百千, 從橫貫穿, 取之如探囊."

79 崔錫鼎, 「南岳集序」, 『明谷集』 卷8, "先生之文, 粹然出自經史, 取材於韓、蘇, 析理於閩、洛, 平淡之中, 自有波瀾藻采, 眞所謂經世之文也."

80 崔錫鼎, 「松谷集序」, 『明谷集』 卷8, "蓋公早探經學, 尤邃於史傳, 貫穿諸家, 咀擷英華, 故其發於文者如此."

81 崔錫鼎, 「白軒集序」, 『明谷集』 卷8, "文章之運, 以國家而隆替, 若有天命者存. 我朝文運之盛, 莫尙於穆陵之世, 中衰於廢朝, 而復盛於仁廟昌期. 嗚呼! 此豈人力也?"

⑦ 조선의 문장은 대략 세 번 변하였다. 초기의 문장가는 평실하면서도 순박하고 이치가 순조롭고 말이 통하는 것에 그쳤다. 宣祖 시대에 문단의 여러 사람들은 修辭에 대해 논의하여 嘉隆의 여러 문인들을 배우고 모두가 正始로 돌아가고자 하였으나 논평가들은 흡족하지 않다고 여겼다. 仁祖가 중흥하자 谿谷과 澤堂 등 여러 사람이 이전 시대를 절충하고 한유와 소동파를 섭렵해서 質과 文을 겸비하였으니 문질이 잘 어우러진 군자라고 할 만하다. 그렇지만 서한과 성당으로 연결 짓는 것을 실행하지 못하였는데 東溟 鄭公이 후대에 태어나 진작시켰다.[82] (「東溟集序」)

⑧ 우리나라의 문체는 대략 세 가지 병통이 있으니, 그 기상이 쇠약해서 떨치지 못하고, 그 말이 비루하여 전아하지 못하고, 이치가 자질구레해서 온전하지 못하였다. 공은 그렇지 않다. 아름답고 웅혼한 것을 위주로 해서 옛날 문장가들의 기풍으로 돌아가기를 주력하였으므로 문장은 간단명료하지만 졸렬하지 않았고 시는 맛이 적은 듯하지만 범속하게는 되지 않았다. 비루하고 자질구레한 한마디 말을 찾으려 해도 찾을 수 없으니 요컨대 말세의 작은 나라의 말이 아니다. 공과 같은 분은 걸출하고 뛰어나서 세상에 드물게 나오는 사람이라고 참으로 이를 만하다.[83] (「東溟集序」)

82 崔錫鼎, 「東溟集序」, 『明谷集』 卷8, “國朝文章, 大略三變. 國初諸家, 平實渾厚, 理順辭達而止, 及至穆陵之世, 文苑諸公, 擬議修辭, 學嘉・隆諸子, 一反正始, 而篤論者猶未翕然, 仁廟中興, 谿・澤諸公, 折衷前古, 步驟韓・蘇, 質有其文, 殆所謂彬彬君子矣乎? 然引繩於西漢・盛唐, 則或有所未遑焉, 東溟鄭公晩起而振之.”

83 崔錫鼎, 「東溟集序」, 『明谷集』 卷8, “我東文體, 大約有三病, 其氣衰薾而不振也, 其辭卑陋而不雅也, 其爲理纖瑣而不渾全也。公則不然。旣以雋拔雄偉爲主, 力反古作者之風, 故文若寡要而毋或拙 ; 詩若少味而毋或凡. 求一言之涉於衰陋纖瑣而無得焉, 要之非叔世偏邦之語。若公眞可謂傑然命世而間出者矣.”

[4] 좋은 문장의 요건

⑨ 문장만 꾸미기만 하면 이치가 졸렬해 지는 병통이 있고 이치를 주로하면 문장이 잡되게 되는 병통이 있게 되며, 신기한 문장은 기교에 빠지고 단순한 문장은 평이한 곳에 빠지는데 이것이 고금의 똑같은 병통이다. …… 이치가 졸렬하기보다는 차라리 말이 잡된 것이 낫고, 기교에 가깝기보다는 차라리 평이한 곳에 가까운 것이 낫다. 무엇 때문인가, 이치가 졸렬하면 근본이 없고 기교를 부리면 元氣를 해친다. "문장은 뜻이 통하기만 하면 그만이다."라고 말하지 않았는가.[84] (「白軒集序」)

⑩ 옛말에 이르기를 "문장을 잘하기가 어려운 것이 아니라 문장을 아는 것이 더욱 어렵다."라고 하였는데, 공은 문장에 있어서도 또 남이 더욱 어렵게 여기는 것에도 장점이 있으셨다. 이것은 타고난 것이지 어찌 자잘하게 노력한다고 해서 될 법한 일이겠는가.[85] (「白軒集序」)

⑪ 그의 文은 기운찬 것을 위주로 하면서도 대개 군더더기 말을 늘어놓지 않았으니 이것은 모두 천부적으로 타고난 眞正하고 강대한 기운이 그렇게 형상화된 것이다. 공이 남긴 글과 말은 모두 타고난 正氣에 근원을 두고 있어 얼마 되지 않은 글도 후대 사람은 더욱더 귀중하게 여긴다.[86] (「醒翁集序」)

---

84 崔錫鼎, 「白軒集序」, 『明谷集』 卷8, "修辭則病於理拙, 主乎理則病於辭冗, 新奇者或失於尖巧, 平順者或失於流易, 此古今之同患也. …… 拙則無所本, 尖巧則累元氣也. 曰辭達而已乎."

85 崔錫鼎, 「白軒集序」, 『明谷集』 卷8, " 語云 '善文非難, 知文尤難.' 然則公之於文, 又長於人所尤難, 此蓋得之於天, 夫豈區區修勉所可能者哉?"

86 崔錫鼎, 「醒翁集序」, 『明谷集』 卷8, "其文主勁切而類不涉曼辭, 是皆出於眞正剛大之所稟而象之然也. …… 然凡公咳唾言說之遺, 皆原於所稟之正氣, 則寂寥斷編, 在後人益可貴重."

⑫ 내가 받아서 읽어 보니 문장이 雄渾하고 깊이가 있으며 반드시 이치를 담고 뜻을 통하는 것을 위주로 하였으니 성대하게 선친[浦渚趙翼]의 맥락이 있었다.[87] (「松谷集序」)

⑬ 공은 높은 재주와 탈속한 기개가 있었고 일찌감치 대단한 명망을 가졌다. …… 공의 문장은 우렁차고 웅장하여 마치 장대한 강이나 大海가 끝없이 넘실대면서 무연히 흐르는 것 같아 독자들은 아득히 望洋之歎을 하였다.[88] (「東溟集序」)

최석정은 '문장은 불후의 성대한 일[文章爲不朽盛事]'이며, 문장의 운수는 국가의 흥망성쇠에 좌우되어 마치 천명이 있는 것 같기도 하다며 문장의 가치를 매우 높이 인식하였다. 이는 조비曹丕가 「전론논문典論論文」에서 '대개 문장이란 나라를 다스리는 대업이오, 불후의 성대한 일[蓋文章經國之大業, 不朽之盛事]'이라 한 것과 동일한 인식이라 하겠다.

최석정은 선진先秦·양한兩漢 시대의 문장을 전범으로 여겼으며, 경전과 역사서 그리고 한유와 소동파를 위시로 한 당송 고문의 문장을 높이 평가하였다. 최석정은 조선에서는 인조 때에 그나마 장유·이식이 질과 문의 조화를 이룬 훌륭한 경지에 오르기는 했으나 여전히 서한西漢과 성당盛唐을 연결짓는 것을 실행하지 못하였는데 정두경이 후대에 이를 진작시켰다며 그를 매우 높이 평가하였다. 여기에는 자신의 스승인 남구만이 함경도 관찰사로 있던 1674년 『동명집』

87 崔錫鼎, 「松谷集序」, 『明谷集』 卷8, "錫鼎受而讀之, 其文渾浩醇深, 必以理勝辭達爲主, 蔚有先先生氣脈."

88 崔錫鼎, 「東溟集序」, 『明谷集』 卷8, "公有高才逸氣, 早負盛名. …… 故其爲文, 洪鬯雄偉, 如長河巨浸浩蕩彌漫。讀者茫然有望洋之歎."

을 간행하였으며, 1711년 중간본을 간행할 당시에는 최석정 자신도 직간접적으로 깊이 관여했던 사실도 적잖은 영향을 미쳤을 것으로 보인다. 하지만, 정두경의 문학에 대한 평가는 앞서도 언급한 바 있듯이 김창협 계열의 노론과 남구만 계열의 소론 사이에서 선명하게 구분된다. 노론인 김창협이 전후칠자를 위시한 모의模擬의 측면에서 정두경을 신랄하게 비판하였다면 소론인 최석정은 선진양한의 고문을 전범으로 삼아 문풍을 진작시킨 점을 높이 평가하였다 하겠다.

최석정은 문장을 지을 때 수사보다는 문장은 뜻이 통하기만 하면 그만이라는 '사달辭達'에 좀 더 비중을 두어, '이치가 졸렬하기보다는 차라리 말이 잡된 것이 낫고, 기교에 가깝기보다는 차라리 평이한 곳에 가까운 것이 낫다.'고 인식하였다. 그러면서 "문장은 기氣를 위주로 해야 하니, 혼후渾厚하고 전실典實하여 군더더기가 없는 것을 귀하게 여긴다. 조탁하여 꾸미는 것을 훌륭하다고 여기지 않고 시끄럽게 떠들어대는 것을 호방하다고 여기지 않는다면 이미 절반은 깨달은 것이다."라는 문장론을 견지하였다.

또한 최석정은 시의 창작에 있어 천부적인 재능을 중시하였던 것과 마찬가지로 문장에 있어서도 '천부적으로 타고난 진정眞正하고 강대한 기운'의 중요성을 인정하였다. 최석정은 9세 때에 시서詩書의 전문全文과 사서史書를 읽었으며, 12세 때에는 역易을 깨달아 손수 점치는 법을 그림으로 그릴 정도였으며, 백가百家의 책을 두루 섭렵하여 문장의 뜻을 환히 알 수 있었고, 시문을 지을 때는 붓을 대기만 해도 한 편을 지을 정도여서 한 시대의 신동으로 이름났다고 한다.[89]

89 崔昌大, 「先考議政府領議政府君行狀」, 『昆侖集』 卷19, "九歲, 誦詩書全文

이러한 사실이 최석정이 문학에 있어서의 천부적인 재능을 인정하고 높이 평가하는데 어느 정도는 영향을 미쳤을 수도 있을 것으로 보인다.

조태억은 최석정의 문장에 대해 “문장을 지으면 모두 화평하고 전려典麗하였으며 넓고도 치밀하였다. 소재의 선택하고 고사를 운용하는 것은 경사經史를 넘나들어 사리辭理가 모두 지극하고 화실華實이 서로 부합하여 각 체體가 모두 갖추어져 우뚝한 대가라 할만하다.”고 평가하였다. 그리고 최창대는 최석정이 일찍이 “문장은 기氣를 위주로 해야 하니, 혼후渾厚하고 전실典實하여 군더더기가 없는 것을 귀하게 여긴다. 조탁하여 꾸미는 것을 훌륭하다고 여기지 않고 시끄럽게 떠들어대는 것을 호방하다고 여기지 않는다면 이미 절반은 깨달은 것이다.”라는 가르침을 받았다고 말하였다. 이를 볼 때 최석정이 서발을 통해 드러낸 문장관이 그 자신의 실제 문장 창작에 오롯이 담겨져 있다고 인정할 수 있다.

3. 나오면서

지금까지 최석정의 문학관에 대해 그가 저술한 다른 문인의 문집 서발序跋을 중심으로 살펴보았다. 최석정의 시는 그 기세가 대단하며 동시대 시인들이 미치지 못할 정도의 수준이라는 당대의 평가를

博通史書. 十二歲 通易象卦爻之變 占揲之法 手畫爲圖 成一卷. 綜覽百家 文義沛然 爲詩文 下筆成章 一時籍籍稱神童.”

받았다. 최석정은 '시는 문학의 정화'라고 하며 문학에서 시의 위상을 매우 중요시하였으며, 당대唐代 특히 이백이나 두보 같은 성당盛唐 시대의 대가를 그 전범으로 삼았다. 그로 인해 조선에서는 목릉시대 때에 많은 문장가들이 배출되었으며 이는 시단이 당唐을 배우고 익혀 당풍唐風이 크게 일어났기 때문이라고 인식하였다. 최석정이 높이 평가한 조선의 시인이 손곡 이달(1539~1612), 석주 권필(1569~1612), 명고 임전(1560~1611), 동명 정두경(1597~1673) 등이라는 사실을 통해서도 그러함을 확인해 볼 수 있다. 최석정은 시 창작에 있어 타고나는 천부적인 재능이 큰 역할을 한다고 보았으며, 맑은 인품과 탈속한 기상도 좋은 시를 만든다고 보았다. 반면, 조잡한 시를 대단하다고 여기거나, 겉만 떠들썩한 시를 웅장하다고 여기거나 어려운 운韻을 사용하는 시를 기이하다고 여기는 것을 좋게 보지도 않았을 뿐더러 또한 매우 병통으로 여겨서 극력 배척하였다.

최석정은 시보다는 문장에 더 능하였는데, 그의 문장은 '경세의 문장'이라 할 만하며 한 시대 명류의 종주가 될 정도였다는 높은 평가를 받았다. 특히 주의奏議와 소차疏箚와 같은 공거문에 뛰어났는데 이는 폭넓은 독서를 통해 경서, 백가, 사서 등을 두루 섭렵했기에 가능한 것이었다. 최석정은 '문장은 불후의 성대한 일'이며, 문장의 운수는 국가의 흥망성쇠에 좌우되어 마치 천명이 있는 것 같기도 하다며 문장의 가치를 인정하였다. 그리고 선진先秦 · 양한兩漢 시대의 문장을 전범으로 여겼으며, 경전과 역사서 그리고 한유와 소동파를 위시로 한 당송 고문의 문장을 높이 평가하였다. 최석정은 문장을 지을 때 수사보다는 사달辭達에 좀 더 비중을 두어, 이치가 졸렬하기보다는 차라리 말이 잡된 것이 낫고, 기교에 가깝기보다는 차라리 평이한 곳에 가까운 것이 낫다고 인식하였으며, 문장은 기氣를 위주로 해야 하니 혼후渾厚하고 전실典實하여 군더더기가 없는 것을 귀하게 여겼다.

주지하다시피 조선후기의 당파黨派는 단순한 정치적 이해집단에 그치는 것이 아니라, 혈연血緣·통혼通婚 및 사승師承 등으로 인한 일정한 학술 문화적 동질성으로 이어진다. 그러하기에 작가 개인의 문학론 역시 그 당파가 형성하고 있는 지적 풍토에서 배양되고 성장하게 되어 그 당파의 영향권 안에 머물게 된다. 그렇기 때문에 조선후기의 문학이론 연구에서 그러한 사실은 도외시할 수 없는 한계로 작용될 수도 있지만, 또 한편으로는 지침서가 될 수도 있다. 이는 소론계 문인에 대한 연구에서도 예외 없이 적용될 수밖에 없을 것이다. 따라서 본고 역시 마땅히 최석정이 소론계 문학에서 차지하는 위상이나 역할까지 규명했어야 하나 필자의 능력부족으로 거기까지 나아가지 못한 점은 못내 아쉽다. 이에 대해서는 소론계 문학론의 특징을 찾아내 밝힌 김영주와 송혁기의 연구[90]가 필자의 부족함을 메꾸

90 김영주, 「조선후기 소론계 문학이론의 특징 연구 (1)」, 『퇴계학과 유교문화』 35, 경북대학교 퇴계연구소, 2004, 29~57면. ; 송혁기, 「노·소 분기기의 학적 지형과 남구만 계열 소론계의 문학비평」, 『고전과해석』 10, 고전문학한문학연구학회, 2011, 181~210면. 이들의 내용을 간략히 제시하면 다음과 같다. 김영주는 조선후기 소론계 문학이론의 특징으로, ① 儒家的 道文觀의 변화(重道輕文의 유교적 도문관을 비판하고 經世를 위한 實用의 차원에서 문장과 道의 가치를 나란히 강조), ②'自得之妙'의 創作論(전범의 설정 자체를 거부하지는 않았지만 개별 작가의 기호와 개성에 걸맞는 전범의 설정을 통한 문장 학습을 주장), ③ 古詩風의 選好(우리민족의 정서를 반영하는 시조·속언·민요 등의 漢譯化)을 제시하였다. 김영주가 제시한 이 특징은 조선후기 전체를 아울러 조망하며 추출해낸 특징이기는 하지만, 제시된 내

어 줄 수 있으리라 생각한다.

용이 문학이론의 특징이라기보다는 문학적 풍토의 특징이라는 인상을 준다. 반면, 송혁기는 남구만계 문학비평의 특징으로, 시 비평에서는 정두경(1597~1673)과 김득신(1604~1684)에 대한 소론의 평가를 중심으로 하여 ① 전범 학습의 효용성 문제(시 학습 방법으로서 盛唐詩만으로 전범을 제한하는 것이 지니는 효용성 강조), ② 前後七子에 대한 관점(김창협의 비판적 시각과 남극관의 옹호), ③ 시의 '氣勢'에 대한 견해(작가의 역량이 자아내는 작품의 氣勢와 格調야말로 시 비평의 중요한 관건)을 제시하였고, 산문비평에서는 '산문의 형식미 추구에 대한 시각'(작법의 섬세한 추구를 통한 문예미 구현 시도를 비판하고 '意'와 '質'을 강조)를 제시하였다. 송혁기가 제시한 이 특징은 노・소 분기기인 17세기 말 ~ 18세기 초의 남구만계 문인[남구만(1629~1711), 남학명(1654~1722), 남극관(1689~1714), 박세당(1629~1703), 최석정(16456~1715), 최창대(1669~1720), 김주신(1661~1721), 이덕수(1673~1744)]으로 그 연구 범위를 제한하여 이루어진 연구이다.

제2부

명곡明谷 최석정崔錫鼎의 문장文章 개관槪觀

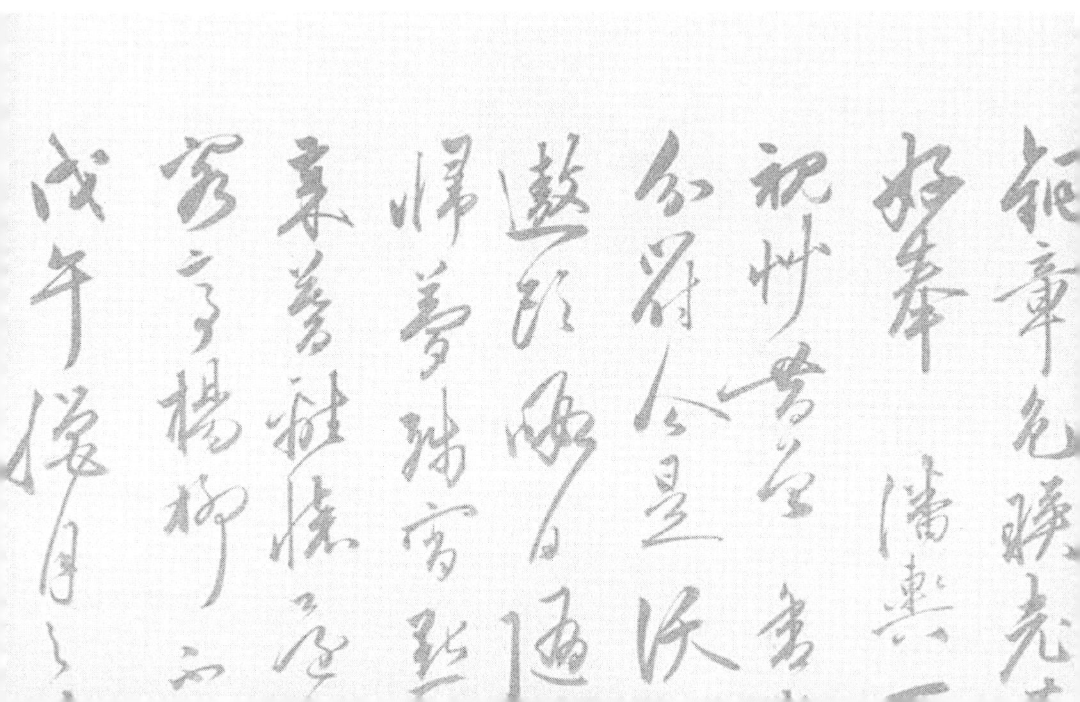

Ⅰ. 명곡 최석정의 논설류 산문

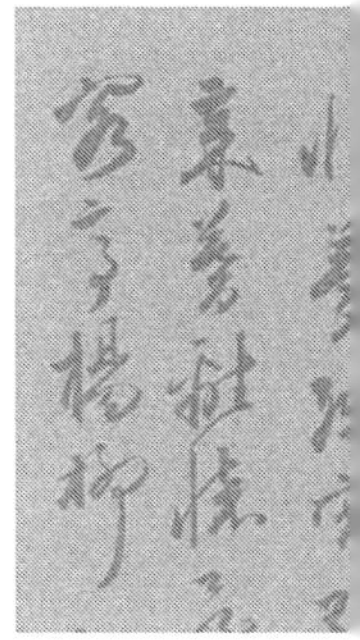

권진옥

1. 머리말

본 논문은 조선 중후기의 대표적인 소론少論 계열 인물인 명곡明谷 최석정崔錫鼎(1646~1715)을 대상으로, 그가 남긴 산문 가운데 논설류 문장을 고찰한 글이다.

주지하다시피 최석정은 남구만南九萬(1629~1711), 박세채朴世采(1631~1695)의 제자이면서 조선 중후기 소론의 영수로 활약한 인물이다. 남구만 - 최석정 - 조태억趙泰億(1675~1728)으로 이어지는 조선후기 소론의 계보를 잇는 중심인물로서 정치사와 사상사에서 중요한 역할을 하였다. 또 그의 가문을 살펴보면, 조부는 병자호란 때 주화론主和論를 주장했던 최명길崔鳴吉(1586~1647)이고 부친은 최후량崔後亮(1616~1693)이다. 아우인 최석항崔錫恒(1654~1724)은 좌의정을 역임하였고, 아들 최창대崔昌大(1669~1720)는 뛰어난 문재文才를 바탕으로 부제학까지 역임하였다. 이렇듯 최석정은 소론 가운데 벌열가문인 전주 최씨全州崔氏의 명맥을 성공적으로 계승한 인물이기도 하다.

현재까지 최석정에 대한 연구를 분야별로 살펴보면, 그의 정치사적 · 사상사적 입지와 의의를 밝힌 연구가 주류를 이루었으며,[1] 그의 학문에 대해서는 예학禮學 · 산학算學 · 어학語學 분야에서 특히 주목을 받았다.[2] 최석정의 특정 학문 분야 연구 성과만 보더라도 소론

1 강신엽, 「최석정의 정치사상」, 『동국사학』 28, 동국사학회, 1994 ; 신병주, 「17세기 후반 소론학자의 사상 - 윤증 · 최석정을 중심으로 -」, 『역사와현실』 13, 한국역사연구회, 1994. ; 김용흠, 「숙종대 소론 변통론의 계통과 탕평론 - 명곡 최석정을 중심으로 -」, 『한국사상사학』 32, 한국사상사학회, 2009. ; 이희재, 「17세기 최석정의 신뢰사회 구축을 위한 조화와 탕평의 리더십」, 『율곡사상연구』 23, 율곡연구원, 2011. ; 김용흠, 「소론 정승이 장희빈을 살리려는 이유는? - 명곡 최석정의 정치 노선과 탕평책 -」, 『내일을 여는 역사』 66, 2017.

2 최석정의 생애와 학문을 처음으로 정리한 연구로는 윤명선의 「최석정의 생애와 학문」(전남대학교 교육대학원 석사논문, 1996)이 있다. 禮學 분야에서는 朱子의 注와 결을 달리했다고 斯文亂賊으로 지목되어 불태워졌던 『禮記類篇』에 관한 연구가 상당히 축적되었다. 양기정, 「『禮記類篇』의 편찬과 간행에 관한 연구」, 『서지학보』 38, 한국서지학회, 2011. ; 양기정, 「『禮記類篇』의 編刊과 毁板 · 火書에 관한 연구」, 성균관대학교 석사논문, 2011. ; 이희재, 「최석정의 『禮記類篇』에서 본 학례」, 『공자학』 22, 한국공자학회, 2012. ; 이희재, 「최석정의 『禮記類篇』에서의 家禮觀」, 『동양예학』 27, 동양예학회, 2012. ; 이희재, 「최석정의 『禮記類篇』에서의 길례와 흉례」, 『동양예학』 33, 동양예학회, 2014. 算學 분야에서는 幾何學 저술인 『九數略』을 위시한 연구가 중심이 되었다. 윤태주, 「최석정의 『九數略』에 나타난 數理思想과 유럽數學의 수용에 대한 고찰」, 경북대학교 교육대학원 석사논문, 1988. ; 김성숙 · 강미경, 「최석정의 직교라틴방진」, 『한국수학사학회지』 23, 한국수학사학회, 2010. ; 오영숙, 「숙종대의 과학과 실학 : 조선후기 算學의 일면 - 최석정의 算 읽기 -」, 『한국실학연구』 24, 한국실학학

계열 학문의 장처로 거론되는 음운학音韻學, 음성학音聲學, 명물도수名物度數의 자장 안에 그가 자리하고 있음을 확인할 수 있다. 최석정의 정치적 입지, 사상사적 계보, 학문 성향, 생애와 이력 등을 감안하면 위와 같은 연구 성과가 당연시되는 것은 이상할 게 없다. 다만 그의 문학에 대한 연구는 소략하다 못해 전무한 게 사실이다. 그러나 최석정의 문학에 대한 제 평가들을 참고하면, 그의 문학이 연구대상으로 삼기에 유의미하다는 것을 확인할 수 있다. 공적 문헌이라 할 수 있는 『실록實錄』에 실린 그의 졸기卒記를 살펴보면, 그의 문재文才를 고평하고 있다.[3] 또한 사적 문헌에서의 평가를 살펴보면, 최

회, 2012. ; 이상구 · 이재화, 「최석정의 산학연구와 『養窩集』」의 저자 李世龜」, 『한국수학사학회지』 28, 2015. 語學 분야에서는 音聲學 저술인 『經世訓民正音圖說』을 위시한 연구가 주축을 이루었다. 김석득, 「실학과 국어학의 전개 - 최석정과 신경준의 학문적 거리 -」, 『동방학지』 16, 연세대학교 국학연구원, 1975. ; 심소희, 「최석정의 『經世訓民正音圖說』 연구 - 「聲音律呂唱和全數圖」와 『經史正音切韻指南』의 체제 비교를 중심으로 -」, 『중국어문학논집』 73, 중국어문학연구회, 2012. ; 심소희, 「조선후기 문인들의 시선을 통한 성운 인식 고찰 - 최석정과 정제두의 서신을 중심으로 -」, 『중국언어연구』 38, 한국중국언어학회, 2012. ; 김동준, 「최석정의 어문관과 문명의식」, 『고전문학연구』 42, 한국고전문학회, 2012. ; 이희재, 「17세기 조선후기 최석정의 훈민정음의 역학적 원리 연구」, 『대동철학』 66, 대동철학회, 2014.

3 『肅宗實錄』, 숙종 41년 11월 11일, "錫鼎性傾巧佻淺, <u>少有文名</u>, <u>淹博群書</u>. 自謂最深於經術, 取朱子所編經書, 變亂而抵裂之, 以此尤得罪於士論."; 『肅宗實錄補闕正誤』, 숙종 41년 11월 11일 기사. "淸明愷悌, 敏悟絶人. 幼從南九萬朴世采學, 刃解氷釋, 十二已通易, 手畫爲圖, 世稱神童. 九經百家, 靡不通涉, 如誦己言, 旣貴且老, 猶誦讀不輟, <u>經術文章言論風猷</u>, <u>爲一代名流之宗</u>. 以至算數字學, 隱曲微密, 皆不勞而得妙解, 頗以經綸自期." 전자는 노론의 시각이 반영된 최석정의 졸기이고, 후자는 소론의 시각이 반영된 졸기이

석정의 시는 기세氣勢가 우뚝하여 동시대 시인들이 미치지 못하는 수준이었으며, 그의 문장은 경학經學에 기초한 경세지문經世之文이라는 것을 확인할 수 있다.[4] 이렇듯 공적으로나 사적으로나 최석정의 문학에 대한 평가는 일정 수준을 넘었다고 할 수 있고, 그렇기 때문에 그의 문학에 대한 연구도 유의미하다는 것이다. 다만 본 논문에서는 한시가 아니라 산문을 대상으로 하되, 산문 가운데 논설류 문장을 다루고자 한다.

논설류 문장에 대한 문학적 접근은 산문 문학 연구의 방법론으로 자리한 지 이미 오래이다. 연구자들마다 다양한 방법으로 논설류 문장을 분석하는데, 그 가운데 가장 중요한 평가 기준은 주제를 설정하는 입론立論이나 입의立意가 얼마나 참신하고 타당하며, 주제를 구현하는 양상이 얼마나 설득력 있고 논리적인가이다. 입론의 참신성은 작가의 깊은 식견과 예리한 통찰력을 바탕으로 하며, 이는 자연스럽게 독자에게 주는 전환적 사고의 효용으로 이어진다. 의미심장한 이치나 문제에 대해 새로운 시각과 해법을 독자로 하여금 계발하

므로 각각의 상황논리를 감안하고 이해할 부분이지만, 전자와 후자 공히 최석정의 문재(文才)만큼은 인정하고 있음을 확인할 수 있다.

4 최창대는 부친을 위해 쓴 行狀에서 "爲文章專以六經爲本, 貫穿百家, 中年多讀昌黎文. …… 譚者謂公文得於經學, 爲難及. 爲詩不務新巧, 而亦以平實典厚, 氣不衰餒爲主. …… 吳公道一號能詩, 多與公酬倡, 嘗語公弟判書公曰, 汝和之詩, 不特同時諸公所不及, 雖與前輩鉅公並驅, 尠有能爭霸者, 蓋心服之言也."(崔昌大, 『昆侖集』 권19, 「先考議政府領議政府君行狀」) 한편 최석정의 제자인 조태억은 「明谷集序」에서 "發而爲文詞, 皆和平而典麗, 弘贍而縝密. 取材使事, 出入經史, 辭理俱到, 華實相副, 各體咸備, 蔚爲大家. 若先生眞可謂經世之文章."(趙泰億, 『明谷集』, 「明谷集序」.)

게 하는 것이 논설류 문장이 지닌 문학성의 본령이라 할 수 있다.[5] 이를 최석정의 논설류 문장을 분석하는 중요한 평가 기준으로 삼고자 한다. 2장에서는 우선 『명곡집明谷集』 소재 논설류 문장을 개관한 다음, 3장에서는 명곡 최석정이 지은 논설류 문장의 특징을 살필 것이다.

2. 『명곡집明谷集』 소재 논설류 산문 개관

최석정의 시문집인 『명곡집明谷集』은 총 34권 15책으로 구성되어 있는데, 서인序引, 제발題跋, 기記, 제문祭文, 잠명箴銘, 잡저雜著, 서독書牘, 소차疏箚, 묘도문자墓道文字 등의 장르를 망라하고 있다. 이들 산문 가운데 논설류 문장은 총 14편으로 그 목록은 아래와 같다.[6]

5 송혁기, 「論說類 산문의 문체적 특징과 작품양상」, 『동방한문학』 31, 2006, 76면.

6 논설류 문장으로 선별한 글은 論, 說, 辯 등과 같은 體式을 기준으로 한 것이다. 다만 體式이 아니라 議論性을 두고 말하면 논설류 문장은 크게 사적 논설류와 공적 논설류로 구분할 수 있다. 예컨대 箚子와 같은 글이 대표적인 공적 논설류 문장이라 할 수 있는데, 최석정의 문집에는 時務나 政務를 논설한 箚子가 다수 수록되어 있다. 그러나 이 논문에서는 공적 논설류가 아닌 사적 논설류만을 연구대상으로 삼았다. 사적 논설류가 공적인 목적을 둔 논설류보다는 문학성이라는 측면에서 작가의 개성이나 특징을 비교적 용이하게 간취할 수 있고, 또한 사적 논설류는 개인의 학문적 지향, 역사적 주제, 일상의 관심사 등 다양한 제재를 보다 많이 수록하고 있기 때문이다.

권차	작품명	주제 및 내용	비고
卷 11	李生寅炳字詞	李寅炳을 위해 지은 名字說	字를 文叔으로 지음. 4言體 詞賦
〃	文言系辭辨	『周易』의 「系辭」와 「文言」이 孔子가 지은 것이 아니라는 歐陽修의 논의에 반박하는 論辨	
〃	尹生濟明字說	尹浚明이 尹濟明으로 이름을 고친 것에 대해 지은 名字說	
〃	夫子待賈論	子貢의 물음에 "나는 좋은 값을 기다리는 자이다[我待賈者也]"라고 대답한 孔子의 말에 대한 論說	1675년 지음. 御題應製에서 2등을 차지하여 虎皮를 하사받음.
〃	荀彧論	曹操의 책사였다가 끝내 비참한 최후를 맞이한 荀彧에 대해 신랄하게 비판한 論說	
〃	李生濩字詞	李濩를 위해 지은 名字說	字를 公達로 지음. 4言體 詞賦
〃	南生鶴增字義	南鶴增을 위해 지은 名字說	字를 伯益으로 지음.
〃	金生希魯字說	金希魯를 위해 지은 名字說	字를 聖得으로 지음.
〃	趙生駿命字義	趙駿命을 위해 지은 名字說	字를 愼汝로 지음.
〃	志仁說	李泰翼의 서재명인 '志仁'에 대한 論說	
〃	正統論	蜀漢 正統論을 주장한 論說	
〃	宇宙圖說	格物致知 공부를 위해 제작한 宇宙圖에 대한 論說	1704년 지음
〃	秋巖諸子名字說	崔守哲의 네 아들에 대한 名字說	1713년 지음
〃	論圃隱遺事	圃隱 鄭夢周가 고려 말 九功臣에 포함된 것에 대한 論說	

창작시기를 부기한 「부자대가론夫子待賈論」(1675년), 「우주도설宇宙圖說」(1704년), 「추암제자명자설秋巖諸子名字說」(1713)을 제외하고, 나머지 논설류 작품들은 그 창작시기를 고구할 수 없다. 다만 시와 문장을 대체로 시기 순으로 정리한 『명곡집』 편제를 감안하면, 논설류 문장 또한 「이생인병자사李生寅炳字詞」부터 「논포은유사論圃隱遺

事」까지 시기 순으로 나열된 것이라 추측할 수 있고, 그 창작시기는 문과에 급제한 1671년 즈음부터 생의 마지막까지 걸쳐있음을 확인할 수 있다. 「문언계사변文言系辭辨」은 『주역周易』의 「문언文言」과 「계사系辭」가 공자孔子의 저술이 아니라는 구양수歐陽修의 논의에 정면으로 반박한 글이다. 구양수는 『맹자孟子』의 "『서書』의 내용을 모두 믿는다면 『서』가 없는 것만 못할 것이다.[盡信書, 則不如無書.]"는 언급을 자신의 주요 논거로 삼았는데, 최석정은 구양수의 논거를 다시 반박하는 논거로 삼아 "구양수는 『서경』의 내용을 모두 믿어서 잘못된 자이다[歐陽子乃眞所謂盡信書而過焉者也]"라고 입론하였다. 이어지는 논의에서도 앞서 제시한 입론을 토대로 "噫! 其信書之過也", "此又信書之過也", "自犯於信書之律而不自知, 可勝嘆哉!"라고 거침없이 반박하는데, 논파하는 문세文勢가 도도하고 명쾌한 글이다. 「부자대가론夫子待賈論」은 어제응제御題應製에서 고평을 받은 작품인데, 공자孔子의 "팔아야지, 팔아야겠지. 그러나 나는 좋은 값을 기다리는 사람이다.[沽之哉沽之哉, 我待賈者也.]"라고 한 언급에 대해 논설한 글이다. 「순욱론荀彧論」은 조조曹操의 책사였다가 비명에 죽은 순욱荀彧에 대해 새롭게 인물상을 제시한 글인데, 액자식 구성을 통해 입체적으로 논리를 전개한 특징이 보인다. 「지인설志仁說」은 이태익李泰翼의 서재명인 '지인志仁'에 대해 그 함의를 논설한 글이고, 「정통론正統論」은 수십 가지 문헌을 고증하여 촉한정통론蜀漢正統論을 논설한 글이다. 「우주도설宇宙圖說」은 기존의 우설宇說과 주설宙說을 종합하여 우주설宇宙說을 개진한 글이다. 「논포은유사論圃隱遺事」는 자신의 견문을 통해 포은圃隱 정몽주鄭夢周의 행적을 논설한 글이다. 이외에 이인병李寅炳, 윤제명尹濟明, 남학증南鶴增 등 총 7명에 대한 명자설名字說을 남겼는데, 여타 작가들에 비해 양적으로 많을 뿐만 아니라 입론이나 설명이 다채롭다.

이상의 논설류 작품 가운데 본고에서 분석 대상으로 삼은 글은 「순욱론」, 「부자대가론」 그리고 「문언계사변」이다. 기존의 논의를 뒤집는 역발상이 돋보이면서 구성면에서 독특한 면모를 보이는 글이 「순욱론」이라면, 설득력을 높이는 유비類比를 활용하여 논의를 전개하되 기존의 시각을 전환시킨 글이 「부자대가론」이다. 또한 상대방 주장의 대전제大前提를 무너뜨려 반박하는 논리적 정합성을 보이면서도 어휘나 문장, 구성의 형식미를 추구한 글이 「문언계사변」이다.

3. 명곡明谷 최석정崔錫鼎의 논설류 산문 특징

1) 액자식 구성을 통한 입체적인 논리 전개

첫 번째로 살펴볼 논설류 작품은 「순욱론荀彧論」이다. 순욱荀彧은 조조曹操의 책사였다가 비명에 죽음을 맞이한[7] 인물로, 그의 재능과 행적, 처세와 절의에 대해 다양한 평가들이 있었다. 사마광司馬光은 순욱이 조조를 보좌하여 국력을 증강시키고 한나라 왕실에 대한 의리를 지키다가 죽은 점을 근거로 관중管仲보다 우위에 두었으며, 소

7 荀彧은 曹操가 한나라를 찬탈하고자 하는 욕심을 내어 九錫을 받는 일에 반대하였다. 결국 이 일이 빌미가 되어 조조와 불화가 생긴 후 죽음을 맞이했기 때문에, 순욱을 두고 한나라 왕실에 대한 의리를 지킨 측면이 있다는 평가가 나오게 된 것이다.

식蘇軾은 "순문약荀文若은 성인의 무리이다[荀文若聖人之徒也]"라고 언급할 정도로 높이 평가하였다. 한편 애초에 한나라 왕실을 등지고 조조에 귀의한 그의 행적을 근거로 절의를 저버린 인물로 평가하기도 하였다.[8] 이처럼 첨예하게 갈리는 논란 속에서 자신의 식견과 통찰로 순욱의 인물상을 새롭게 제시한 글이 바로 「순욱론」이다. 특히 이 작품은 액자식 구성을 보이는데 '재능을 구사하는 어려움[才難]'이라는 의제 안에 다시 '순욱에 대한 논의[荀彧論]'를 개진하고 있다.[9] 우선 서두 부분을 살펴보자.

> 재능의 어려움[才之難]이라는 것은 자신이 재능을 가지기 어려운 것이 아니라 스스로 사용하기 어렵다는 것이다. 그러므로 옛날의 현명하고 지혜로운 사람은 그 재능이 걸출하게 뛰어나더라도 경솔하게 나아가 함부로 능력을 시험해 본 적이 없고 반드시 時義를 살피고 나서야 쓰임새를 펼쳤다. 子路는 蒯聵의 난에 죽었으나 輒의 녹을 먹는 것이 의로운 일이 아니라는 것을 몰랐기 때문에 선유가 그를

8 趙穆, 「荀彧論」, 『月川集』 권6, "其勸操奉迎車駕, 其眞爲漢之心乎? 至謂見漢室崩亂, 每懷匡佐之義, 則是史氏之文耳, 非彧之言也."

9 최석정의 「荀彧論」은 史論 산문 측면에서도 효과적인 분석 대상이 된다. 조선후기에는 역사상의 다양한 인물을 해석하는 가운데 이들로부터 處世의 방향성을 찾고자 하는 시도를 볼 수 있다. 그리고 각기 다른 작가들이 여러 역사 인물의 다양한 면모를 해석했음에도 불구하고, 그들의 논의로부터 일정한 공감대를 찾을 수 있다는 사실은 특기할 만한 부분이다. 특히 최석정과 그의 아들 최창대는 각기 荀彧과 張良이라는 역사 인물을 제재로 史論 산문을 남겼는데, 모두 '재주를 가진 이의 處世'에 관한 논의를 이끌어냈다. 이들의 논의는 역사 인물이 보인 상반되는 처세 양상을 통해 유사한 결론과 교훈을 제시했다는 점에서 비교할 만한 가치가 있다.(백진우, 「朝鮮後期 史論 散文 硏究」, 고려대학교 박사논문, 2011, 196~208면.)

비난하였고, 王景略(王猛)은 苻堅을 만났을 때 스스로 諸葛孔明이 昭烈帝를 만난 것에 비견하였는데, 『綱目』에서는 왕경략이 군주를 만난 초기의 일에 대해 생략하고 쓰지 않았으니 소열제가 제갈공명을 만난 것과는 그 법도가 달라 그가 夷狄에 가담한 것을 비난한 것이다. 재능이 있어도 경솔하게 사용할 수 없는 것이 이와 같다. 안타깝게도 文若(荀彧)은 세상에 뛰어난 재능을 지니고도 스스로 사용할 바를 살피지 못하였다.[10]

글 첫머리에서 선언하고 있는 것은 재능을 구사하는 어려움이다. 즉 재능의 여부가 아니라 시의時義를 살펴 그 재능을 발휘하는 것이 어려운 것이다. 『한비자韓非子』 「세난說難」의 첫 머리를 연상케 하는[11] 입론이라 할 수 있다. 이러한 입론에 대한 논거로 순욱을 거론하였다. 조조를 보좌하여 패왕의 일을 도모한 순욱의 재능만큼은 어떠한 논자들도 이견이 없는 게 사실이다. 최석정 또한 순욱의 재능에 대해서는 인정하였지만 그 재능을 구사하는 측면에서는 자로子路와 왕맹王猛처럼 실패한 인물로 규정하였다. 이어서 사마광과 소식처럼 순욱을 긍정적으로 평가한 경우를 제시하고 있는데, 반박하는

10 崔錫鼎, 「荀彧論」, 『明谷集』 권11, "凡才之難, 非吾有之難也, 所以自用也難. 故古之賢智之人, 其才非不傑然拔萃也, 而未嘗輕出而妄試之. 必審其時義而後, 致其用焉. 子路死於蒯聵之難, 而不知食輒之粟爲非義, 故先儒譏之. 王景略之見苻堅, 自比孔明之於昭烈. 然綱目於景略遇主之初, 略而不書, 與昭烈之見孔明異其法, 以譏其失身於夷狄. 有才而不可輕用也如此. 惜乎文若有高世之才而不能審其所自用也."

11 『韓非子』, 「說難」, "凡說之難, 非吾知之有以說之之難也, 又非吾辯之能明吾意之難也, 又非吾敢横失而能盡之難也. 凡說之難, 在知所說之心, 可以吾說當之."

기제로 사용하기 위해 최석정이 의도적으로 배치한 것이다.

> 논자가 다음과 같이 말하였다. "〈1〉 文若이 曹操를 따랐을 때는 한나라 황실이 여전히 건재했고 조조의 반역 형세가 아직 드러나지 않았다. 조조가 아니면 함께 큰일을 할 수 없다고 여겨 곧장 한고조와 광무제의 사업을 가지고 조조를 위해 책략을 세워 함께 패왕의 일을 도모하려 했을 뿐이다. 〈2〉 말년에 일의 형세가 변한 것은 생각지도 못한 것이었으니, 문약이 어떻게 조조의 간사함을 예측하여 미리 처신하였겠는가. 〈3〉 조조가 九錫을 받고자 하는 일을 도모할 때 한나라를 찬탈할 마음이 이미 드러나자, 이때에 순욱이 정의를 지켜 저지하고 한나라를 위해 죽었으니 어째서 불가하다고 하겠는가."[12]

순욱을 옹호하는 논리는 대체로 세 가지인데, 1 순욱이 군웅할거라는 시대적 상황에서 자신의 재능을 펼치기 위해 조조에게 의탁한 것, 2 조조가 한나라 황실을 찬탈하려는 계획을 순욱이 애초에 몰랐다는 것, 3 조조의 속내가 드러나자 한나라 황실을 위해 순욱이 죽음을 불사했다는 것이다. 이처럼 최석정은 자신이 논파할 의제議題를 조목조목 나열한 다음, 각각에 대해 반론을 개진한다.

> 나는 그렇지 않다고 생각한다.

12 崔錫鼎, 「荀彧論」, 『明谷集』 권11, "論者曰, '〈1〉 方文若之從操也, 漢室尙存, 操之賊亂之形, 猶未彰露. 以爲非操莫可與有爲, 直以高光之業, 爲操決策, 欲共圖霸王之事而已. 〈2〉 末路事機衡變, 非意所及, 文若何以逆探其奸而早處其身乎? 〈3〉 及操謀加九錫, 簒漢之心已著, 於是守正議以尼之, 爲大漢死, 何爲而不可哉!'"

〈[2]-반론〉 文若이 曹操와 함께 지낸 것이 몇 년이었던가? 문약보다 재능이 떨어지는 許劭와 橋玄 등도 모두 조조가 奸賊이라는 것을 알았는데 하물며 문약이 그 사실을 몰랐겠는가. 문약은 袁紹가 반드시 뜻을 이루지 못하리라는 것을 알았거늘 조조가 한나라를 찬탈할 것을 몰랐다는 것은 결코 있을 수 없는 이치이다.

〈[1]-반론〉 그렇다면 문약의 밝은 지혜로 끝내 조조를 섬긴 것은 무엇 때문인가? 문약은 자신의 뛰어난 재능을 자부하고 이를 펼칠 만한 시대를 살면서 천하의 군웅을 살펴보니 모두 함께 도모하기에 부족하였다. 마침내 奸雄 조조를 만났는데 그의 재능과 용맹, 기지와 지혜가 자신이 가진 재능을 감당할 만하다고 좋아하였다. 비록 훗날에 차질이 생길 것을 예상했더라도 또한 눈앞의 곤란한 처지에 비할 바가 아니었다. 뛰어난 재주와 영특한 기운을 지닌 자로서 재주를 발휘하고 싶어서 몸이 달아 자제하지 못하는 것을 면치 못하였을 것이니, 애초에 조조가 간웅이라는 것을 몰라서 섬긴 것은 아니다. 이미 조조를 섬긴 마당에 꾹 참고 공명을 이루어 마침내 그 재능을 펼칠 듯하였지만 이후에 낭패를 본 것이 이 지경에 이르렀으니 진실로 부득이함에서 나온 것이다.

〈[3]-반론〉 文若은 어리석고 녹녹한 사람이 아니었다. 陳寶 이후에 태어나 절의에 대한 풍모를 익숙히 들었을 것이므로, 명분을 아끼는 마음이 제 몸을 아끼는 것보다 더하였다. 만약 찬탈의 모략을 도와서 이루려고 했다면 천하 후세에 깨끗한 의론을 가진 사람들이 장차 악명을 그에게 덧씌웠을 것이니, 이것이 문약이 스스로 애석하게 여긴 것이었다. 더군다나 조조는 마음속으로 두려워하고 남이 자신보다 나은 것을 꺼려하였으니, 재능과 지혜가 있는 선비들 가운데 조조에게 용납된 사람이 드물었다. 조조는 명망이 천하에 높다는 이유로 孔融을 죽였고, 강직하고 방정하다는 칭송을 받는다는 이유로 崔琰을 죽였고, 재주와 변설이 남들보다 뛰어나다는 이유로 楊脩를 죽였다. 문약은 일찍이 조조를 위하여 승리할 계책을 짰는데 기발한 계책을 내어도 실책이 없었으니 참으로 재능이 이미 천하를 가릴 정도였다. 이것이 조조가 순욱을 매우 꺼려한 바이다. 그런데 조조가 찬탈하려는 형세는 이미 九錫을 받으려고 도모하는 날에 이루어진 것이다. 이에 문약은 죽음을 기다리느니 차라리 한나라를 위해 죽어 훌륭한 명성을 남기고 죽으면 충분하다고 생각하였다. 평생 간웅에게 붙은 자취를 감추어 만세토록 역사의 공정함을 속이고자, 돌연 독약을 마셔서 참으로 마치 진정으로 절의를 위해 죽은 것처럼 하였으나, 그 실질은 다만 지혜와 생각을 다 짜내보아도 끝내 조조에게 용납되지 못할 것을 알고서 어찌할 수 없었기 때문에 나온 계책이었다. 그렇다면 문약의 죽음은 한나라를 부지하기에도 부족했고 또 仁을 이루기에도 부족한 것이다.[13]

13 崔錫鼎, 「荀彧論」, 『明谷集』 권11, "余竊以爲不然. 〈[2]-반론〉 文若與操相處, 凡幾年矣? 雖下於文若如許劭橋玄諸人, 皆知操之奸賊, 則況於文若乎? 文若料袁紹之必無成, 而不知操之簒漢, 此必無之理也. 〈[1]-반론〉 然則以文若之明智, 卒事操何哉? 蓋文若負甚高之才, 値可爲之時, 而視海內群雄, 皆不足與謀, 卒然遇奸雄之主, 愛其才勇機智足以當吾之所有. 雖或料其後日之蹉跌, 而亦不比目前之難處. 奇才雋氣, 未免爲技癢所使而不自制焉, 非初不知操之奸而事之也. 業已事操, 則宜若可以隱忍就功名, 以卒展其才, 而及其後來狼狽至此, 誠出於不得已也. 〈[3]-반론〉 文若非愚庸碌碌人也. 生於陳竇之後, 聞節義之風聲熟矣, 愛名之重甚於其身. 若欲助成簒謀, 則天下後世持淸議之人, 將以惡名加諸身, 此文若之所顧惜也. 而況操之怚中忌剋, 凡才智之士, 鮮有所容, 以名重海內而殺孔融, 以見稱剛方而殺崔琰, 以才辯過人而殺楊脩. 文若嘗爲操制勝, 出奇算無遺策, 固已才蓋天下矣, 此操之所深忌也. 而其簒奪之勢, 已成於謀九錫之日, 文若以爲等死耳, 無寧死於漢, 以美名死足矣, 欲以掩平生附奸之跡, 而欺萬世靑史之公, 倉卒仰藥, 眞若伏節死義之爲者, 而其實特智窮慮極, 知其終不相容, 而計出於無聊也. 然則文若之死, 旣不足以扶漢, 又不足以成仁."

〈②-반론〉은 순욱이 애초에 조조의 간사함을 몰랐다는 의제에 대해 반박한 것이다. 순욱이 조조와 오랜 시간을 함께 했다는 점, 순욱의 뛰어난 재능과 지혜로 조조의 속내를 이미 간파했을 것이라는 점을 근거로 삼아 논증하였다. 〈①-반론〉은 순욱이 패왕의 업을 달성하기 위해 조조에게 의탁했다는 의제에 대해 반박한 것이다. 순욱은 애초에 원소袁紹에게 의탁하였다가 다시 조조에게 의탁한 인물이다. 명분과 의리보다는 자신의 재능을 펼칠 수 있는 곳이라면 어디든 달려가고 훗날은 염두에 두지 않는 행적을 보였다. 결국 조조에게 의탁한 것도 패업을 위한 명분과 의리가 아니라 당장의 이익에 순응한 결과일 뿐이라고 논박하였다. 〈③-반론〉은 최석정이 가장 공력을 들인 부분이라 할 수 있는데, 순욱과 관련하여 역대로 가장 논란거리였던 그의 죽음에 대한 의제에 대해 반박한 것이다. 최석정은 반론의 대전제로서 순욱이 후대 역사의 평가를 두려워한 인물임을 제시하였다. 그렇기 때문에 순욱은 역사의 평가에서 조조의 반란을 획책한 인물로 악명을 떨칠 것을 예상하여 자신의 자취를 감추고 역사를 속이기 위해서 일부러 한나라를 위한다는 구실로 죽음을 택한 것이다. 또한 조조라는 인물이 결국 자신을 용납하지 않을 것을 알았기에 순욱이 조조에게 죽임을 당하느니 차라리 훌륭한 명성을 남기고 죽고자 했던 것이다. 이처럼 최석정은 순욱이 맞닥뜨린 정황을 참작하여 그의 속내를 간파하였는데, 이와 유사한 방식으로 순욱의 죽음을 의론한 경우가 조목趙穆(1524~1606)의 글에서도 보인다. 조목은 「순욱론荀彧論」이라는 논설류 문장을 지었는데, 그의 입론은 "순욱은 한나라를 위한 것이 아니라 바로 조조를 위하였고, 한나라 때문에 죽은 것이 아니라 바로 조조 때문에 죽었다.[彧非爲漢也, 乃爲操耳, 非死漢

也, 乃死操耳.]"는 것이다. 또한 순욱의 죽음은 조조가 그의 깊은 뜻을 헤아리지 못하여 생긴 결과라는 것이다. 순욱은 시종 조조를 위해 충성을 바친 인물이었기에 한나라에 대한 의리는 추호도 없었고, 오로지 훗날 역사의 평가에서 조조와 자신이 모두 인정을 받기 위해서 조조의 참람한 행동을 저지할 수밖에 없었는데, 이를 이해하지 못한 조조에게 버림을 받아 결국 죽게 되었다는 것이다.[14] 한편 순욱의 죽음이 한나라를 위한 명분이 아니라는 점은 인정하면서도 최석정, 조목과는 달리 그의 죽음을 안타깝게 여긴 경우도 있다. 이건방李建芳(1861~1939)은 「순욱荀彧」이라는 글에서 순욱의 죽음이 진퇴양난의 부득이한 경우에서 비롯되었다고 하였다. 당시에 순욱이 조조를 배반하고자 하였다면 섬긴 지가 이미 오래 되어 차마 그를 버릴 수 없고, 조조에게 아부하고자 하였다면 절의를 어기는 바가 거듭 생겨나 본래의 뜻에 어긋나게 되는 진퇴양난에 빠져서 결국 죽게 되었다는 것이다.[15] 순욱이 평생 조조를 위하다가 결국은 조조 때문에 죽었다고 논설한 조목과 진퇴양난에 빠져 부득이하게 죽을 수밖에 없었

14 趙穆, 「荀彧論」, 『月川集』 권6, "曰, 然則其不從曺氏, 而至於殺身者, 何耶? 曰, 此彧所以盡忠於操, 而操不曉其意而然也. 昔文王三分天下, 有其二以事紂, 其勢可以無足爲, 而文王終不失臣節. 至其子武王, 商罪貫盈, 然後伐而取之, 天下於是皆曰, 紂可伐矣, 而文王爲至德, 武王爲義主. 彧意亦以爲使操姑爲操機隱忍, 以俟殘炎之旣盡, 而後雍容拱揖, 以就天子之位, 則天下後世將無以簒奪議曹公, 而吾亦有名於天下後世矣."

15 李建芳, 「文錄 · 荀彧」, 『蘭谷存稿』 권5, "旣而操芟刈羣雄, 獨步天下, 功蓋世而威震主. 於是乎志存不軌覬竊神器, 此雖操亦豈始料之所及哉? 位逼而勢成不得不然也. 彧於是時, 將欲背操乎, 則事之旣久不忍決捨 ; 將欲附操乎, 則逆節層生有違素志. 是以前後矛盾, 而進退失據, 終至於死不明心, 而留譏千古."

다고 논설한 이건방은, 입론의 참신성과 타당성에 있어서 평가할 만하다. 그러나 대다수의 논자들이 인정하는 순욱의 지혜와 재능을 논거로 삼아, 순욱이 봉착한 상황을 추측하여 그 속내를 간파한 최석정의 참신성과 타당성에는 미치지 못하는 점이 있다. 또한 주제의 구현 양상에 있어서도 특징적이다. 최석정은 이 글의 첫머리에서 재능을 구사하는 어려움을 입론하였다. 순욱을 긍정적으로 평가한 〈1〉~〈3〉의 논의에 대해 〈1-반론〉~〈3-반론〉을 통해 반박한 다음, 이 글의 끝부분에서 다시 애초의 입론을 환기시키는데, "그 실책의 원인을 따져보면 단지 조조를 따랐던 초기에 정밀하게 가리지 못하여 스스로의 쓰임새를 함부로 한 것을 면치 못하였기 때문이니, 안타깝구나![原其失, 特在於從操之初, 擇之不精, 而未免輕於自用, 可勝惜哉!]"라고 하였다. '재능을 구사하는 어려움[才難]'이라는 의제 안에 다시 '순욱에 대한 논의[荀彧論]'를 개진하고, 다시 애초의 의제로 돌아와 마무리하는 액자식 구성을 통해 수미상관하는 입체적인 논리를 전개하고 있다. "자첨子瞻은 문약文若을 두고서 성인의 무리라고까지 하였는데, 이를 통해 소식 역시 문약과 같은 무리였음을 알 수 있다. 재주를 믿고서 함부로 사용한 것이 똑같구나.[子瞻以文若爲聖人之徒, 是知子瞻亦文若之徒也, 以其有才而輕用同也.]"라는 결어는 소식과 같은 순욱의 옹호론[16]을 반박하기 위해 기존의 논의를 뒤틀어 논의한 것인데, 여기서도 애초의 의제로 논설을 마무리하여 논리의 정합성을 꾀하였다고 할 수 있다.

16 蘇軾, 「武王論」. "荀文若聖人之徒也. 以爲非曹操莫與定海内, 故起而佐之. 所以與操謀者, 皆王者之事. 文若豈敎操反者哉!"

2) 유비類比를 활용한 군왕에 대한 권면

두 번째로 살펴볼 논설류 작품은 「부자대가론夫子待賈論」으로, 어제응제御題應製에서 2등을 차지하여 호피虎皮를 하사받은 글이다. 「부자대가론」이란 『논어論語』 「자한子罕」에서 자공子貢이 공자孔子에게 묻기를 "아름다운 옥이 여기에 있다면 궤 속에 담아 간직해 두어야 합니까, 아니면 좋은 값을 구하여 팔아야 합니까?[有美玉於斯, 韞匵而藏諸? 求善賈而沽諸?]" 하자, 공자가 말하기를 "팔아야지, 팔아야겠지. 그러나 나는 좋은 값을 기다리는 사람이다.[沽之哉沽之哉, 我待賈者也.]"라고 한 언급에서 나온 의제이다. 자공이 공자가 도를 지니고도 벼슬하지 않기 때문에 두 가지를 가설假設하여 공자에게 물은 것이고, 이에 공자는 팔아야겠으나 다만 좋은 값을 기다려야 한다고 대답한 것이다. 주자朱子는 이러한 공자의 대답을 풀이하기를 "진실로 팔아야 하겠으나 다만 값을 기다려야 할 것이요, 팔리기를 구해서는 안 된다고 말한 것이다." 하였으니, 군자의 신중한 출처행장으로 공자의 말을 해석한 것이다. 최석정 역시 주자의 해석에 기초하여 논의를 전개하고 있다. 비교적 짧은 편폭이므로 그 전문을 제시하면 아래와 같다.

> 신이 듣건대, 荊山의 박옥은 보배 중에 아름다운 것입니다. 卞和가 바치고 그 발꿈치를 잘리었는데 무엇 때문이었습니까? 쓰이기를 구하는 데에 급급해서 "좋은 값을 기다린다[待賈]"는 뜻을 몰랐기 때문이니, 그렇다면 군자의 출처행장 또한 무엇이 이것과 다르겠습니까. 孔子는 하늘이 내린 성인으로서 천하의 중임을 자임하였으나 천하에 정성과 예를 다해서 湯임금이 伊尹에 대해 세 번 청하는 정성을 꺼리지 않았던 것처럼 어진 사람을 구하는 군주가 없는 것을 돌아보

고서, 시대를 구제하고자 하는 마음이 간절하였으나 자신을 지키는 뜻 또한 무거웠으니 어떻게 거취를 살피지 않고 함부로 자신을 팔겠습니까. 이것이 공자께서 子貢의 질문에 대해서 "좋은 값을 기다리겠다"는 가르침을 둔 까닭입니다.

아! 품은 뜻이 이미 무거우면 虛禮에 동요할 수 없고, 지키는 것이 이미 올바르면 예에 맞지 않은 부름에 나아갈 수 없는 것입니다. 이와 같은 사람은 스스로 존대하고 스스로 오만하고자 해서 그런 것이 아니라 진실로 당시 군주가 덕이 있는 사람을 높이는 것이 진실하지 못하고 도를 좋아함이 지극하지 못하면 훌륭한 일을 할 수 없기 때문입니다. 아! 선비는 비유하자면 옥이고 예는 비유하자면 좋은 값입니다. 보배가 아니면서 좋은 값을 기다리면 이는 碔石이 스스로 보배라고 여기는 것에 가깝고, 제 값을 못 받고 팔면 이는 풀무 속의 金이 스스로 뛰쳐나오는 것에 가깝습니다. 옥을 팔면서 값을 구하는 것은 진실로 성인에게서 논할 수 있는 것이 아니고 보배를 품고서 나라를 어지러운 채로 놓아두는 것 역시 군자가 취할 바가 아니니, 공자께서 좋은 값을 기다리며 나오지 않은 것이 어찌 깊이 간직하고서 팔지 아니하여 상자 속에 넣어 두는 것을 좋아하기 때문이었겠습니까. 다만 당시에 좋은 값이 없어서 옥을 간직하고 기다렸을 뿐입니다. 수레를 타고 천하를 주유하며 자리가 따뜻해질 겨를이 없었다는 것을 살펴보면, 공자의 뜻을 또한 상상할 수 있습니다. 아! 좋은 값이 없는데 어찌 상자 속의 보배를 오게 할 수 있으며, 정성과 예가 없는데 어찌 좋은 값을 기다리는 선비를 오게 할 수 있겠습니까. 세상의 군주가 좋은 값을 기다리는 선비를 오게 하려고 한다면, 값을 좋게 쳐서 구한다면 가능할 것입니다.[17]

17 崔錫鼎, 「荀彧論」, 『明谷集』 권11, "臣聞荊山之璞, 寶之美者也. 卞和獻之而刖其足, 何則? 急於求用而不知待賈之義也, 然則君子之出處行藏, 亦奚異於此哉. 孔子以天縱之聖, 自任以天下之重, 而顧世無好賢之主不能致誠盡禮而

최석정은 본격적인 논의에 앞서 변화卞和의 사례를 들어 '대가론待賈論'의 가치를 입증한다. 변화는 세상에 쓰이기에 급급했기 때문에 화를 입은 것이니, 이는 공자의 신중한 출처의식을 몰랐다는 것이다. 이에 반해 성공적인 출처의 사례로서 이윤伊尹을 꼽고 있는데, 이윤에게 정성과 예를 다했던 탕湯 임금 같은 군주의 부재가 공자로 하여금 '대가론'을 불러왔다고 설명하고 있다. 이어지는 논의에서는 앞서 사례로 들었던 변화의 박옥璞玉과 탕임금의 정성을 각기 훌륭한 선비와 군주의 예에 대응시키는 유비類比를 활용하고 있다. 유비는 상호 간의 동일성에 착안하여 비유하는 논법인데, 최석정은 훌륭한 선비에 대해 군주가 정성과 예를 다해 초치하는 것을 보배로운 옥에 대해 좋은 값을 매기는 행위에 일대일로 비유한 것이다. 보배가 아니면서 좋은 값을 기다리는 것은 용렬한 선비가 세상에 쓰이기를 구하는 행위에 대한 유비이고, 제 값을 못 받고 파는 것은 자신의 재주를 자랑하는 데 급급한 행위에 대한 유비라 할 수 있다. 이와 같은 유비의 활용은 주제를 구현함에 있어 설득력을 높이는 효과적인 수단이다. 최석정은 이 작품 외에도 특히 다수의 명자설名字說에서 유

求之, 如湯之於伊尹不憚三聘之殷勤, 則濟時之心雖切, 自守之義亦重, 其可以不審於去就而自輕於衒鬻哉? 此夫子所以因子貢之問而有待賈之訓也. 噫! 所抱者既重, 則不可以虛禮而動也, 所守者既正, 則不可以非招而往也. 凡若此者, 非欲自尊大自倨肆而然也, 誠以時君尊德不誠, 樂道未至, 則不足與有爲故耳. 嗚呼! 士譬則玉也, 禮譬則賈也. 非珍而待賈, 則是近於梧石之自寶矣, 不求而沽諸, 則是近於爐金之自躍矣. 衒玉而求售, 固非可論於聖人, 而懷寶而迷邦, 亦非君子之所取, 則夫子之待賈不出, 豈眞欲深藏不市而自甘於韞匵哉? 特以時無善賈而藏器以待之耳. 觀其轍環天下, 席不暇暖, 則夫子之意, 亦可想矣. 嗚呼! 不有善賈, 焉能致韞匵之珍, 不有誠禮, 焉能致待賈之士哉? 世之人君, 欲致待賈之士者, 能善其賈而求之則幾矣."

비를 적극적으로 활용하고 있는데, 특정한 사람의 이름과 자를 명명命名하는 과정에서 역사적 인물이나 사건을 끌어와 비유하는 것이 효과적이기 때문이다. 한편 이 글이 담고 있는 주제 의식을 살펴보면, 기존의 논의에 대한 시각을 전환시키고 있음을 확인할 수 있다. 주자의 해석에 기초하여 군자의 출처관까지 논의가 전개되는 것은 비단 최석정의 논의 외에도 여타 작가들의 경설經說이나 강의講義와 같은 성격의 글에서도 흔히 보이는 주제 의식이다.[18] 그런데 최석정은 기존의 논의와 궤를 같이 하여 공자의 입장에서 논의를 전개하다가 끝부분에서는 군주의 입장에서 논의를 전환시킨다. "좋은 값이 없는데 어찌 상자 속의 보배를 오게 할 수 있으며, 정성과 예가 없는데 어찌 좋은 값을 기다리는 선비를 오게 할 수 있겠습니까. 세상의 군주가 좋은 값을 기다리는 선비를 오게 하려고 한다면, 값을 좋게 쳐서 구한다면 가능할 것입니다.[不有善賈, 焉能致韞匵之珍, 不有誠禮, 焉能致待賈之士哉? 世之人君, 欲致待賈之士者, 能善其賈而求之則幾矣.]"라는 맺음말은 군왕에 대한 권면이다. 이 글이 어제응제御題應製라는 특수한 상황에서 작성된 것을 감안하면 이러한 시각의 전환을 이해할 수 있는 부분이다.

3) 논리적 정합성과 형식미의 추구

세 번째로 살펴볼 논설류 작품은 「문언계사변文言系辭辨」이다. 이

18 『弘齋全書』 권71 「經書講義 · 論語 · 子罕」에 "我待賈者也"에 대한 正祖와 李祖承이 문답이 대표적인 사례이다.

글은 『주역周易』의 「문언文言」과 「계사系辭」가 공자孔子의 저술이 아니라는 구양수歐陽修의 논의에 정면으로 조목조목 반박한 글이다. 이 글의 특장은 반박하는 논리의 정합성도 있겠지만 어휘나 문장, 단락 구사의 측면에서도 탁월하다고 평가할 만한 글이기 때문에 산구散句와 대구對句, 제행齊行과 산행散行의 형식미를 위주로 원문을 배열하면 아래와 같다.

〈[1]〉 余讀歐陽文, 至傳易圖序, 以系與文言非孔子所作, 首引孟子盡信書不如無書之語以實之, 其言僅千餘言.

〈**1**〉 然以余觀之, 歐陽子乃眞所謂盡信書而過焉者也, 何以明其然也?

〈**1**-1〉 易之爲書, 傳四聖歷三古, 實性命之源, 道德之府, 而天地鬼神之蘊也. 以夫子大聖, 晩好是書, 至有假年卒學之歎, 則易豈可驟語乎哉?

〈**1**-2〉 今觀夫子所贊十翼之篇, 率皆渾然而醇, 黯然而深, 眞所謂聖人之言, 而六十四卦之彖, 三百八十四爻之象, 各隨吉凶悔吝之動而爲之辭, 故所自言之各殊. 至其性命道德天地鬼神之理, 語其全而闡其幽者, 則於乾坤之文言及兩系發之, 其辭文, 其指遠. 其辨理也, 如江河之沛, 其形道也, 若化工之神. 自游夏所不得與, 其爲夫子自著, 較然明矣.

〈[2]〉 今歐陽子斷然以爲非孔子所作而曰, 若夫子自著, 不應自稱子曰.

〈**2**〉 噫! 其信書之過也.

〈**2**-1〉 子夏傳禮經, 公穀傳春秋, 皆設爲何曷之辭, 非必其師生問答之言, 蓋其釋文之體宜爾也.

〈**2**-2〉 況如七篇, 是孟子自著而稱孟子曰, 史遷百三十篇, 皆稱太史公. 若如歐陽子之言, 則七篇乃爲門人所記, 而史記非遷自著耶? 遷史之稱太史公, 或云楊惲所加而不害爲遷之所著, 則系與文言之稱子曰者, 雖是後人所加, 顧何害於夫子之自著哉?

〈**2**-3〉 況孟子之論信書之過, 亦不過謂仁義之兵, 必不至於血流漂鹵, 則武成所載, 容有傳習之失云爾, 豈嘗爲此等文字而發哉?

〈[3]〉 歐陽子又以上系所云系辭焉以斷吉凶之語, 謂孔子旣指爻辭爲系辭, 不可復自名其所作.

〈**3**〉 此又信書之過也.

〈**3**-1〉 夫所謂系辭焉云者, 乃斷吉凶而系之辭云爾, 非謂目爻辭以系辭也. 夫兩系中所論之理, 無非卦爻彖象之所有, 以夫子述而不作之意, 猶言爻象之注疏焉耳, 其可謂無所系乎? 今其言曰非有所系, 不可謂之系者, 不亦錯乎?

〈**3**-2〉 況文王所作卦下之辭, 謂之彖, 而易稱彖曰者, 彖之傳也, 伏羲所畫之兩體, 周公所係之六爻, 謂之象, 而易稱象曰者, 象之傳也. 設如歐陽子之言, 必以系辭爲爻辭, 則兩系之稱系辭者, 亦猶彖傳象傳之通謂之彖象也, 又何害於其文之爲聖人所著哉?

〈[4]〉 歐陽子又以經解所引易經之辭, 不見於今易, 證其不得爲完書.

〈**4**〉 此又信書之過也.

〈**4**-1〉 當秦焚書時, 詩書百家, 蕩爲灰塵, 而獨易不火, 書之完而可信者, 莫如易也. 經解乃戴記中一書, 而先儒稱戴記多漢儒所傳會. 蓋以其書壞散而不全, 中庸大學數篇之外, 粹然全者, 蓋或鮮矣.

〈**4**-2〉 況經解所稱差若毫釐, 謬以千里云者, 古人或以爲出於緯書, 其不可考信, 亦已明矣.

〈**4**-3〉 歐陽子嘗論春秋甚詳, 以非學者舍經從傳, 不信孔子而信諸子, 今其論易, 乃反信漢儒所傳會, 而指易爲非完書, 亦獨何哉?

〈**5**〉 以歐陽子之博學多聞, 宜無此謬而乃復如此, 蓋其學不原於大道, 而未嘗加精義之功, 故論經之際, 自犯於信書之律而不自知, 可勝嘆哉! 後之學者, 能無以文辭之末, 害其大義之正則幾矣.

상대방의 주장에 대해 반박하는 요령 가운데 상대방의 대전제大前提를 무너뜨리는 것만큼 효과적인 것이 없다. 구양수는 「전역도서傳易圖序」라는 글을 통해 『주역』의 「문언」과 「계사」가 공자의 저술이 아니라는 주장을 펼쳤는데, 기존의 통념을 뒤집어 논증한 글로 이 자체로 훌륭한 논설류 문장이라 할 수 있다. 구양수는 『맹자孟子』의 "『서書』를 모두 믿는다면 『서』가 없는 것보다 못하다.[盡信書不如無書]"라는 대전제로써 『주역』이라는 책과 공자의 저술 문제를 정면으로 논증하였다. 최석정은 바로 구양수가 대전제로 삼은 이 점을 반박하는 기제로 삼았다. 〈①〉을 반박한 〈❶〉에서 "내가 살펴보건대 구양수야말로 진정 이른바 『서』를 모두 믿어서 잘못을 저지른 사람이라고 할 수 있으니, 어떻게 그렇다는 것을 밝히겠는가?[然以余觀之, 歐陽子乃眞所謂盡信書而過焉者也, 何以明其然也?]"라고 선언함으로써 구양수의 대전제를 역이용하였다. 〈❶-1〉과 〈❶-2〉는 구체적인 사실을 거론한 〈❶〉의 논거이다. 이어지는 반박들도 한결같이 이와 같은 구조를 가지고 있다. 〈②〉는 공자가 직접 저술했다면 "자왈子曰"이라고 지칭했을 이치가 없다는 구양수의 주장을 먼저 언급한 다음, 〈❷〉에서 다시 "『서』를 믿은 잘못이다[其信書之過也]"라고 반박하고 구양수의 주장에서 벗어나는 사례들을 〈❷-1〉, 〈❷-2〉, 〈❷-3〉을 통해 논거를 제시하였다. 〈③〉은 공자가 효사爻辭를 계사系辭라고 지목한 것을 근거로 별도의 계사가 있을 수 없다는 구양수의 주장인데, 〈❸〉에서 "이 또한 『서』를 믿은 잘못이다[此又信書之過也]"라고 말한 다음 〈❸-1〉과 〈❸-2〉를 통해 논파하였다. 〈④〉는 「경해經解」에서 인용한 『주역』의 내용이 지금의 『주역』에 보이지 않는다는 이유로 책 자체에 대해 『주역』을 의심한 구양수의 주장이고, 〈❹〉 역시 이 주장을 "이 또한 『서』를 믿은 잘못이다[此又信書之過也]"라고 반박한 것이다. 특히 〈❹〉에 대한 논거를 세 차례에 걸쳐 제시하였다. 〈❹-1〉에서 분서갱유焚書坑儒 가운데서도 화를 입지 않은 『주역』의 가치를 천명하고, 〈❹-2〉에서는 구양수가 논거로 삼은 「경해」 자체를 비판하였으며, 마지막 〈❹-3〉에서는 공자를 믿지 않고 제자백가의 학설을 맹신하는 학자들을 비난했던 구양수의 논리를 그대로 가져와 구양수야말로 오히려 한漢 나라 유자들의 견강부회를 맹신하고 『주역』을 믿지 않는 이율배반적인 인물로 규정하였다. 〈❺〉는 이상의 반박 논리를 토대로 구양수의 학문 자체를 문제시하여 "경經을 논할 때에 스스로 『서』를 믿는 잘못을 범하면서도 자신은 깨닫지 못하였으니 몹시 한탄스럽다.[論經之際, 自犯於信書之律而不自知, 可勝嘆哉!]"라고 애초의 반박했던 입론立論을 재차 강조하였다.

한편 이 글은 반박하는 논리의 정합성 외에 형식미를 추구하였음을 눈으로 확인할 수 있다. 구성의 측면에서 보면 총 다섯 단락으로 구성하되 각 단락은 〈①〉, 〈❶〉, 〈❶-1〉, 〈❶-2〉의 순서로 정연하게 안배하였다. 또한 〈❶-1〉과 〈❶-2〉는 각각 중요한 논거로써 활용되고 있지만 〈❶-2〉처럼 뒤에 제시하는 논거는 문장 첫머리에 "況" 자를 삽입하여 논거의 중요도가 점점 강화되는 점층법을 구사하고 있다. 이러한 "況" 자의 삽입이 바로 문장의 측면에서 형식미를 구사한 사례라 할 수 있다. 이뿐만 아니라 이 글의 핵심 논리라 할 수 있는 맹자의 "盡信書不如無書"를 반박하는 단락의 첫머리마다 강조하되 그 표현에 있어서 "歐陽子乃眞所謂盡信書而過焉者也.", "噫! 其信書之過也.", "此又信書之過也.", "自犯於信書之律而不自知, 可勝嘆哉!" 등과 같이 다양하게 변개하였으니, 논리는 논리대로 강화되고 그 강화되는 논리에 맞게 표현도 점차 강조하는 방식으로 문장을 구사하였다.

4. 맺음말

이 글은 최석정 문학 연구의 일환으로, 우선 그의 산문 가운데 논설류 문장을 고찰한 것이다. 그 예비적 고찰로서 1장에서는 최석정의 문학에 대한 제 평가들을 살펴보았다. 그 결과 최석정 문학에 대한 연구도 유의미하다는 것을 확인하였다. 2장에서는 『명곡집』 소재 논설류 문장을 개관하였다. 3장에서는 최석정의 논설류 문장의 특징적인 면모를 살펴보았다.

기존의 논의를 뒤집는 역발상이 돋보이면서 구성면에서 독특한 면모를 보이는 글이 「순욱론荀彧論」이라면, 설득력을 높이는 유비類比를 활용하여 논의를 전개하되 기존의 시각을 전환시킨 글이 「부자대가론夫子待賈論」이다. 또한 상대방 주장의 대전제大前提를 무너뜨려 반박하는 논리적 정합성을 보이면서도 어휘나 문장, 구성의 형식미에서도 그 조화를 꾀한 글이 「문언계사변文言系辭辨」이다.

「순욱론」은 순욱에 대한 평가를 새롭게 제시한 논설류 문장이다. 순욱은 조조의 책사였다가 비명에 죽음을 맞이한 인물로, 그의 재능과 행적, 처세와 절의에 대해 다양한 평가들이 있었다. 사마광과 소식처럼 순욱을 높이 평가하기도 하였고, 애초에 한나라 왕실을 등지고 조조에 귀의한 그의 행적을 근거로 절의를 저버린 인물로 평가하기도 하였다. 이처럼 첨예하게 갈리는 논란 속에서 자신의 식견과 통찰로 순욱의 인물상을 새롭게 제시한 글이 바로 「순욱론」이다. 특히 이 작품은 액자식 구성을 보이는데 '재능을 구사하는 어려움[才難]'이라는 의제 안에 다시 '순욱에 대한 논의[荀彧論]'를 개진하였다.

「부자대가론」은 어제응제로 지은 글인데, 공자의 "팔아야지, 팔아야겠지. 그러나 나는 좋은 값을 기다리는 사람이다.[沽之哉沽之哉, 我待賈者也.]"라는 언급을 의제로 삼은 것이다. 이 글은 유비類比를 적극 활용하였는데, 유비의 활용은 주제를 구현함에 있어 설득력을 높이는 효과적인 수단이다. 한편 이 글이 담고 있는 주제 의식을 살펴보면, 기존의 논의에 대한 시각을 전환시키고 있음을 확인할 수 있다. 최석정은 기존의 논의와 궤를 같이 하여 공자의 입장에서 논의를 전개하다가 끝부분에서는 군주의 입장에서 논의를 전환시켜 군왕에 대한 권면으로 논설류 문장을 끝맺음하였다.

「문언계사변」은 『주역』의 「문언」과 「계사」가 공자의 저술이 아니라는 구양수의 논의에 정면으로 조목조목 반박한 글이다. 이 글의 특장은 반박하는 논리의 정합성도 있겠지만 어휘나 문장, 단락 구사의 측면에서도 탁월하다고 평가할 만하다. 상대방의 주장에 대해 반박하는 요령 가운데 상대방의 대전제를 무너뜨리는 것만큼 효과적인 것이 없다. 최석정은 구양수가 대전제로 삼은 논리를 반박하는 기제로 삼았다. 또한 이 글은 어휘나 문장, 구성의 형식과 같은 형식미에 있어서도 공력을 들였음을 확인할 수 있다.

II. 명곡 최석정의 상소문

윤재환

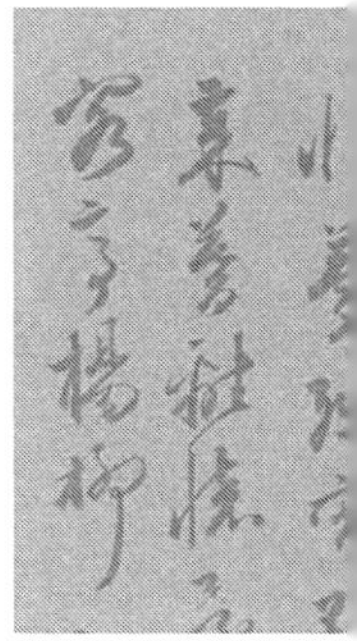

1. 서론

명곡明谷 최석정崔錫鼎(1646~1715)은 조선 중·후기의 대표적인 소론계열 관료이자 학자이다. 그는 남구만·박세채의 제자로, 윤증·남구만 등과 함께 소론의 영수로 활약하면서 당대 정계와 사상계에서 중요한 역할을 했다. 그는 26세가 되던 1671년 겨울 정시庭試에 병과丙科로 합격하여 승문원에 들어가면서 관직 생활을 시작한 이후 68세가 되던 1713년 7편의 「걸침소명소乞寢召命疏」를 올려 사직하기까지 43년간을 관직에 몸담았다.

1715년 11월 11일 70세의 나이로 운명하기까지 생의 대부분을 관직에서 보낸 최석정은 9차례의 영의정과 좌의정, 우의정을 비롯한 당대 조정의 주요 직책을 모두 거쳤다.[19] 당시 소론계열의 영수였던

19 『肅宗實錄補闕正誤』 숙종 31년 4월 13일, "復拜崔錫鼎爲領議政. 錫鼎, 仁慈

최석정에 대한 평가는 당색에 따라 극명하게 갈리지만, 노론계열이 편찬을 주도했던 『숙종실록』에서도 최석정에 대해 "성품이 명민하고 유순했다."[20]고 한 것으로 보아 최석정은 관직 생활동안 크게 모나지 않은 정책을 펼치려고 노력했었다고 생각된다. 실질적으로 그의 관직 생활을 살펴보면 의리론義理論이나 명분론名分論에 집착하기보다 백성의 고통과 정치적 폐단을 개선하고 당쟁의 문제를 줄이려 애썼던 행정 관료의 면모가 강하게 드러난다.

최석정의 이와 같은 행적과 정치적 위상으로 인해, 지금까지 이루어진 최석정에 대한 연구는 정치적인 면을 중심으로 하여, 수리사상數理思想이나 산학算學, 예학禮學 혹은 양명학陽明學이나 음운音韻·음성학音聲學에 관한 것들이 대부분이다. 이와 같은 연구 경향은 최석정의 생애나 이력으로 볼 때 분명 타당해 보이지만, 그의 장점 중 하나로 거론되어 왔던 문장에 대한 논의를 배제하고는 최석정의 전모를 온전히 파악하기 힘들다.[21]

樂易, 聰明博雅, 持論亦不甚峻刻, 故雖被黨人仇嫉, 屢遭顚躓, 而上眷終不衰焉. 釋位未久, 輒復召用, 前後凡九拜首相云. …… 今者錫鼎之被眷於上者, 專以文學·敏達, 自結主知而已. 自上在沖年, 問崔說書安在, 特授校理, 命出典翰, 殊異之眷至, 登庸如一."

20 『肅宗實錄』, 숙종 31년 4월 13일, "復以崔錫鼎爲領議政. 是日, 上命右相李濡·相, 而濡以情迹難安, 再招不進, 命入前望單子, 以錫鼎爲相. 錫鼎性開敏巽順, 且有奧援, 上所寵昵, 故雖忤旨暫廢, 而連有重卜之命如此."

21 최근 최석정의 문장에 관한 다음 두 편의 글이 나와 많은 참고가 된다. 권진옥, 「明谷 崔錫鼎의 記文 연구」, 『동아시아고대학』 49, 동아시아고대학회, 2018. 43~66면. ; 권진옥, 「明谷 崔錫鼎의 논설류 산문 연구」, 『동양고전연구』 70, 동양고전학회, 2018. 91~117면.

최석정의 다음 세대에서 최석정의 문장에 대해 "화평하고 전아하며 넓고 치밀하다. 소재의 선택이 경사經史를 넘나들어 글과 이치가 완전하고 수식과 실상이 부합하여 각 체體가 다 갖추어져 대가大家라고 할 만하다."[22]라고 하거나 "문장을 지을 때 육경六經을 근본으로 하고 백가百家에 대해 두루 통달하였다."[23]라고 평가 했는데, 이런 평가는 그가 문장에 상당히 능했음을 보여주는 것이다. 특히 최석정의 아들 최창대崔昌大는 최석정이 중년에 한유의 글을 많이 읽어, 그가 "문장은 기氣를 위주로 해야 하니 두루두루 넓고도 도리에 맞아 정성스럽고 참되며 뒤섞여 어지러움이 없어야 한다. 꾸미거나 많은 말을 하는 것을 뛰어난 것으로 보아서는 안 된다는 것은 생각해보면 알 수 있다."고 했다고 하였다.[24] 이로 보아 최석정은 문장에 깊은 조예를 지녀,[25] 자신만의 창작 방법과 원칙을 가졌다고 볼 수 있다.

『조선왕조실록』의 최석정 졸기에도 그가 문장으로 이름났다고 했

22 趙泰億, 「明谷集序」, 『明谷集』, "其所積也旣厚, 故發而爲文詞, 皆和平而典麗, 弘贍而縝密. 取材使事, 出入經史, 辭理俱到, 華實相副, 各體咸備, 蔚爲大家."

23 崔昌大, 「先考議政府領議政府君行狀」, 『昆侖集』 卷 19, "爲文章, 專以六經爲本, 貫穿百家."

24 崔昌大, 「先考議政府領議政府君行狀」, 『昆侖集』 卷 19, "中年多讀昌黎文, 嘗曰 ; 文主於氣, 貴能渾厚典實而無冗雜. 勿以刻雕爲工, 勿以叫譟爲豪, 思過半矣."

25 崔昌大, 「先考議政府領議政府君行狀」, 『昆侖集』 卷 19, "譚者謂公文得於經學, 爲難及. 爲詩, 不務新巧, 而亦以平實典厚, 氣不衰餒爲主, 每擧谿谷之言曰 ; 辭足充體, 氣能暢意, 能是則雖不及古人, 庶乎免末世寒瘦仄僻之病. 吳公道一號能詩, 多與公酬倡, 嘗語公弟判書公曰 ; 汝和之詩, 不特同時諸公所不及, 雖與前輩鉅公並驅, 尠有能爭霸者, 蓋心服之言也."

는데,[26] 최석정의 문집 34권 15책 안에는 958수의 시와 함께 상당한 분량의 다양한 문장이 수록되어 있다. 최석정의 문집 34권 안에 수록되어 있는 작품들의 유형과 분량으로 볼 때 최석정은 시 보다 문장에 뛰어났고, 문장 중에서도 특히 소차疏箚와 같이 공적인 문장에 상당히 능했다고 보인다.

이 글은 최석정의 문장 중 가장 많은 양을 차지하고 있는 양식인 소차 중에서도 자신의 조부를 변무辨誣하고 사직을 청한 변무사직상소辨誣辭職上疏를 대상으로 한 것이다. 최석정의 소차는 문집 권 14부터 권 20까지 모두 7권의 문집 안에 117편이 수록되어 있어 그의 문장 중에서 가장 많은 양을 차지한다. 첫 번째 상소가 31세 때인 1676년 올린 「이사천사직소以史薦辭職疏」이고, 마지막 상소가 69세 때인 1714년 올린 「인반소자진소因泮疏自陳疏」이다. 이렇게 보면 그는 일생을 소차와 같이 했다고도 볼 수 있다.

그가 올린 소차는 사직辭職·시무時務·응지應旨·변무辨誣 등 다양한데, 그 중에서도 이 글에서 논의의 대상으로 하는 것은 조부 최명길崔鳴吉을 변무하고 사직을 청하는 변무사직상소문이다. 최석정은 최명길을 변무하는 다양한 상소를 올렸는데, 현재 문집에 남아있는 것은 모두 4편이다.

이 글들은 상소라는 전통적이고 공식적인 형식에 따라 이루어진

26 『肅宗實錄』, 숙종 41년 11월 11일, “錫鼎性傾巧佻淺, 少有文名, 淹博群書, 自謂最深於經術.”
『肅宗實錄補闕正誤』 숙종 41년 11월 11일, “淸明愷悌, 敏悟絶人. 幼從南九萬 …… 朴世采學, 刃解氷釋, …… 經術·文章·言論·風猷, 爲一代名流之宗. …… 文勝且率爾, 不能切深.”

글이면서, 손자의 입장에서 조부를 변무하는 글이라는 점에서 최석정에게는 다른 어떤 글보다 간절하고 절박할 수밖에 없는 것이다. 최석정은 이 글들을 통해 조부에 대한 무고를 해결하고 이를 통해 자신의 현재 위치를 확고히 하고자 하였다. 그와 같은 의도를 담고 작성된 글이라는 점에서 이 글들은 최석정 문장력의 정점을 보여줄 것이라고 생각된다. 최석정의 상소문에 대한 본격적인 첫 번째 접근인 이 글에서 논의의 대상으로 최명길을 변무하는 상소를 선정한 것은 이와 같은 이유 때문이다.

이 글에서는 최석정 상소문의 개략과 최석정이 최명길의 변무 상소를 쓰게 된 주변 상황을 살펴본 뒤, 다음으로 최석정의 최명길 변무 상소인 「인송무원소 변무사직 잉진선조사적소因宋婺源疏 辨誣辭職 仍陳先祖事蹟疏」를 직접 검토해 보고자 한다. 이 글을 시작으로 소략하기만 한 최석정의 문학에 대한 접근이 활발해지기를 기대해 본다.

2. 최석정의 상소문과 최명길 변무 상소의 주변

관직 생활 전 시기에 걸쳐 작성된 최석정의 상소문 117편은 내용에 따라 간쟁諫諍·탄핵彈劾·논사論事·시무時務·청원請願·변무辨誣 등으로 나누어 볼 수 있는데, 그의 문집에 수록되어 있는 상소문의 현황을 간략하게 살펴보면 다음과 같다.

〈문집 소재 최석정 상소 현황〉

권차	상소명	저작 시기	수량
14	「以史薦辭職疏」~「平山雲峯書院請額疏 代海西儒生作」	1676년 32세~ 1686년 41세	9
15	「進位宁六箴疏」~「在宣川辭職疏」	1688년 43세~ 1698년 53세	17
16	「敍復後陳情勢疏」~「論公私喪服變除之節箚」	1698년 53세~ 1701년 56세	14
17	「公卿聯名箚」~「因宋婺源疏 辨誣辭職 仍陳先祖事蹟疏」	1701년 56세~ 1706년 61세	19
18	「因宋婺源疏 辭職四疏」~「因左相金昌集箚 請勘處疏」	1706년 61세~ 1707년 62세	12
19	「因左相金昌集箚 請勘處四疏」~「因權益平疏 出城後陳情勢辭職箚」	1707년 62세~ 1708년 63세	22
20	「陳時務四條箚」~「因泮疏自陳疏」	1708년 63세~ 1714년 69세	24

문집 속에 수록되어 있는 최석정의 상소를 살펴보면 몇 가지 특징적인 모습을 확인할 수 있다. 가장 먼저 들 수 있는 것이 그의 상소가 변무와 사직을 중심으로 한다는 것이다. 이미 언급한 것처럼 최석정의 상소는 다양한 내용을 담고 있지만 가장 많은 것이 자신을 논핵論劾한 상소에 대해 무고誣告를 주장하면서 사직을 청한 것이다. 앞서 최석정에 대해 크게 모나지 않은 정책을 펼치려고 노력했었던 행정 관료의 면모가 강했다고 했던 것을 상기해 보면 그 당대 최석정에 대한 비판은 그의 당파적 성격에 기인한 것이라고도 볼 수 있다. 따라서 변무와 함께 사직을 청한 상소가 최석정의 상소에서 가장 많은 양을 차지한다는 것은 그만큼 그의 입지를 흔들고자 했던 정치적 반대 세력이 컸으며, 그의 정치적 위치가 늘 불안하고 위태로

웠음을 말해주는 것이라고 할 수 있다.

다음으로 들 수 있는 것은 연작 상소가 많다는 것이다. 최석정의 문집을 살펴보면 그가 올린 상소가 모두 수록되어 있지 않다는 것을 알 수 있다. 특히 하나의 문제에 대해 연속해서 올린 상소의 경우 대부분 일부만 수록되어 있는데, 그의 상소를 보면 많게는 21차례까지 동일한 내용으로 연속해서 상소를 올렸다. 조선시대의 상소문에는 연작 상소가 허다하기 때문에 연작 상소를 최석정의 상소에서만 볼 수 있는 특징적인 모습이라고 하기는 어렵다. 그러나 최석정의 연작 상소에서 상당한 양이 앞서 언급한 변무와 사직을 겸하는 상소였다는 것은 조선시대 상소문의 일반적인 양상과 조금 다르다고 할 수 있다. 그것은 조선시대 연작 상소문의 경우 표면적으로 볼 때 대체로 단순히 사직만을 청하는 상소였기 때문이다.

그런 점에서 최석정이 1703년 김보택의 논핵에 대해 올린 5차례의 「인김보택소 진정청죄소因金普澤疏 陳情請罪疏」 1707년 좌의정 김창집의 논핵에 대해 올린 17차례의 「인좌상김창집차 청감처소因左相金昌集箚 請勘處疏」 1708년 권익평의 상소에 대해 올린 3차례의 「인권익평소 출성후진정세사직차因權益平疏 出城後陳情勢辭職箚」 1709년 이관명의 상소에 대해 올린 5차례의 「인이관명소 진정사직소因李觀命疏 陳辨辭職疏」, 윤헌의 상소에 대해 올린 12차례의 「인학유윤헌소 진정사직소因學儒尹瀗疏 陳情辭職疏」, 간원의 계사啓辭에 대해 올린 21차례의 「간원계사후 갱신정세 잉진변론책자소諫院啓辭後 更申情勢 仍進辨論冊子疏」는 다양한 이유로 상당한 주목을 요한다.

최석정의 연작 상소는 대부분 변무와 사직을 겸하는 것인데, 이런 현상은 가장 먼저 최석정에 대한 정치적 반대 세력의 공세가 그만큼

집요하고 또 광범위했음을 보여주는 것이지만, 반대로 그만큼 많은 정치적 논란에도 불구하고 그의 사직이 허락되지 않았다는 점에서 최석정에 대한 임금의 신임을 보여주는 반증으로 읽히기도 한다.

조선시대 상소문 중 가장 많은 양을 차지하는 것이 사직상소문이다. 사직상소문이 상소문의 대부분을 차지하는 것은 앞서 언급한 다양한 내용의 상소가 대부분 사직을 표면적인 행위로 하여 서술되기 때문이다. 그런데 조선시대 상소문은 고도의 정치적 담론 행위이다. 사직상소문의 진정한 목적 역시 단순히 자신의 직을 사직하거나 왕이 내린 직책을 사양하기 위해서가 아니라 사직이라는 행위를 통해 왕을 압박하여 자신의 정치적 목적을 달성하고자 하는 것이다.[27]

만약 사직상소문의 진정한 목적이 자신의 직을 버리고자 하는 것일 뿐이라면 상소자는 상소문의 작성에 별다른 어려움을 느끼지 않을 수도 있다. 그러나 사직상소문이 그 이면에 또 다른 정치적 목적을 담고 있을 경우 사직상소문은 상소자에게 일종의 정치적 도박과도 같은 행위가 된다. 상소를 올린 본질적인 목적을 달성하지 못하고 사직하게 되었을 경우 상소자는 그가 가진 모든 것을 잃을 수밖에 없기 때문이다.

변무 상소가 사직 상소와 결합할 경우 상소문의 작성은 시작부터 지난한 어려움을 지닌다. 기본적으로 변무 상소는 특정한 사건으로 논죄論罪된 인물이나 사건을 변호하거나 피화被禍된 인물의 원억冤抑을 호소하고 상대 세력의 공격에 대해 자신이나 자파의 입장을 변명

27 윤재환, 「藥泉 南九萬 上疏文의 構成 原理와 展開 樣相」, 『韓民族語文學』 74, 韓民族語文學會, 2016, 223면.

하는 것이다.[28] 따라서 변무 상소는 기본적으로 수세적 입장에서 글을 시작할 수밖에 없다. 하지만 변무 상소자의 상소 목적은 단순히 상소를 통해 자신의 입장을 변호하는 차원에서 그치는 것이 아니다. 상소자는 상소를 통해 자신의 입장을 변호하고 호소하는 차원을 넘어 자신을 공격한 세력을 비판하여 그들의 목적을 무산시키고 자신의 정치적 입장을 공고히 하고자 한다. 상소를 통해 수세에 몰린 자신의 입장이나 위상을 더욱 굳건히 하고자 하는 것이다.

사직 상소와 결합된 변무 상소는 사직이라는 행위를 바탕으로 왕을 압박하여 자신의 억울함과 비판 세력의 부당함을 호소하고, 이를 통해 왕의 신임을 확인하여 자신의 위상을 더욱 굳건히 하고자 하는 이면의 정치적 목적을 지니고 있다. 이와 같은 목적을 담고 있는 변무사직 상소의 작성을 위해서는 왕의 굳건한 신임과 비판 세력의 주장을 꺾을 수 있는 논리, 그리고 자신의 주장을 분명하게 밝힐 수 있는 문장력이 요구된다. 이 세 가지 요건 중 어느 하나라도 부족할 경우 변무사직 상소의 목적이 달성되기 어려울 뿐만 아니라 오히려 그 자신이 정치적으로 몰락하는 전혀 의도하지 못한 결과를 맞기도 한다.

최명길 변무사직 상소는 최석정에게 중요한 의미를 지닌다. 가장 큰 이유는 최명길이 그의 조부이기 때문에 최명길에 대한 비판과 부정은 곧 그 자신에 대한 부정이 될 수밖에 없다는 혈통적·가계적인 요인에 의한 것이다. 특히 최석정 당대에 최명길이 부정된다면 당대

28 설석규, 「조선시대 儒生上疏의 유형과 推移」, 『경북사학』 17·18 합집, 경북사학회, 1995, 58면.

소론계열의 정치적 위상은 무너질 수밖에 없다. 그런 점에서 최석정에게 최명길의 변무는 가계의 위신과 체모를 지킨다는 의미와 함께 자신과 자파의 현재와 미래를 결정하는 중대한 문제였다. 이런 상황은 최석정의 최명길 변무 상소가 나오게 된 과정을 살펴보면 분명하게 확인할 수 있다.

최석정의 최명길 변무 상소는 1706년 사학유생四學儒生 송무원宋婺源 등의 상소로 시작되었다. 상소의 소두疏頭인 송무원에 대해 확인할 수 있는 내용은 그다지 많지 않다. 확인할 수 있는 내용만 정리해 보면 본관은 은진恩津이고 자는 경휘景徽, 호는 염수와念修窩이며, 증조부가 우암尤庵 송시열宋時烈, 부친이 동계東溪 송회석宋晦錫이다. 숙종 말년에 겨우 벼슬하여 동몽교관童蒙教官을 역임했고, 이희조李喜朝와 함께 『우암선생문집』의 교정과 편차를 담당했다는 정도이다. 그런데 이런 이력은 송무원의 상소가 송시열과 윤증의 갈등으로 일어난 회니시비懷尼是非와 노·소세력의 정치적 쟁투를 배경으로 하고 있다는 생각을 지울 수 없게 한다.

현재 송무원 상소의 전문을 확인할 수 없다. 따라서 그의 상소 전문이 어떤 내용을 어떻게 서술하고 있는지 분명하게 알기 어렵다. 다만 『숙종실록보궐정오』에 상소의 일부가 수록되어 있어 그 대략을 짐작하게 한다. 수록된 글을 보도록 한다.

> 최석정은 곧 옛 相臣 崔鳴吉의 손자입니다. 병자년·정축년 천지가 뒤집히던 때에 ① 최명길이 和議를 주장하고 節義를 잃어서 3백년을 지켜 오던 綱常을 무너뜨렸는데, 지금 와서 최명길의 손자에게 찬란한 明나라 天子의 제사를 관장하게 한다면 어떻게 盛大한 감응을 얻을 수 있겠습니까. 또 가만히 들으니 ② 최석정이 이전 燕京에

사신으로 갔다 와서 말하기를, "저들이 祖父의 일을 기억하고 후하게 대우하였다."고 하였다고 하니, 비록 이것만으로 보더라도 ③ 그 집안 대대로 臭味가 오랑캐에 영합하여 명나라를 배반하는 것임을 알 수가 있습니다. 더구나 지난번 청나라에 곡식을 구걸한 일은 이미 부끄러움을 잊고 치욕을 참은 것이 심한 일인데, ④ 최석정은 청나라 사신을 맞이할 때에 즐거운 마음으로 그가 보내 온 문서를 받았습니다. ⑤ 和議를 주장한 사람의 손자이면서 또 그 스스로에게 부끄러움을 잊고 나라를 욕되게 한 죄가 있으니, 그의 허물과 결점은 "비록 惡人이라도 齋戒·沐浴하면 上帝에게 제사지낼 수 있다."는 것과는 다릅니다. 그런데 우리 임금을 대신하여 皇壇의 제사를 행하게 하니 융성함을 이루어 제사를 거행하는 도리에 어찌 이런 일을 용납하겠습니까.[29]

이 글을 보면 송무원의 최석정 비판은 5단계로 전개된다. ①은 최석정의 조부 최명길에 대한 비판이다. 최명길이 병자호란 당시 화의和議를 주장하여 강상綱常을 무너뜨렸다는 것이다. ②는 최석정이 연경燕京에 사신 가서 청나라 사람들에게 후한 대접을 받았던 것을 좋아했다는 것이다. ③은 이로 보아 최석정의 집안은 대대로 오랑캐

29 『肅宗實錄補闕正誤』 숙종 32년 3월 3일, "錫鼎, 卽故相臣鳴吉之孫也. 當丙·丁天地翻覆之際, 鳴吉主張和議, 斁敗節義, 以壞三百年綱常. 今以鳴吉之孫, 而乃可使將事於赫赫明天子, 而可以得其盻蠁之感耶. 又竊聞錫鼎, 嘗使燕而還, 自言; '彼人記其祖之事, 厚待之.' 云. 雖以此見之, 其家世臭味之合於虜, 而背於皇朝可知矣. 況向來乞粟虜庭之事, 已是忘羞忍恥之甚者, 而錫鼎, 儐接胡差, 甘心受送其慢書. 夫以主和人之孫, 又自有忘羞辱國之罪, 其累釁, 非如齋戒沐浴之可以祀上帝者. 乃令攝吾君而行此壇之祀, 其於致隆祀事之道, 豈容有是也."

에 영합해 명나라를 저버리는 취미가 있음을 알 수 있다는 것이다. ④는 지난번 청나라에서 사신이 왔을 때 최석정이 사신을 맞이하며 즐거워했던 것을 돌아보면 송무원 자신의 최석정 평가가 옳았다는 것을 알 수 있다는 것이다. 최석정에 대한 송무원의 최종적인 평가는 ⑤에 나와 있는 "화의를 주장한 사람의 손자이면서 또 그 스스로에게 부끄러움을 잊고 나라를 욕되게 한 죄가 있는 사람"이다. 따라서 송무원은 황단皇壇의 제사를 최석정에게 맡길 수 없다고 했다.

최명길에게서 시작하여 최석정을 거쳐 그의 집안 전체를 욕하고 다시 최석정의 행동으로 자신의 주장을 증명한 송무원의 상소문 전개 방식은 상당히 적절해 보인다. 그것은 순차적 연결 구조를 지니고 있는 송무원의 상소 구조로 볼 때 만약 송무원의 주장 중 어느 것 하나라도 인정된다면 최석정에 대한 송무원의 비판은 타당한 것이 되고, 그로 인해 최석정은 심각한 정치적 타격을 받을 수밖에 없기 때문이다.

송무원의 상소는 승정원에서 부정되었고, 송무원에게 숙종은 변지邊地 정배定配를 명하는 엄한 전교傳敎를 내렸다. 그런데 『숙종실록』과 『숙종실록보궐정오』를 비교해보면 기록된 부분에서 적지 않은 차이를 확인할 수 있다. 송무원의 상소에 대해 승정원에서 비판했고, 숙종이 변지 정배라는 엄명을 내렸다는 결과는 동일하지만 기록된 내용에 적지 않은 차이가 있다.

『숙종실록』에서는 송무원의 상소 내용에 대해 "영의정 최석정은 화의를 주장한 최명길의 손자로 수치를 잊고 나라를 욕되게 한 죄가 있으니"라고 하고 그 내용에 대해 세자細字로 "청나라 사신이 왔을 때에 문서를 주고받은 일을 가리킨다."고 적시했다. 승정원의 처분 행위에 대해서도 "대신을 흔들고 조정을 어지럽혔다는 명목으로 아뢰니"라고 했다.[30] 최석정의 문제를 구체적으로 적시하고 또 숙종의 전교가 승정원에서 올린 글 때문이었다고 읽힐 수 있도록 서술되었다.

『숙종실록보궐정오』의 기록은 『숙종실록』과 상당히 다르다. 앞에서 본 것처럼 송무원의 상소 개요가 정리되어 있을 뿐만 아니라 승정원에서 올린 글과 숙종의 전교 내용이 자세히 수록되어 있다. 당시 승정원에서 올린 글을 보면 송무원의 상소에 대해 "경박한 선비의 습성이 드러난 것으로 몹시 음험한 것이며, 그 내용은 자신의 분수를 넘어선 것으로 무엄한 것"이라고 평가하고 있으며, 여기에 대해 숙종은 "분수를 넘는 위험한 발언으로 임금을 떠 보고 조정을 시끄럽게 하는 것이니 작은 벌로 다스릴 수 없다."고 평가했음을[31] 알 수 있다.

송무원의 상소에 대한 실록간 기록의 차이와 송무원의 가계, 또

30 『肅宗實錄』, 숙종 32년 3월 3일, "四學儒生宋婺源等, 上疏言, 領議政崔錫鼎, 以主和人鳴吉之孫, 有忘羞辱國之罪, (指胡來時, 受送嫚書事.) 不可攝吾君而行皇壇之祀. 政院以敲撼大臣 · 壞亂朝廷, 爲目陳啓, 上下嚴敎, 命婺源邊遠定配, 還給其疏."

31 『肅宗實錄補闕正誤』, 숙종 32년 3월 3일, "政院陳啓捧入曰 ; '近來士習日偸, 國體不尊, 以儒生而投疏嘗試, 終至敲撼大臣, 壞亂朝廷者, 前後相續, 今此婺源等疏, 尤極深險. 至於王世子攝行一款, 旣經廟堂稟裁, 亦豈儒生輩所可干涉仰請者哉. 揆諸事體, 節節無嚴' 云云. 上還給婺源疏, 下嚴敎曰 ; '今觀宋婺源等疏, 以皇壇事, 詬辱首相, 不遺餘力, 其所謂冒受誓戒, 不自稟改等語, 尤極危險. 世子攝行與否, 此豈幺麿儒生所敢指揮者乎. 近來京鄕儒生輩之迭相投疏, 嘗試君父, 眩亂朝著者, 接迹而起, 萬萬痛心. 決不可略施儒罰, 宋婺源邊遠定配.'"

당대의 정치적 상황 등을 고려해 볼 때 송무원의 상소는 유생으로 국가에 대한 충정만을 담은 것이라고 보기 쉽지 않다. 오히려 그보다는 당대의 정치적 상황을 바탕으로 상소의 이면에 다양한 목적을 담고 있었던 정치적 수단의 하나였다고 생각하게 된다. 그래서인지 송무원의 상소에 대한 반응 역시 당색에 따라 선명하게 다른 양상으로 나타났다.

3. 「인송무원소 변무사직 잉진선조사적소因宋婺源疏 辨誣辭職 仍陳先祖事蹟疏」의 구성과 전개

송무원의 상소에 대한 최석정의 변무 상소는 상소가 올라 온 6일 뒤에 시작된다. 『숙종실록』과 문집을 대조하여 살펴보면 최석정의 첫 번째 상소는 3월 9일, 두 번째 상소는 3월 22일, 세 번째 상소는 3월 24일, 네 번째 상소는 3월 25일 숙종에게 올라갔다고 생각된다. 또 첫 번째 차자는 3월 17일 올렸다고 확인되지만, 나머지 차자를 올린 날은 분명하지 않다. 다만 서계書啓 1편과 마지막 5번째 차자는 네 번째 상소 이후에 올린 것으로 보인다. 이렇게 보면 최석정의 죄명길 변무 상소는 상소 4편, 차자 5편, 서계 1편으로 구성되어 있다고 할 수 있다.

전체 10편의 글 중에서 현재 전하는 것은 1번째와 4번째 상소, 서계 1편, 5번째 차자로 모두 4편이다. 이 글들은 모두 최석정의 문집 17권과 18권에 수록되어 있고, 특히 1번째 상소는 분량이나 내용에서 차이를 보이기는 하지만 요약되어 『숙종실록』과 『숙종실록보궐정오』에도 수록되어 있다. 요약된 내용과 정도의 차이는 앞서 살펴본 송무원의 상소에 대한 실록 기록 사이의 차이와 같은 의미를 지닌 것이라 보인다.

그런데 송무원의 상소에 대해 승정원에서 올린 글이나 변지 정배를 명한 숙종의 전교를 본다면 최석정은 굳이 변무사직소를 올릴 필요가 없었다고 할 수 있다. 상소에 대한 최종 결재권자인 왕이 상소자를 벌 준 상황에서 최석정이 다시 송무원의 상소 내용을 변무하는 무려 10편이나 되는 다양한 종류의 글을 올리는 것은 자칫 왕을 번거롭게 만들어 예기치 않았던 다른 문제를 야기할 수도 있기 때문이다.

그런 점에서 최석정이 숙종에 의해 종결된 문제인 송무원의 상소에 대해 10편의 글을 연속해서 올린 것은 최석정 스스로의 정치적 판단에 따른 다분히 계산된 행동이라고 할 수 있다. 숙종의 확고한 신임을 분명히 하여 앞으로 더 이상 이 문제가 재론되지 않도록 하는, 또 소론계열의 정치적 성향과 위상을 분명히 하고자 하는 정치적 수단이었다고 볼 수 있다.

『숙종실록』 3월 25일의 기록을 보면 숙종의 전교에도 불구하고 조정에서 송무원의 상소에 대한 논란이 계속되었다는 것을 알 수 있는데, 이러한 상황의 완전한 종결을 위해 최석정이 계속해서 상소를 올렸다고 생각된다. 첫 번째 상소와 달리 그의 네 번째 상소 「인송무원소 사직사소 병술因宋婺源疏 辭職四疏 丙戌」이 조정의 논란을 문제 삼은 것도 이와 같은 관점에서 볼 수 있다.

현재 남아 전하는 네 편의 글 중에서 최석정이 주장하는 논의의 핵심은 첫 번째 상소에 있다. 만여 자나 되는 장편 상소 속에 최석정은 조부 최명길에 대한 다양한 이야기를 담았다. 따라서 이 글에서는 최석정의 최명길 변무 상소 중 첫 번째 상소인 「인송무원소 변무사직 잉진선조사적소因宋婺源疏 辨誣辭職 仍陳先祖事蹟疏」를 중심으로 논의를 진행한다. 긴 글이기에 여기서는 간략하게 개요만을 들어서 살펴보도록 한다. 최석정의 상소문을 상소문 일반의 단락 구성에 따라 단락을 나누고, 그에 따라 개요를 정리해 보면 대체로 다음과 같다.

[序頭]

병 중에 있으면서 올라온 송무원의 상소를 보니 자신이 황단의 제사를 관장하게 된 것을 반대하기 위해 조부 최명길의 일을 거론하였기 때문에 상소를 올리지 않을 수 없다.

[本辭]

〈발단〉

병자호란 당시 권도를 행하지 않았다면 종묘사직이 없어졌을 것인데, 인조가 어진 마음으로 성인의 권도를 행하여 국가의 운명을 잇고 종묘를 온전히 하였다.

〈주장〉

① 조부 최명길이 和議를 주장한 것은 경전을 바탕으로 의리를 참고한 것이기 때문에 식견 낮은 後生이 경솔하게 논의할 것이 아니다. 최명길의 주장이 비록 斥和를 주장한 사람들과 다르지만 이는 형편에 따른 불가피한 것으로, 私心에 따른 행동이 아니다.

② 송무원의 상소에서 자신(최석정)을 배척한 내용들은 꾸며 만든 거짓이고, 황단의 제사에 대해서도 자신은 조정의 典禮에 따라야 한다고 주장했다. 송무원의 주장이 자신을 모욕하고 쫓아내기 위해 꾸

민 거짓이지만, 자신으로 인해 국가가 욕되고 조부가 더럽혀졌으니 실상을 간략하게 설명한 뒤 사직하고자 한다.

〈논거〉

① 당시 최명길은 명나라에 은혜와 의리가 있지만, 社稷과 백성이 있으니 匹夫의 하찮은 신의만을 굳게 지킬 수 없고, 청나라의 의도도 조선을 멸망시키고자 하는 것이 아니라고 생각했다. 최명길의 행동은 성군 인조를 만났기 때문에 나온 것으로, 자신의 명철한 식견과 權道의 의리를 살펴 남들의 비방을 돌아보지 않은 것이다.

② 최명길이 인조에게 올린 封事의 내용을 논함.

ⓐ 『春秋』를 보아도 천하가 무사할 때는 常道를 지켜야 하지만 역경을 만나면 권도를 펼쳐야 한다.

ⓑ 殷나라 微子 啓와 齊나라 管仲의 예를 보아도 때를 따라 의를 바로 잡고 자신을 낮추어 孔子에게 어질다는 평가를 받았다.

ⓒ 나라가 망하면 군주도 죽는다는 『예기』의 말은 당시의 상황과 부합하지 않는다. 이는 文王으로 증명할 수 있으니 인조도 문왕이 될 수 있다.

ⓓ 앞으로 나라를 다시 부흥시키는 계책과 외적을 물리치는 계책에 최선을 다해야 한다.

ⓔ 夏나라 少康과 越나라 句踐처럼 지난날을 교훈삼아 앞으로 힘쓰면 공과 복을 만들 수 있다.

ⓕ 역대 왕조의 흥망성쇠를 연구하여 징험하고 마음의 기미를 살펴 임금과 신하가 마음을 합해 나라를 다스리면 곧 나라가 부강해질 것이다.

③ 최명길의 봉서는 나라를 근심하는 인조를 돕고 기울어가는 나라를 부지하기 위한 것으로, 그의 순수한 충성과 원대한 계획을 볼 수 있다. 그가 和議를 주장하여 모든 사람에게 비난받았고, 비난받을

일이지만 그는 어쩔 수 없다는 것을 아는 뛰어난 지식과 용기를 가진 사람이었기에 하지 않을 수 없었던 것이다.

〈강조〉

① 숙종이 비망기를 내려 최명길과 김육을 배향하고자 했지만 노론의 반대로 무산되었는데, 후손들과 노성한 신하들이 원통하게 여기고 있다.

② 최명길은 淸나라의 징병을 거절하다가 禍에 걸릴 위기에 처했었고, 專价를 명나라에 보냈다가 청나라에 발각되어 여러 해를 청나라에 갇혀 있었다. 이 일에 아무도 책임지려 하지 않았지만, 최명길만은 나라를 위해 책임을 감당하였고, 인조도 그때 최명길을 안타까워했다.

③ 최명길이 和議 주장만을 했다고 하더라도 종묘사직과 임금을 위한 정성을 알 수 있는데, 병자호란 이후 청나라와의 대립에서 목숨을 바쳐 조선을 지키고자 했다. 이 두 가지 일을 겸하여 본다면 최명길의 지극한 마음과 충절을 익히 알 수 있다.

④ 이전의 재상 李敬輿, 趙翼, 李景奭 등의 글을 보아도 그 사실을 충분히 알 수 있다. 또 최명길에 대한 비방은 그 당시부터 있었지만 이를 여러 신하들이 변론하였는데, 金瑬와 洪瑞鳳의 箚子나 李時白의 언급, 李敏敍의 諡狀을 보면 알 수 있다.

[結辭]

최명길의 행적은 이미 천하에 알려져 있고 역사에도 분명하지만, 연대가 오래될수록 후대에서 알지 못하고 숙종도 혹 미처 살피지 못한 것이 있을까 해서 번거롭게 자세히 상소하여 進達한 것이니 만 번 죽어 마땅한 죄를 지었다.

최석정의 첫 번째 최명길 변무 상소인 「인송무원소 변무사직 잉진선조사적소」가 만여 자에 달하는 장편이어서 개요만을 추려도 적지 않은 분량이다. 그런데 최석정의 이 상소를 보면 상소의 서두에 상소 일반의 투식어가 보이지 않는다는 것을 알 수 있다.

『소차집요疏箚輯要』의 「소서차범례疏書箚凡例」를 보면 상소의 서두 투식에 대해 "모관의 신 모는 진실로 황공하여 거듭 머리를 조아리며 삼가 주상 전하께 백번 절하고 아룁니다. 삼가 엎드려 ……"라고 했다.[32] 상소의 서두가 대체로 비슷한 유형으로 시작하는 것은 그와 같은 투식어의 영향 때문이다. 그런데 최석정 상소의 서두에는 이와 같은 투식어가 보이지 않는다. 그의 상소 서두에는 「소서차범례」에서 언급된 상소 서두의 투식어 중 '복이伏以' 두 글자만 나온다.[33] 서두의 투식어가 모두 생략된 것이다.

그러나 서두에서 생략된 투식어가 결사에 와서는 대체로 나타난다. 『소차집요』의 「소서차범례」에서는 상소의 결사 투식어에 대해 "'신은 두렵고 간절한 마음을 가눌 수 없습니다.'라고 한다. 일에 대해 말할 때는 '신은 지극히 두려우면서도 한편으로 간절히 바라서 삼가 죽음을 무릅쓰고 아룁니다.'라고 한다."[34]고 했는데, 최석정은

32 「疏書箚凡例」, 『疏箚輯要』, "上疏則曰, 某官臣某, 誠惶誠恐, 頓首頓首, 謹百拜[小朝則曰再拜], 上言于[小朝曰上書]主上殿下[小朝曰王世子邸下], 伏以." 최식, 「奏議類 散文의 特徵과 展開樣相」, 『東方漢文學』 31, 동방한문학회, 219면, 재인용.

33 崔錫鼎, 「因宋婺源疏, 辨誣辭職, 仍陳先祖事蹟疏. 丙戌」, 『明谷集』 卷 17, 「疏箚」, "伏以臣於病伏中, 得見宋婺源等疏本, 以臣見差皇壇攝祀, 句引丙丁和事, 侵辱臣先祖, 無少顧藉, 臣不勝怛然驚痛之至. 今玆橫逆之來, 非特一身所遭, 事關先代, 受侮不少, 則亦何可喑無一言而已乎."

34 「疏書箚凡例」, 『疏箚輯要』, "結辭皆云, 臣無任屛營祈懇之至. 言事曰, 臣無

상소의 결사에서 서두와 달리 "성상의 마음을 번거롭게 하였으니 신의 죄는 만 번 죽어 마땅합니다. 신은 간절하고 애통하며 황공하고 두려운 마음을 견딜 수 없습니다."[35]라고 하여 투식을 따랐다.

상소의 서두에서 투식어를 생략하는 현상은 최석정의 네 번째 상소문 「인송무원소 사직사소 병술」에서 더욱 뚜렷하게 나타난다. 이 상소에서는 서두뿐만 아니라 결사에서도 투식어가 대부분 생략되었다.[36] 서두에서 투식어를 생략한 뒤 결사에서 투식어를 사용하는 예는 남구만의 사직상소문에서도 볼 수 있다. 남구만이 사직상소문을 쓰면서 결사 부분에서 주로 투식어를 사용했던 것은 사직상소문의 이면에 감추어진 의도가 무엇이었든 표면적으로 사직상소문은 사직을 목적으로 한 글이기 때문에 사직의 허락을 강하게 요청하기 위해서는 관습적인 용어를 사용할 수밖에 없었다는 것과 신기新奇하고 기괴奇怪하며 험벽險僻하고 난삽難澁한 표현이 문장의 체제와 격조를 떨어뜨려 문도文道를 해치는 것이라고 생각했던 남구만의 문장관 때문이었다고 생각된다.[37]

그런데 최석정의 상소문은 남구만의 사직상소문보다 서두 부분의

任激切屛營祈懇之至, 謹昧死以聞." 최식 앞의 글 219면 재인용.

35 崔錫鼎, 「因宋婺源疏, 辨誣辭職, 仍陳先祖事蹟疏. 丙戌」, 『明谷集』 卷 17, 「疏箚」, "瀆擾宸嚴, 臣罪萬死. 臣無任激切痛慨, 惶悚隕越之至."

36 崔錫鼎, 「因宋婺源疏, 辭職四疏, 丙戌」, 『明谷集』 卷 18, 「疏箚」, "伏以臣之乞免, 夫豈得已而不已者哉. 實出於廉義萬分難安, 情地萬分窮迫耳. …… 伏乞聖明諒臣至懇, 亟允所辭, 以重國體, 仍命輟還承宣, 以安私分, 不勝幸甚, 臣無任惶灼祈懇之至."

37 윤재환, 「藥泉 南九萬 上疏文의 構成 原理와 展開 樣相」, 『韓民族語文學』 74, 韓民族語文學會, 2016, 229면.

투식어 생략이 심하다. 이런 서술 방법은 상소문의 보편적인 작성 방법과 다른 것으로, 스승인 남구만의 영향과 그 자신의 문장관에 기인한 것이라 보인다.[38]

최석정의 상소문은 상소문 일반의 논리 전개 방법에 따라 단락을 구성하고 있다. 서두 - 본사 - 결사 세 단락으로 이루어져 있고, 본사는 다시 발단 - 주장 - 논거 - 강조의 순서로 구성되어 있다. 투식어의 사용과 달리 단락 구성으로 보았을 때 최석정의 상소문은 상소문의 보편적 구성 방법을 그대로 따랐다. 단락별로 최석정의 상소문을 살펴보도록 한다.

상소문의 서두에서 최석정은 자신이 상소문을 쓰게 된 이유에 대해 밝혔다. 자신이 황단皇壇의 제사를 담당하게 된 것을 빌미로 자신의 조부 최명길을 비판한 것은 자신이 아니라 선대를 욕보이는 것이기 때문에 받아들일 수 없다는 최석정의 문제 제기는 유가적 명분론과 의리론에 입각한 것으로 그의 상소가 제기될 수밖에 없는 것이라는 상소문 작성의 정당성을 강조하는 것이다.

본사는 다시 네 단락으로 나누어지는데, 발단은 최석정이 자신의 상소를 위해 전제하고 있는 내용을 명시한 것이다. 발단에서 최석정이 전제한 것은 병자호란 당시 화의和議라는 권도權道의 구현 주체가

38 趙泰億, 「明谷集序」, 『明谷集』, "發而爲文詞, 皆和平而典麗, 弘贍而縝密. 取材使事, 出入經史, 辭理俱到, 華實相副, 各體咸備, 蔚爲大家. 若先生眞可謂經世之文章, 而易大傳所謂富有之謂大業者, 近之矣. 藥泉南相公嘗曰, 崔相之錯綜六經, 淹該百家, 雖古之通儒, 亦無以過之. 其奏箚剴切, 可方陸宣公." 이와 같은 최석정의 문장에 대해 권진옥은 "經學에 기초한 經世之文이라는 것을 확인할 수 있다."고 하였다(「明谷 崔錫鼎의 記文 연구」, 『동아시아고대학』 49, 동아시아고대학회, 2018. 49면.).

인조仁祖이고, 인조의 권도는 끊어지게 된 국가의 운명을 잇고 망하게 된 종묘를 온전히 한 것이니, 인조의 덕과 공 때문에 후대의 임금이 임금 자리를 보전할 수 있다는 것이다.

최석정 상소의 발단은 고도의 정치적 전략을 담고 있는 치밀하게 계산된 언술言術이다. 그것은 발단을 인정한다면 숙종은 최석정 상소문의 논리를 그대로 받아들여야 하고, 발단을 부정한다면 숙종은 현재의 자신을 부정해야 하기 때문이다. 병자호란의 와중에서 인조는 청나라와 화친할 수밖에 없었다. 최명길이 화의를 주장했던 것은 분명하지만, 그의 주장이 실현된 것은 인조가 그 주장을 받아들였기 때문이다. 만약 인조가 받아들이지 않았다면 조선은 청나라와 화친할 수 없었을 것이다. 그런데 조선은 청나라와 화친했기 때문에 유지될 수 있었고, 숙종이 왕으로 존재할 수 있다.

이 전제를 부정한다는 것은 숙종이 인조를 부정하고 또 병자호란 이후 유지되어 온 조선을 부정한다는 것으로, 자기 스스로가 자신의 나라와 현재의 자신을 부정한다는 것을 의미한다. 숙종으로서는 최석정의 논리를 받아들일 수밖에 없다. 발단에서 최석정이 권도를 강조한 것은 청나라와의 화친 행위가 옳았다는 것을 강변强辯한 것이 아니라 숙종이 보다 쉽게 자신의 논리를 받아들일 수 있게 하는 수단이었다.

본사의 두 번째 단락인 주장은 2가지로 나누어진다. 첫 번째는 최명길의 화의 주장이 경전에 바탕을 두고 있는, 의리에 합당한 것으로 사심 없이 국가를 위해 한 것이기 때문에 식견이 부족한 후생들이 감히 논할 것이 아니라는 것이다. 두 번째는 송무원의 주장이 무고이기 때문에 잘못된 것이지만 사실이 밝혀진다면 자신은 임금과 선조를 어지럽힌 도의적 책임을 지고 사직하겠다는 것이다.

주장에서 최석정은 자신이 원하는 것을 명확하게 밝혔다. 숙종에게 최명길을 비판한 인물들을 식견이 부족한 원칙주의자로 규정하고, 자신을 비난한 인물들을 재상을 무고한 죄인으로 규정해 달라고 한 것이다. 발단의 전제를 인정할 수밖에 없는 숙종으로서는 최석정의 주장을 받아들일 수밖에 없는데 여기에 더해 최석정은 사직이라는 카드까지 던졌다. 최석정의 이런 태도는 결코 자신의 뜻을 굽히거나 타협할 생각이 없다는 단호한 의지를 천명한 것이다.

주장을 뒷받침하는 논거는 모두 3개의 단락으로 나누어진다. 일반적으로 상소자는 상소의 논거 부분에서 다양한 예증을 들어 자신의 주장을 증명하는데, 이런 전개 방식은 최석정의 상소에서도 볼 수 있다. 최석정의 논거는 크게 두 가지에 기대고 있는데, 하나는 인조이고 다른 하나는 최명길이 인조에게 올린 봉서封書이다. 최석정이 인조에 기댄 것은 최명길의 행위가 인조에 의해 받아들여진 것이었음을 강조하여 최명길을 비난하거나 부정하는 것이 인조에 대한 비난과 부정으로 치환되도록 하려는 것이고, 최명길이 인조에게 올린 봉서에 기댄 것은 최명길의 언사言辭를 통해 최명길의 행위를 증명하려는 것이다.

논거의 첫 단락에서 최석정은 최명길이 화의를 주장했던 이유와 인조의 어짊을 강조했다. 최명길이 아무리 옳았다고 하더라도 인조가 없었다면 그의 행동이 실현되지 않았을 것이라는 말로, 뒤집어보면 결국 최명길의 행위는 인조에 의해 이루어진 것이라는 뜻이다. 다음 단락에서 최석정은 최명길의 봉서를 인용하여 최명길이 당대 화의를 주장했던 것은 공자가 칭찬했던 은나라 미자 계와 제나라 관중의 행위와 같은 것으로, 인조를 문왕과 같은 성군, 하나라 소강과 월나라 구천과 같은 임금으로 만들고자 하는 것이었다고 했다. 마지막 단락에서 최석정은 정도正道를 지켜야 한다고 주장했던 사람들보다 화의라는 권도를 주장한 최명길의 행위가 더 어렵고 힘든 것이었고, 그렇기 때문에 최명길의 행위는 아무나 할 수 없는 것이라고 했다.

본사의 마지막 단락인 강조는 숙종 당대의 상황과 병자호란 이후 최명길의 행적으로 이루어졌다. 강조에서 최석정이 숙종 당대의 상황을 먼저 언급한 것은 자신의 처지와 숙종의 상황을 동일화하는 동일화 전략으로 보인다. 비망기備忘記를 내려 최명길과 김육金堉을 인조의 묘정에 배향하고자 했지만 신하들의 반대로 무산되었던 숙종의 처지나 무고로 논란의 대상이 된 자신의 처지가 같다는 것이다. 최석정의 언급은 임금도 자신의 의지를 관철하지 못하는 상황에서 신하인 자신이 무고를 당하는 것은 이상할 것 없다는 것이다. 이는 자신과 숙종을 동일한 상황에 두어, 자신을 무고한 세력과 숙종의 뜻을 거역한 세력을 동일시하는 것이다. 숙종에게 자신을 비난하는 세력들이 바로 숙종을 거역하는 세력이라고 느끼도록 하여 숙종이 자신을 지키고 반대 세력을 배척하도록 자극한 논법이다.

병자호란 이후 최명길의 행적에 대한 언급은 대부분 청나라와의 불화를 최명길이 혼자 짊어지고 감당했음을 밝힌 것이다. 이를 통해 최명길이 화의를 주장했던 것이 자신의 사의私意나 당시의 논란을 비껴가기 위한 방편이 아니라 오로지 국가와 종묘, 임금에 대한 충정에서 나온 원대한 계책이었음을 강조했다. 또 청나라에서 당했던 고초를 언급하여 최명길의 지조와 의리, 충절을 밝혔다.

이 부분에서 최석정은 최명길의 시 2수[39]와 이경여李敬輿의 시 1수[40]를 인용하여 당시 최명길의 심정과 최명길을 바라보았던 동료의 시선을 밝히고, 다시 조익趙翼과 이경석李景奭의 제문, 김류金瑬와 홍서봉洪瑞鳳의 차자, 이시백李時白의 언급, 이민서李敏敍의 시장諡狀을 인용하여 당대 최명길에 대한 관료들의 시각을 설명하였다. 최석정이 최명길과 비슷한 시기 관직에 몸담았던 신하들의 언급을 인용한 것은 자신이 주장하고 있는 최명길에 대한 평가가 이미 최명길 당대부터 있어왔던 지극히 보편적이고 공적인 것이었음을 강조하는 것이다.

마지막 결사는 서두와 같이 자신이 상소를 올리게 된 이유를 반복하고 이어 임금의 마음을 번거롭게 한 죄는 만 번 죽어 마땅하니 간절하고 애통하며 황공하고 두려운 마음을 견딜 수 없다고 했다. 지금까지 살펴본 바에 따르면 최석정의 첫 번째 최명길 변무 상소는 철저하게 계산된 치밀한 논리 구조 아래 고도의 정치적 전략을 담고 있는 글로, 투식적 용어를 통한 상투적 표현보다 자신의 주장을 명확하게 밝히고 주장의 근거를 하나하나 제시하는 논리적 순차에 따른 나열식 서술 방법을 사용한 글이었음을 알 수 있다.

39 崔鳴吉, 「有感」, 『遲川先生集』 卷 1, "鼓角喧空海接天, 五千兵甲載樓船. 山城不死皆臣罪, 泣向春風拜杜鵑." / 崔鳴吉, 「懷仙詞寄鄭圃春」, 『遲川先生集』 卷 2, "雲海微茫落照間, 眼穿何處覓蓬山. 張騫槎路仍多阻, 徐市樓船久未還. 易被秋風欺白鬢, 難從仙竈借紅顏. 年來無限傷心事, 窮巷蒼苔獨掩關."

40 李敬輿, 「呈淸陰 · 遲川兩相公」, 『白江先生集』 卷 2, "二老經權各爲公, 擎天大節濟時功. 如今爛漫同歸地, 俱是南冠白首翁."

4. 최석정의 문장과 「인송무원소 변무사직 잉진선조사적소 因宋婺源疏 辨誣辭職 仍陳先祖事蹟疏」

상소의 본질적인 가치와 의의는 상소문 자체에서 드러나는 것이 아니다. 그것은 상소라는 글이 근본적으로 정치적 목적을 이루기 위한 수단이기 때문이다. 그런 점에서 가치 있는 상소는 상소의 이면에 담겨 있는 상소 작성의 진정한 목적을 문제없이 달성한 상소를 말한다. 그렇게 본다면 최석정의 상소는 분명히 성공한 상소, 가치 있는 상소라고 할 수 있다. 조부 최명길의 행위가 옳았음을 강변했던 자신의 주장에 대한 인정을 수차례에 걸친 숙종의 비답으로 분명하게 확인할 수 있었을 뿐만 아니라 자신도 영의정직을 유지할 수 있었기 때문이다. 최석정의 정치적 입지는 그의 상소로 인해 한층 굳건해졌다고 할 수 있다.

최석정은 숙종의 비답 이후에도 연이어 상소를 올렸는데, 그의 의도는 최초 상소를 올렸던 목적에서 더 나아가 조부에 대한 비판과 자신에 대한 비난을 근원적으로 막고, 자신과 당대 소론계열의 정치적 위상을 더욱 공고히 하고자 하는 것이었다고 보인다. 최명길의 변무를 위해 올린 네 번째 상소에서 최석정이 "소문으로 전해 들은 바에 따르면, 경연에서 좌의정 서종태徐宗泰와 우의정 김창집金昌集이 송무원의 일을 진달하면서 그를 풀어 주자는 말을 했다."[41]는 것을 문제 삼았다는 것에서도 최석정의 이러한 의도를 짐작할 수 있다.

---

41 崔錫鼎, 「因宋婺源疏, 辭職四疏」, 『明谷集』 卷 18, 「疏箚」, "且因風傳伏聞日者筵中, 左右相陳宋婺源事, 因有救解之言云."

최석정의 네 번째 상소에 대해 숙종은 상소에 해당할 만큼 많은 말을 비답批答으로 내려 최석정을 설득했는데, 숙종의 비답에 "이전 인조대왕께서 경의 조부 손을 잡고 눈물을 흘리면서 말씀하시기를 '경의 충성은 세상에 짝할 사람이 드물다. 한결같은 마음으로 공무를 봉행하여 시종일관 게을리 하지 않았다. 경과 같은 사람이 조정에 많으면 나라 일이 어찌 이 지경에 이르겠는가.'라고 하셨다."[42]는 말이 있는 것으로 보아 상소 속 최석정의 논리가 숙종에게 그대로 인정되었다고 보인다.

그렇다면 최석정의 「인송무원소 변무사직 잉진선조사적소」는 정치적인 면에서만 가치와 의미를 지니는가. 앞서 언급한 것처럼 이 상소가 무난하게 임금을 설득하여 상소의 서술 목적을 달성했다는 점에서 이 상소문은 기본적으로 의미를 지니지만, 이 상소문의 가치와 의미를 이렇게만 규정하기는 어렵다. 그것은 이 상소문이 최석정 문장의 정수를 오롯이 보여주기 때문이다.

「인송무원소 변무사직 잉진선조사적소」에 드러난 최석정의 문장관이나 창작 태도에 대해 명확하게 밝히기 위해서는 먼저 최석정의 문학관이나 문장관을 규정해야 하지만, 최석정 스스로 자신의 문학관에 대해 구체적으로 밝힌 글을 찾기는 힘들다. 그의 문학에 대해 평가한 글도 조태억趙泰億의 『명곡집明谷集』 서문과 최창대崔昌大의 「선고의정부영의정부군행장先考議政府領議政府君行狀」에 언급된 것이

42 崔錫鼎, 「因宋婺源疏, 辭職四疏」, 『明谷集』 卷 18, 「疏箚」, "而昔我聖祖嘗執先卿之手而泣謂曰 ; 卿之忠誠, 人所罕侶. 一心奉公, 終始不懈, 若使如卿者多在於朝, 則國事豈至於此耶."

거의 전부라고 할 수 있을 정도이다.

하지만 이 글을 통해서도 최석정의 문학 혹은 문장에 대한 인식을 추론할 수 있다는 점에서 이 장에서는 이 두 편의 글에 나타난 최석정의 문장관과 그의 「인송무원소 변무사직 잉진선조사적소」를 비교해 보도록 하겠다.

최석정의 문장에 대한 평가는 조태억과 최창대에 의해 이루어졌는데, 조태억의 평가는 앞에서 살펴본 "화평하고 전아하며 넓고 치밀하다. 소재의 선택이 경사經史를 넘나들어 글과 이치가 완전하고 수식과 실상이 부합하여 각 체體가 다 갖추어져 대가라고 할 만하다." 라는 것이 전부이다. 조태억이 최석정의 문인이었다는 점에서 그의 평가가 가지는 객관성이나 신뢰성을 확신하기는 쉽지 않지만, 그의 말을 인정한다면 최석정 문장의 특징은 "경전과 사서에 대한 폭넓은 독서를 바탕으로 평이하지만 우아한 표현 속에 치밀한 논리를 담는 것"이라고 할 수 있다.

최석정의 문장에 대한 최창대의 평가는 조태억의 논의에 비해 조금은 자세한 편이다. 최창대는 최석정이 12세 무렵 백가百家의 책을 두루 섭렵하여 문장의 뜻을 환히 알았고, 시문을 지을 때 붓을 대기만 하면 곧 한 편을 지어 한 시대의 신동으로 이름났다고 했다. 또 문장을 지을 때 오로지 육경을 근본으로 하고 백가를 두루 섭렵하였으며, 한유의 문장을 많이 읽어 문장은 기氣를 위주로 해야 하니 두루두루 넓고도 도리에 맞아 정성스럽고 참되며 뒤섞여 어지러움이 없어야 하고, 꾸미거나 많은 말을 하는 것을 뛰어난 것이 아니라고 여겼으며, 사람들은 최석정의 글이 경학에서 나왔기 때문에 따라잡기 어렵다고 여겼음을[43] 알 수 있다.

그런데 최창대의 평가 역시 그의 부친에 대한 것이라는 점에서 이 평가의 객관성이나 신뢰성을 보장하기 어렵다. 그러나 조태억과 최창대의 평가를 비교해 보면 두 사람의 평가에서 공통되는 부분이 적지 않다는 것을 알 수 있다. 최석정의 문장에 대한 두 사람의 평가 중 공통된 것만 모아보면 최석정의 문장이 경전에 대한 폭넓은 독서를 바탕으로, 평이하지만 우아한 표현을 추구했다는 것이다. 여기에 최창대의 평가를 더하면 최석정이 추구했던 평이하지만 우아한 표현이란 수사적 기교보다 글을 쓰는 이의 기질과 문장 속에 담겨 있는 논리를 중시하는 표현이었다고 유추할 수 있다.

이런 최석정의 문장은 그의 스승 남구만의 문장관과 맥을 잇는 것이다. 이 특성을 바탕으로 그의 「인송무원소 변무사직 잉진선조사적소」를 살펴보면 이 글에서 그의 문장관과 일치하는 다양한 요소들을 확인할 수 있다. 우선 확인할 수 있는 것이 투식어의 생략과 평이한 문체이다. 앞서 살펴보았듯이 그의 상소는 투식어를 상당히 생략하고 시작될 뿐만 아니라 글 전체에서 벽자僻字나 험벽한 고사의 사용을 피하고 있다. 순탄하고 무리 없는 표현과 문자를 사용하여 자신의 의견을 조목조목 진술하는 문장 서술 기법은 그의 문장에 대한 평가의 첫 번째에서 거론된 평이하고 우아한 문체와 부합한다. 또 이런 서술 방법은 그가 수사적 기교보다 글을 쓰는 이의 기질을 중시했다고 보았던 그의 문장에 대한 평가의 두 번째 항목과도 일치한다.

43 崔昌大, 「先考議政府領議政府君行狀」, 『昆侖集』 卷 19, “十二歲, …… 綜覽百家, 文義沛然, 爲詩文, 下筆成章, 一時籍籍稱神童. …… 爲文章, 專以六經爲本, 貫穿百家. 中年多讀昌黎文, 嘗曰 ; 文主於氣, 貴能渾厚典實而無冗雜. 勿以刻雕爲工, 勿以叫譟爲豪, 思過半矣. 譚者謂公文得於經學, 爲難及.”

이와 같은 표현 방법과 함께 「인송무원소 변무사직 잉진선조사적소」에서 최석정은 자신의 서술 목적을 달성하기 위해 논리 중심의 전략적인 글쓰기 방법을 구사하고 있다. 최석정은 상소의 시작부터 끝까지 상소의 독자인 숙종이 자신의 논지를 인정할 수밖에 없도록 하는 다양한 서술 방법을 구사하였는데, 인조와 최명길, 숙종과 자신을 동일화하고, 최명길의 앞에 인조를 두어 최명길에 대한 비판이 곧 인조에 대한 비판이 되도록 서술하였다.

다음으로 들 수 있는 것이 인용된 논거이다. 최석정은 『춘추』와 『예기』를 인용하고, 은나라 미자 계와 제나라 관중, 공자와 문왕, 하나라 소강과 월나라 구천을 인용하여 자신의 논지를 강조했다. 인조와 최명길을 이들에 비유하여 그들의 행동에 대한 정당성을 확보하고 가치를 부여했다. 최석정의 상소 속 인용 대상이나 서목은 경전과 사서, 또 그 속에 등장하는 인물로 한정되지만, 최석정은 이런 유가적 도덕관념에 부합하는 한정된 대상을 상소의 적재적소에 배치하여 자신의 논지를 강화하였다.

최석정의 상소가 철저하게 원론에 입각해 있다는 점도 주목해 보아야 할 부분이다. 특히 상소 속 그의 주장은 유가의 도덕적 명분론이나 의리론을 넘어서 국가와 종묘사직, 임금과 백성이라는 국가와 정치의 근원에 관한 것이라는 점에서 누구도 부정할 수 없는 것이었다고 할 수 있다.

마지막으로 생각할 수 있는 것은 강조 부분의 예시에 나타난 인용의 구체성이다. 최석정의 상소에는 다양한 내용들이 인용되어 있지만, 강조 부분 인용들의 경우 모두 구체성을 지니고 있다. 숙종에게 올린 상소에 숙종의 사례를 거론한 것이나 최명길의 시와 최명길 당대 관료들의 시문을 예시로 인용한 것은 그의 인용에 구체성을 부여하여 독자인 숙종이 상소의 내용을 명확하게 인지할 수 있도록 하는 것이다.

이렇게 보면 최석정의 최명길 변무 첫 번째 상소인 「인송무원소변무사직 잉진선조사적소」는 최석정 문장관의 구체적 실현체라는 점에서 의미를 지닌다. 이 상소는 숙종에게 인정받아 당대의 정치적 논란을 마무리하고 최석정이 영의정직을 유지할 수 있게 하였다는 점에서 기본적인 의미를 지니지만, 이를 넘어서 최석정의 문장에 대한 당대의 평가 이유를 확인할 수 있는 최석정 문장관의 실질적이고 구체적인 구현체이면서, 당대 인정되었던 유용한 글쓰기 양식의 한 전범을 보여주는 예시가 된다는 점에서 또 다른 분명한 의미를 지닌다.

5. 결론

아직까지 최석정에 대한 문학적 접근은 소략하기만 하다. 이런 현상이 그가 누렸던 정치적 위상 때문인지 아니면 다른 이유 때문인지는 분명하지 않지만, 그의 생애에서 문학은 배제될 수 없는 필수 요소였고, 그의 삶은 문학과 함께 움직였다고 보인다.

최석정의 문집 34권 15책 속에 수록되어 있는 958수의 시, 4편의 부와 38편의 서인序引, 10편의 기와 변려문, 45편의 제문, 6편의 잠과 16편의 명, 6편의 찬과 16편의 잡저, 49편의 제발題跋과 24편의 서독書牘, 117편의 소차와 6편의 수의收儀, 14편의 비명과 34편의 묘갈명,

37편의 묘지 및 묘지명과 25편의 묘표 및 묘표음기, 3편의 행장과 13편의 시장諡狀을 볼 때 최석정의 삶에서 문학을 배제한다는 것은 불가능한 일이다. 특히 그의 문집 속에 수록된 글이 그의 평생 저작 전부가 아니라는 점을 생각해본다면 그에게 문학이란 그림자 이상의 것이었다고 할 수 있다.

최석정은 일찍부터 문한文翰으로 명성을 떨쳤고, 이 글에서 다룬 소차와 같은 공거문公車文에 뛰어났지만, 그는 순문학적인 시문보다는 전장 제도의 정리와 같은 학술적인 부분에서 더 많은 저술을 남겼다. 최창대의 기록과 같이 최석정은 조선의 법전과 수교受敎 등을 총 정리하여 『전록통고典錄通考』를 편찬했고, 『여지승람』과 『속동문선』을 증보하여 재편하였으며, 민간의 야승野乘과 설화를 모아 정사正史의 참고로 삼으려고 했던 『문선사보文選史補』를 간행하려고 했다. 이 외에도 『연안지延安志』, 『천동상위고天東象緯考』, 『경세정운서설經世正韻序說』, 『운회전요韻會箋要』, 『육서보六書譜』, 『구수략九數略』을 지었다.

그러나 이 글에서 살펴본 상소문과 같이 그의 글은 문학적으로도 충분한 가치와 의미를 지니고 있다. 특히 그의 「인송무원소 변무사직 잉진선조사적소」는 투식어의 생략과 평이한 문체의 사용, 순탄하고 무리 없는 표현과 문자를 이용한 구체적인 의견 진술, 논리 중심의 전략적인 글쓰기 방법 구사, 규범적 논거의 인용, 원론에 뿌리내린 주장, 인용의 구체성을 통해 당대 유용한 글쓰기의 한 전형을 보여주었다.

경전에 대한 폭넓은 독서를 바탕으로, 글을 쓰는 이의 기질과 문장 속에 담겨 있는 논리를 중시하는 평이하지만 우아한 표현을 추구한 최석정의 문장관은 그가 당대 정치적으로 또 문학적으로 유의미한 글을 창작할 수 있게 한 중요한 기준이 되었던 것이다.

「인송무원소 변무사직 잉진선조사적소」는 독자인 숙종에게 인정받아 당대의 정치적 논란을 마무리하고 최석정이 영의정직을 유지할 수 있게 하였다는 점에서 기본적인 의미를 지니지만, 이와 함께 최석정의 문장에 대한 당대의 평가 이유를 확인하고 그의 문학적 역량을 규명할 수 있는 최석정 문장의 실질적이고 구체적인 구현체이면서, 당대 인정되었던 유용한 글쓰기 양식의 한 전범을 보여주는 예시가 된다는 점에서 또 다른 분명한 의미를 지닌다. 이 글이 최석정에 대한 문학적 접근을 촉진하는 하나의 계기가 되기를 기대해본다.

Ⅲ. 명곡 최석정의 기문

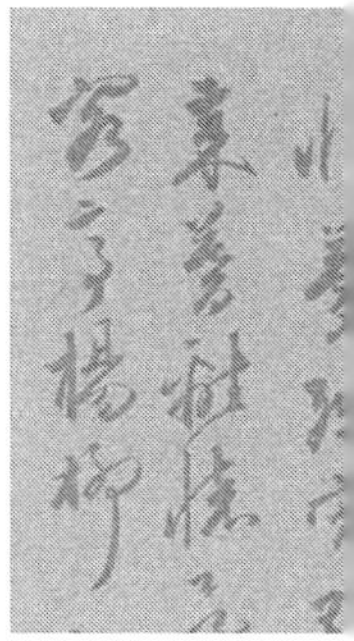

권진옥

1. 머리말

본 논문은 조선 중후기의 대표적인 소론少論 계열 인물인 명곡明谷 최석정崔錫鼎(1646~1715)을 대상으로, 그가 남긴 산문 가운데 기문記文을 고찰하고자 한다.

우선 그의 문학에 대한 평가들을 꼽아보겠다.

> 崔錫鼎은 성품이 편협하고 공교하며 경솔하고 천박하였으나, 젊어서부터 文名이 있어 여러 서책을 널리 섭렵하였다. 스스로 經術에 가장 조예가 깊다고 하면서 朱子가 편한 經書를 취하여 變亂시켜 삭제하였으니, 이 때문에 더욱 士論에 죄를 짓게 되었다.[44]

44 『肅宗實錄』, 숙종 41년 11월 11일, "錫鼎性傾巧佻淺, 少有文名, 淹博群書. 自謂最深於經術, 取朱子所編經書, 變亂而抵裂之, 以此尤得罪於士論."

> 어려서 南九萬과 朴世采를 따라 배웠는데, 이치를 분별하여 깨달아 12세에 이미 『周易』에 통달하여 손으로 그려서 도면을 만드니, 세상에서 신동이라 일컬었다. 九經과 百家를 모두 섭렵하여 마치 자기 말을 외듯이 하였는데, 이미 지위가 고귀해지고 늙었으나 오히려 송독을 그치지 않으니, 경술·문장·언론·풍유가 한 시대 명류의 종주가 되었다. 算數와 字學에 이르러서는 은미한 것까지 모두 별다른 수고 없이 신묘하게 해득하여 자못 경륜가로서 스스로 기약하였다.[45]

전자는 노론의 시각이 반영된 최석정의 졸기이고, 후자는 소론의 시각이 반영된 졸기이므로 각각의 상황논리를 감안하고 이해할 부분이다. 다만 전자와 후자 공히 최석정의 문재文才만큼은 인정하고 있음을 확인할 수 있다. 다음으로 위의 실록實錄과 같은 공적 문헌의 평가 외에 사적 문헌에서는 그의 문학에 대해 어떠한 평가를 내리고 있는지 살펴보자. 물론 이들 문헌 또한 엄밀히 말하면 최석정과 직간접적으로 관련된 주변 인물들의 자료라 할 수 있다. 아래의 첫 번째 인용문은 최창대가 부친을 위해 쓴 행장行狀 가운데 문학과 관련된 내용만을 발췌한 것이고, 두 번째 인용문은 최석정의 제자인 조태억이 쓴 「명곡집서明谷集序」의 일부분이다.

> 문장은 오로지 六經을 근본으로 삼고 百家를 두루 통달하였는데,

45 『肅宗實錄補闕正誤』, 숙종 41년 11월 11일, "幼從南九萬朴世采學, 刃解氷釋, 十二已通易, 手畫爲圖, 世稱神童. 九經百家, 靡不通涉, 如誦己言, 旣貴且老, 猶誦讀不輟, 經術文章言論風猷, 爲一代名流之宗. 以至算數字學, 隱曲微密, 皆不勞而得妙解, 頗以經綸自期."

중년에는 昌黎(韓愈)의 문장을 많이 읽었다. 일찍이 다음과 같이 말했다. "문장은 氣를 위주로 해야 하니, 渾厚하고 典實하여 군더더기가 없는 것을 귀하게 여긴다. 조탁하여 꾸미는 것을 훌륭하다고 여기지 않고 시끄럽게 떠들어대는 것을 호방하다고 여기지 않는다면 이미 절반은 깨달은 것이다." 담론하는 자들이 이르기를 "공의 문장은 經學에서 터득하여 남들이 미칠 수 없는 경지이다."라고 하였다. 시는 새롭거나 공교한 데 힘쓰지 않고 또한 平實하고 典厚하게 지었으며 氣가 쇠약해지지 않는 것을 위주로 하였다. 매번 谿谷(張維)의 말을 언급하며 말하기를 "辭는 詩體를 충족시키고 氣는 뜻을 잘 전달해야 한다. 이처럼만 된다면 비록 옛사람에게 미치지 못하더라도 말세의 수척하고 궁벽한 병통은 면할 수 있다."라고 하였다. 吳道一은 시로 명성이 있었는데 공과 수창한 시가 많다. 한번은 공의 아우 判書公(崔錫恒)에게 말하기를 "汝和의 시는 동시대 여러 공들이 미치지 못할 뿐만 아니라 이전의 거공들이 공과 겨루더라도 공을 이길 자는 적을 것이다."라고 하였으니 心腹한 말이라 하겠다.[46]

文詞로 드러낸 것들은 모두 화평하고 전아하며 넓고 치밀하다. 소재를 고르고 고사를 운용한 것은 經史를 넘나들어 辭理가 모두 지극하고 華實이 부합하여 각 體가 모두 다 갖추어져 우뚝 대가라 할 만하다. 선생과 같은 경우는 참으로 經世의 문장이라 이를 만하

46 崔昌大, 「先考議政府領議政府君行狀」, 『昆侖集』 권19, "爲文章專以六經爲本, 貫穿百家, 中年多讀昌黎文. 嘗曰, 文主於氣, 貴能渾厚典實而無冗雜, 勿以刻雕爲工, 勿以叫譟爲豪, 思過半矣. 譚者謂公文得於經學, 爲難及. 爲詩不務新巧, 而亦以平實典厚, 氣不衰餒爲主. 每擧谿谷之言曰, 辭足充體, 氣能暢意, 能是則雖不及古人, 庶乎免末世寒瘦仄僻之病. 吳公道一號能詩, 多與公酬倡, 嘗語公弟判書公曰, 汝和之詩, 不特同時諸公所不及, 雖與前輩鉅公並驅, 尠有能爭霸者, 蓋心服之言也."

> 니 『周易』「大傳」에서 이른바 "크게 소유하는 것을 일러 大業이라고 한다."라는 것에 가깝다. 藥泉 南相公(南九萬)이 일찍이 말하기를 "崔相이 六經을 종합하고 百家를 섭렵한 점은 옛날의 通儒라도 이보다 나을 수 없다. 그 가운데 奏議와 疏箚는 陸宣公(陸贄)에 비견할 만하다."라고 하였다. 西坡 吳道一은 함께 수창할 적마다 감탄하며 말하기를 "崔公의 시는 편폭이 계속 이어져 끊임없이 나오니 마치 천군만마가 깃발을 날리고 북을 치면서 전장을 뒤덮는 것처럼 그 기세를 감당할 수 없을 정도이다."라고 하였다. 선생을 잘 알고 있는 스승과 벗이 이처럼 인정하였으니, 이것이 藝苑의 定論이 되었다.[47]

두 가지 평가에 기초하면, 최석정의 시는 기세氣勢가 우뚝하여 동시대 시인들이 미치지 못하는 수준이었으며, 그의 문장은 경학經學에 기초한 경세지문經世之文이라는 것을 확인할 수 있다. 이렇듯 공적으로나 사적으로나 최석정의 문학에 대한 평가는 일정 수준을 넘었다고 할 수 있고, 그렇기 때문에 그의 문학에 대한 연구도 유의미하다. 다만 본 논문에서는 한시가 아니라 산문을 대상으로 하되, 산문 가운데 기문을 구체적으로 다루고자 한다. 일반적으로 기문은 건물에 대한 기문과 산수에 대한 기문으로 나뉜다. 건물과 산수를 대

47 趙泰億, 「明谷集序」, 『明谷集』, "發而爲文詞, 皆和平而典麗, 弘贍而縝密. 取材使事, 出入經史, 辭理俱到, 華實相副, 各體咸備, 蔚爲大家. 若先生眞可謂經世之文章, 而易大傳所謂富有之謂大業者, 近之矣. 藥泉南相公嘗曰, 崔相之錯綜六經, 淹該百家, 雖古之通儒, 亦無以過之. 其奏箚剴切, 可方陸宣公. 西坡吳公道一每與之酬唱, 輒歎曰, 崔公之詩, 連篇累紙, 愈出愈不窮, 如千兵萬馬, 旗鼓蔽野, 其氣勢不可當. 夫以師友之所深知, 其所推許如此, 此爲藝苑定論."

상으로 한 기문은 문체상 기사記事, 사경寫境, 의론議論 세 가지 요소가 착종되어 있는 것이 특징인데, 이를 통해 다채로운 문학 양상을 살펴볼 수 있다. 이러한 요인으로 기문이라는 문체는 이른바 고문古文의 전형성을 보여주는 대표적 장르 가운데 하나이기도 하다. 또한 주제 선정의 폭이 넓고 형식적 제약이 적기 때문에 작가의 특징이 비교적 잘 드러나며, 또한 청탁자에 따라 글쓰기 방식이나 구성이 달라지기 때문에 청탁한 사람의 의도를 반영하는 태도, 청탁자의 신분과 처지에 따른 서술 방식의 차이, 건물의 명칭을 파제破題하는 방법 등을 통해 작자의 창작 방식이나 사유와 감정이 안팎으로 드러난다. 이러한 기문의 여러 속성들을 염두에 두면서, 아래에서는 최석정이 남긴 기문을 고찰하고자 한다.

2. 『명곡집明谷集』 소재 기문 개관

이 장에서는 『명곡집』 소재 기문을 개관하고자 한다.

최석정의 시문집인 『명곡집』은 총 34권 15책으로 구성되어 있는데, 서인序引, 제발題跋, 기記, 제문祭文, 잠명箴銘, 잡저雜著, 서독書牘, 소차疏箚, 묘도문자墓道文字 등의 장르를 망라하고 있으며, 소차 같은 경우는 100여 편에 이른다. 이들 산문 가운데 기문은 총 10편으로, 모두 건물기建物記에 해당한다.

권차	작품명	성격 및 소재지	창작시기	비고
卷 9	齊政閣記【奉敎撰進賜豹皮】	璿璣玉衡을 설치한 궁궐 안의 건물	1688년(숙종14)	숙종의 하교를 받아 지은 글
〃	坡州豐樂軒記	坡州 소재 관사	1689년(숙종15)	파주 목사 朴泰輔의 청탁으로 지은 글
〃	字民樓記	榮川 소재 누각	1689년(숙종15)	영천 군수 申應澄의 청탁으로 지은 글
〃	集慶堂記	慶熙宮 안의 寢殿	1699년(숙종25)	천연두를 앓은 경종이 병환이 그치자, 이를 축하하기 위해 숙종의 명으로 지은 글
〃	二老堂記	衿川 紫霞洞 소재 申汝晳 형제의 집	1704년(숙종30)	申汝晳의 손자 申弼賀의 청탁으로 지은 글
〃	此君亭記	和順 소재 누정	1703년(숙종29)	화순 현감 洪禹翊의 청탁으로 지은 글
〃	醉水亭記	扶餘 소재 趙始鼎의 별장	미상	趙始鼎의 청탁으로 지은 글
〃	慶州羅王殿重修記	慶州 소재 신라 시조를 모신 사당	1704년(숙종30)	경주 부윤 呂必容의 청탁으로 지은 글
〃	臨沼亭記	堤川 소재 義林池 안의 누정	1712년(숙종38)	제천 현감 李眞儒의 청탁으로 지은 글
〃	邇齋記	羅良佐의 서재	미상	羅良佐의 청탁으로 지은 글

창작시기는 대부분 만년이고, 주로 제3자의 청탁에 의해 공적 건물과 사적 건물에 부친 기문이다. 선기옥형璿璣玉衡을 설치한 제정각에 부친 「제정각기齊政閣記」, 이상적인 관리의 궁극적인 목표는 '여민동락與民同樂)'임을 논설한 「파주풍락헌기坡州豐樂軒記」, 관리와 누정의 관계를 설명한 「자민루기字民樓記」, 경종景宗의 완쾌를 축하하기 위해 지은 「집경당기集慶堂記」, 대나무의 청허한 성질에 빗대어 이상적인 관리상을 제시한 「차군정기此君亭記」, 신라 시조를 모시는 사당인 경주 나왕전羅王殿을 중수한 것을 기념한 「경주나왕전중수기慶州羅王殿重修記」, 노년에 산수를 즐기며 사는 즐거움을 묘사한 「이

로당기二老堂記」, 술에 취한 즐거움과 물에 취한 즐거움을 비교대조하여 논설한 「취수정기醉水亭記」, 제천堤川 의림지義林池에 지은 누정에 부친 「임소정기臨沼亭記」, 나양좌羅良佐를 위해 『주역周易』의 둔괘屯卦의 의미와 변방으로 유배 가는 그를 권계하는 「둔재기遯齋記」가 있다.

이상의 기문은 대부분 사경寫境보다는 기사記事와 의론議論에 중심을 두고 있다. 이는 청탁자의 의도와 목적에 따른 결과이기도 하다. 공적 건물에 부친 기문은 권계하는 내용의 기사형記事型이 많으며, 사적 건물에 부친 기문은 청탁자와 작자의 철리哲理를 교섭하여 주제의식을 드러내는 의론형議論型이 많다.

3. 최석정의 기문 분석

1) 참신한 비유를 통한 이상적인 목민관 제시

최석정의 기문은 지방의 수령으로부터 청탁을 받아 지은 글이 많은데, 예컨대 화순和順의 「차군정기此君亭記」, 파주坡州의 「풍락헌기豐樂軒記」, 영천榮川의 「자민루기字民樓記」, 제천堤川의 「임소정기臨沼亭記」, 경주慶州의 「경주나왕전중수기慶州羅王殿重修記」 등을 꼽을 수 있다. 이들 기문은 지방의 목민관으로부터 청탁을 받아 공적 건물에 부친 글이기 때문에 그 주제의식은 그곳 백성과 여민동락與民同樂하는 선정善政에 기초하고 있다. 그러나 이처럼 전형적인 주제의식을 보이는 기문 가운데는 입론과 비유가 전형적이지 않고 참신한 경우가 많다. 주제의 전형성을 참신한 입론과 비유로서 그 전형성을 탈각하여 높은 문학성을 고구한 것이라 할 수 있다. 그 대표적인 작품으로 「차군정기」를 살펴보겠다. 화순 현감 홍우익洪禹翊이 이전에 홍명하洪命夏가 조성했던 차군정此君亭을 보수한 다음, 그 기문을 최석정에게 청탁하였다.

> 내가 생각건대 사랑할 만한 식물은 많은데 옛날 사람 대다수가 대나무를 칭송한 것은 무슨 까닭인가? 아마도 재질이 세상의 쓰임에 알맞아서 그 덕이 군자와 비견되어서가 아니겠는가. 「夏書」에서 荊州와 揚州의 공물에서는 篠·簜·箘簵를 두루 언급하였고, 『周禮·職方氏』에서 "揚州 동남쪽의 아름다운 것으로는 會稽山의 竹箭이 있다고 하였으며, 『漢書·律曆志』에서 解谷에서 나는 대나무가 伶倫의 음률에 적합하다고 하였다. 그렇다면 재질이 좋은 대나무가 세상의 쓰임에 알맞은 지는 오래되었다. 「衛風·淇澳」 시와 같은 경우는 대나무의 아름다움을 취해서 홍취를 부쳤으니 더욱 더 詠歎하고 淫泆하여 여운이 있다. 白香山(白居易)은 「養竹記」에서 대나무를 찬미하기를 "대나무가 현자와 비슷한 것은 뿌리가 견고하고 성질이 곧으며 속이 텅 비어 있고 마디가 곧기 때문이다."라고 하였으니, 그가 대나무의 덕을 논한 것이 상세하다. 그러나 세상 사람이 대나무를 만나면 누군들 그 아름다움을 칭찬하고 완상하지 않겠는가마는 대나무의 덕을 숭상하면서 진정 사랑할 줄 아는 사람은 또한 드물다.
>
> (중략)
>
> 백거이의 「양죽기」에서 대나무를 찬미한 것을 통해 수령을 격려하고자 한다. 수령이 대나무의 견고한 뿌리를 취하여 근면하게 정사에 임하고, 대나무의 곧은 품성을 취하여 곧은 도로써 상관을 섬기고, 공정하게 소송을 들을 때는 대나무의 텅 빈 속을 본받고, 깨끗하게 자신을 단속할 때는 대나무의 곧은 마디를 본받게 하고자 한다.

이와 같이 한다면 네 가지 미덕을 겸하고 이것을 타인에게 넓히면 화순의 백성이 德政을 노래하는 것도 바로 여기에 있다. 또 논하자면 군자의 성대한 덕이 굳세고 치밀하고 빛나고 점잖은 미덕을 보려고 한다면 반드시 절차탁마의 공부를 바탕으로 해서 빛나는 학문을 이루어야 아름답고 성대한 군자의 덕에 필적할 수 있으니, 이것이 내가 수령을 위해 권면하는 것이다. 아, 대나무를 此君이라고 부른 것은 王子猷(王徽之)에서 시작되어 천하의 모든 사람이 따랐는데 君이라 칭한 것은 사랑하고 존중한다는 말이다. 王子猷는 마음이 높고 넓으며 호탕한 기풍을 가진 사람이므로 참으로 존경할 만하다. 그러나 淸虛를 숭상하고 세상일을 버려서 晉나라 사람의 習氣를 면하지 못하였다. 만약 사물을 감상하는 데 마음을 두는 것으로 그친다면 崔斯立의 廳松이나 何遜의 閣梅와 마찬가지로 똑같이 일을 팽개치고 음풍농월하게 될 것이니 이것은 내가 수령에게 바라는 것이 아니다. 내가 白樂天의 「양죽기」를 보니 그는 지난날의 재상이 손수 심은 것이라고 여겨 아끼면서 흙을 북돋아 자라게 해 주었다. 지금 子益은 바로 沂相(洪命夏)의 종증손이며 선후로 이 고을에 부임하였으니, 사물을 만나 감회를 일으키는 간절함이 白樂天과는 또 현격한 차이가 있다.[48]

48 崔錫鼎, 「此君亭記」, 『明谷集』 권9, "余惟植物之可愛者多, 而古人多稱竹何哉? 豈不以材資中於世用, 而其德比於君子矣乎? 夏書荊揚之貢, 歷言篠簜箘簬, 周禮職方稱東南之美者, 有會稽之竹箭, 而漢志云竹之解谷生, 合伶倫之律呂, 然則材美之中於用尙矣. 至於衛風淇澳之詩, 則其取美而託興, 尤足以詠歎淫泆而有餘味. 白香山贊夫竹之似賢, 本固而性直, 心空而節貞, 其於論竹之德備矣. 然世之人遇竹, 孰不稱美而賞翫, 其能尙德而眞解愛者, 蓋亦鮮矣. (中略) 請以白記之所贊勖夫侯, 使侯取其本固, 以勤勵臨政事, 取其性直, 以直道事官長, 聽訟之公也, 象其虛心, 律己之淸也, 象其苦節. 夫如是則四美兼備, 推以及人, 和之民謳謠德政, 其在斯矣. 抑又論之, 君子盛德, 欲觀僩瑟赫咺之

홍우익이 보수한 차군정은 수려한 산수를 관망하는 장소가 아니라 그곳의 민정民政을 듣는 곳[聽民之所]으로 기능하였다. 애초에 이 건물을 조성하고 대나무를 뜻하는 '차군此君'이라고 이름을 지은 이는 홍명하였는데, 대나무의 덕으로써 백성을 다스리겠다는 뜻이 담겨있다고 하겠다. 홍명하의 종증손인 홍우익이 마침 같은 고을의 수령으로 오면서 선조의 뜻을 계승하는 차원에서 차군정을 보수하고 기문을 청탁한 것이라 할 수 있는데, 최석정은 이러한 청탁자의 의도를 염두에 두고 글을 지었다. 이 건물이 목민관의 치소인 만큼 대나무를 어떻게 이상적인 목민관에 비유하여 주제의식을 드러내느냐가 기문의 관건이 된다. 최석정은 대나무를 재용財用과 덕성德性의 측면에서 논하고 있다. 『서경書經』, 『주례周禮』, 『한서漢書』에서 인용한 내용이 전자의 경우라면 『시경詩經』, 백거이白居易의 「양죽기養竹記」에서 인용한 내용이 후자의 경우에 해당한다. 우선 재용의 측면에서 대나무를 비유한 것은 홍우익의 역량과 재능을 칭송하기 위한 것이었다. 옛날부터 대나무는 귀중한 공물이면서 대표적인 관상식물이었다. 또한 악기의 재료로도 사용되었다. 이처럼 대나무는 세상 사람들 누구나 아끼고 보배롭게 여기는 사물이었는데, 이와 같은 대나무의 쓰임을 홍자익에게 비유하였다. "자익子益은 젊어서부터 뛰어난

懿, 必資切磋磨琢之功, 能成有斐之文, 可配猗猗之盛, 此余之所以爲侯勉也. 噫! 稱竹爲此君, 自王子猷始, 天下之人從, 而稱之曰君, 愛而重之之詞也. 子猷高曠疏宕之風, 誠可尙矣, 然尙淸虛而遺世務, 不免爲晉人習氣. 夫苟留意於玩物而已, 則是將與崔斯立之廳松何遜之閣梅, 同爲吟弄廢事之歸, 此非余之所望於侯者也. 余觀樂天之記, 爲其故相手種, 至於愛惜而封植之. 今子益之於沂相, 實爲從曾孫, 先後莅任於玆, 是其遇物興感之切, 與樂天又相萬矣."

재주를 가져서 무슨 일을 해도 마땅하였고 쓰임에 알맞은 화살과 붓에 견주기에 충분하였다.[子益少負英秀之才, 可謂無施不宜, 足比於箭管之中用]"는 언급은 바로 문무文武를 막론하고 적재적소에서 역량과 재능을 발휘하는 홍우익의 면모를 칭송한 것이다. 다음으로 덕성의 측면에서 대나무를 비유한 것은 화순 현감으로서 이상적인 선정을 베풀기를 당부하기 위한 것이었다. 특히 백거이가 「양죽기」에서 대나무를 찬미한 내용을 중요한 준거로 삼고 있는데, 이상적인 목민관이란 견고한 대나무의 뿌리와 같이 부지런히 정사를 처리하고, 대나무의 곧은 품성을 본받아서 직언으로 윗사람을 섬기며, 송사를 처결할 때는 대나무의 속이 텅 비어있는 것과 같이 공정하고, 자기 자신을 깨끗하게 단속하기를 대나무의 마디가 곧은 것과 같아야 한다. 이와 같이 최석정은 대나무의 덕성에 기초한 이상적인 목민관의 자세를 제시한 다음, 끝에서는 '차군'의 의미를 환기시켜 재차 당부하고 있다. 주지하다시피 대나무의 명칭이 '차군'으로 불리게 된 것은 왕휘지王徽之에서 시작되었다. 그러나 왕휘지가 대나무를 대하는 태도는 완물상지玩物喪志에 그쳤고, 이러한 사례는 최립지崔立之가 관사 맞은편에 소나무를 심고 날마다 그 아래에서 시를 읊조린 사실, 하손何遜이 동각東閣에 핀 매화를 맴돌면서 시를 읊조린 사실에서도 보인다. 최석정은 홍우익으로 하여금 이들처럼 사물을 감상하는 데 그쳐 정사를 팽개치고 음풍농월하지 않도록 경계한 것이다. 이렇듯 대나무를 그 덕성보다는 완물의 대상으로만 여기는 태도를 경계한 것은 차군정을 중수한 뒤에 지은 윤광소尹光紹(1708~1786)의 기문에서도 보인다.

> 대나무는 식물 가운데 맑고 곧으며 통창하여 최고로 군자의 지조를 지니고 있는데, 다만 사람을 제대로 못 만났다. 西晉시대에는 죽림칠현의 술꾼을 만났고, 東晉시대에는 또 王子猷를 만나 가볍게 여겨지고 완물의 대상으로 전락하여 此君이라 명명되었다. 이때부터 죽림에 집을 짓게 되면 왕왕 此君이라 이름을 지으니, 대나무가 연꽃을 사랑한 濂翁(周敦頤) 같은 이를 만나지 못한 것이 안타깝다.[49]

윤광소 또한 최석정과 마찬가지로 '차군'이 표상하는 왕휘지의 완물상지의 태도를 경계하고 있다. 다만 윤광소의 기문은 연꽃을 사랑한 주돈이周敦頤와 대나무를 사랑한 왕휘지를 대비하여 완물하는 올바른 태도를 제시한 것에 그쳤다면, 최석정은 대나무의 재용과 덕성, 차군의 경계를 두루 입론하고 비유하여 이상적인 목민관을 제시하는 데까지 나아갔다는 차이를 보인다. 이와 관련하여 목민관으로서의 완물이 일방적인 경계의 대상으로만 여기지 않았다는 점을 아래 「자민루기字民樓記」에서 확인할 수 있다. 이 기문은 영천榮川 군수 신응징申應澄의 청탁으로 영천 소재 자민루字民樓에 부친 글이다.

앞서의 「차군정기」 말미에서 완물상지의 경계를 당부했다면, 이 기문에서는 외려 완물의 효용성을 인정하고 있다. 최석정은 관리로서의 소명인 "자신을 단속하고 백성에게 은혜를 베풀기[約己惠民]" 위해서라도 외려 사적 공간으로서의 누정이 필요함을 피력하였다.[50]

---

49 尹光紹, 「此君亭重修記」, 『素谷遺稿』, "竹於植物中, 淸直貞通, 最有君子之操, 而特不遇於人, 西晉時, 遇酒徒七人, 其在東晉, 又遇王子猷, 褻而翫之, 命之以此君. 自是凡棟宇於竹林者, 往往取而名之, 惜乎不遇如濂翁者."

50 崔錫鼎, 「字民樓記」, 『明谷集』 권9, "或曰, '吏道, 以約己惠民爲本, 樓觀外物也, 於吏道何補焉?' 應之曰, '不然. 夫爲吏者, 朝而視事, 朱墨眩眼, 牒訴盈耳,

이를 논쟁적인 문답법을 활용하여 누정과 이상적인 관리의 관계에 대한 의론을 전개하였다. 이러한 서술방식은 조선중기 이후 누정기의 특징이기도 하다.[51] 누군가가 "누정은 외물外物이니 좋은 정사를 펴는 것과 관계가 없는 것이 아니냐?"고 묻자, 이에 대한 대답으로 누정이 정사에 보탬이 되는 바에 대해 설명하고 있다. 최석정의 논리에 따르면, 관리는 항상 격무에 시달리는 직책이기 때문에 스트레스를 많이 받는다. 그래서 높고 시원스레 탁 트인 곳에서 마음에 쌓인 것을 모두 풀어야 사심 없이 공평한 정사를 할 수 있다는 것이다. 그 사례로 공자孔子의 제자 복자천宓子賤과 정鄭나라 대부 비심裨諶의 일화를 증거로 제시하였다. 복자천은 어질고 덕이 있어 군자다운 사람이라고 공자에게 인정받았던 인물이다. 그가 선보單父라는 고을을 다스릴 때, 항상 거문고만 타고 당堂 아래로 내려가지 않았는데도 고을이 잘 다스려졌다고 한다. 또 정나라 대부 비심은 정책을 도모할 때에는 반드시 교외에 가서 생각하였다. 교외에 나가서 생각하면 훌륭한 계책을 얻었지만, 그렇지 못하면 정책에 실수가 있었다고 한

左酬右應之靡暇, 必有高明爽塏之居, 以弛其張而縱其拘然後, 方無壅閉湫底之爲病. 宓子之鳴琴, 裨諶之謀野, 皆是道也. 況侯之爲政, 本末該擧, 華實兼備, 無騖外遺本之失. 然則一樓之重修, 雖不足以盡侯之治行, 亦可以窺其一斑, 又烏可爲侯病哉? 樓號字民, 字之爲言慈也. 登斯樓而覽斯額, 以慈祥豈弟之道, 存諸心而施諸政, 則榮之民, 百里太古, 其在此矣, 亦豈少補哉?"

51 안세현, 「조선중기 누정기 연구」, 고려대학교 국어국문학과 박사학위논문, 2009, 182~185면. 이 논문에서 논쟁적 문답법의 효과에 대해, 주의를 환기시키며 주제를 명확히 제시할 수 있으며, 누정의 이름이 지닌 다양한 의미를 제안할 수 있으며, 작성자의 전일한 시점에서 설명하는 것보다 객관성의 확보에 유리하다고 설명하였다.

다. 다만 여기서 비유하고 있는 복자천과 비심은 앞서의 왕휘지나 죽림칠현과는 현격한 차이가 있다. 복자천이 거문고를 연주하고 비심이 교외에서 노닐었던 것은 목민관으로서의 소명을 망각하지 않은 상태의 완물이라면, 왕휘지와 죽림칠현이 관상거리와 유흥으로서 대나무를 애호한 것은 어디까지나 완물상지에 그치는 행위이다. 그렇기 때문에 최석정은 「차군정기」에서는 대나무의 덕성을 강조하고 「자민루기」에서는 '백성을 자애롭게 대하는[字民]' 현판의 이름을 환기시켜 목민관인 청탁자로 하여금 선정을 베풀기를 당부한 것이다.

이상에서 최석정의 기문 가운데 참신한 입론과 비유를 통해 이상적인 목민관을 제시한 작품들을 살펴보았다. 청탁자가 목민관이고, 대상 건물이 공적 건물인 이상 그 기문에서 지향하는 주제의식은 여민동락의 선정일 수밖에 없으나, 이러한 주제의식을 청탁자, 혹은 이후 그 건물을 소유할 목민관으로 하여금 선명하게 각인시키기 위해서는 참신한 입론이나 비유를 통해 효과적으로 전달하는 것이 관건이다. 이러한 측면에서 「차군정기」와 「자민루기」는 그 문학성과 실용성을 인정할 수 있다.

2) 『주역(周易)』과 『장자(莊子)』를 활용한 의론 전개

조선중기 이후 건물에 부친 기문 가운데 『주역周易』과 『장자莊子』를 활용하여 의론을 전개하는 사례를 흔히 볼 수 있다. 『주역』의 경우는 괘사卦辭나 효사爻辭를 활용하여 권면하거나 순환론적 우주관을 통해 위로하며, 『장자』의 경우는 우언寓言을 활용하여 주제를 부각시키거나 장자 특유의 비판정신을 수용하여 기존의 통념이나 상식을 뒤집는 방식이다.[52] 최석정의 기문 가운데 『주역』을 활용한 경우는 「돈재기遯齋記」이고, 『장자』를 활용한 경우는 「취수정기醉水亭記」이다.

「돈재기」는 나양좌羅良佐(1638~1710)의 서재에 부친 기문이다. 나양좌는 1687년(숙종13)에 스승인 윤선거尹宣擧의 억울한 누명을 벗기려고 상소했다가 삭녕朔寧에 유배되는 등 불우한 처지였다. 이러한 처지를 빗대어 자신의 서재 이름을 '돈재遯齋'라고 지었다. 최석정은 같은 당파였던 나양좌의 불우함을 위로하기 위해 『주역』의 효사爻辭와 순환론적 우주관을 통해 의론을 전개하였다. 돈괘遯卦에는 물리쳐서 단절하는 뜻[斥絶之]과 물러나 멀리하는 뜻[退遠之] 두 가지가 있는데, 나양좌 자신은 전자에 의미를 두어 종신토록 세상과 단절하고자 했지만, 최석정은 후자의 의미를 부각시켜 나양좌로 하여금 잠시 물러나 피해있을 뿐 세상과 절연해서는 안 된다고 당부하는 한편 훗날 다시 조정의 부름을 받을 것이라고 위로하고 있다. 은둔해 있으면서 청정한 마음을 지키고 도를 구하는 삶은 당장은 돈괘의 형상이지만, 훗날 비괘賁卦의 형상처럼 조정에서 초빙하기 위해 보내는 예물이 내려질 것이라는 의론을 개진하여 불우한 처지의 나양좌로 하여금 미래에 대한 불안감을 『주역』을 통해 위로받고 앞으로의 삶의 방향성을 모색하도록 하였다.[53]

---

52 안세현, 위의 논문, 2009, 189~192면.

53 崔錫鼎, 『明谷集』 권9, 「遯齋記」. "遯卦有二義, 一則斥絶之也, 一則退而遠之也. 大象及諸爻, 皆以遯絶爲義, 上九以避遠爲義, 此簡易崔子說也. 羅明村顯道氏以遯名其齋, 問說於余. 余惟明村少從師問學, 嘗抗章直師門之冤, 擯謫于西塞, 仍杜門田野, 守靜求道, 其意若將終身者, 此遯齋之所以名也. 然公之宅身處義, 旣得天山之象, 而象辭有與時行少利貞之訓. 觀此則遯之時義, 不容一任退藏而終於無所爲, 庸詎知上九肥遯不變, 爲束帛戔戔歟? 昔朱夫子草

「취수정기」는 조시정趙始鼎의 별장인 취수정醉水亭에 부친 기문이다. 『장자』의 「달생편達生篇」의 내용을 인용하되 의미를 변개하여 '취수醉水'의 즐거움에 대해 논설하였다.

莊子가 말하기를 "술에서 온전함을 얻은 자는 정신이 손상되지 않아서이다."라고 하였다. 사람이 술에 의탁하면 생각도 없고 근심도 없고 보이는 것도 없고 들리는 것도 없이 곧 천지만물과 하나가 되어 혼융한 상태가 되니 또한 도에 가깝다고 이를 만하다. 하지만 갑자기 한 차례 술에서 깨어나면 그 즐거움을 상실한다. 그렇다면 술에서 온전함을 얻는 자는 또한 곤드레가 되어 잠시 동안 도피하였던 것일 뿐이다. 그대는 물에 취한다는 이야기를 들어보겠는가?

물이란 천지의 淸虛한 사물이다. 물의 본체는 지극히 깨끗하고, 물의 효용은 지극히 넓다. 가는 물줄기가 쉬지 않고 흘러서 조금씩 모였다가 서서히 채워지고, 광대무변하게 흘러가서 탁하였다가 천천히 맑아진다. 내가 바라보니 계곡은 물의 깊고 빼어난 기운을 돕고 산은 물의 맑은 기운을 길러 준다. 물은 깊은 골짜기에서 발원하여 휘돌면서 흐르는데 난간에 기대어서 들으면 졸졸 흐르는 소리가 있다. 그대가 이러한 때에 시험 삼아 몸을 숙여 물을 떠서 사발에 부어 한 모금 마셔서 마음을 씻고 두 모금을 마시어 정신을 맑게 하면 맑고도 투명하여 맑은 이슬을 먹고 寒門에 날아오르는 것과 같게 된다. 육체적 욕망이 흔들어도 많은 유혹이 괴롭혀도 모두 씻어버린 듯이 일신하여 진한 술을 마시어 취하는 정도가 아닐 것이니, 이것이 어찌 물에서 온전함을 얻은 것이 아니겠는가.

그러나 바깥에서 구하는 것은 제한적이고 안에서 되돌아보는 것

封事將上, 筮遇遯而焚其章, 明村則不然, 明知言發禍隨而猶不知止, 抑何哉? 豈不以禍止一身, 事關師門, 其義有不可一例膠守者耶? 余於是重有嘅焉, 明村請余書齋號, 揭其顔, 因以爲之記."

> 은 간약하다. 술에 맛을 들이는 것보다는 물에 맛을 들이는 것이 낫고 물에서 온전함을 얻는 것보다는 하늘에서 타고난 본성을 온전히 하는 것이 낫다. 타고난 본성은 자신에게 있지 멀리 있는 것이 아니니 淸明한 본체는 샘에서 떠온 물보다 훨씬 더 뛰어나고 탁 트인 즐거움은 술로 견줄 것이 아니다. 만약 정밀하게 살펴 마음의 효용을 반듯이 하며 전일하게 해서 마음의 본체를 함양하여 한 가지 흠도 없고 온갖 이치가 맑고 깨끗해지는 경지에 이르게 된다면, 이것이 이른바 타고난 본성을 온전하게 하는 것이며 위에서 말한 물에 취하는 즐거움은 말할 것도 못된다.[54]

최석정이 인용한 『장자』의 내용은 「달생편」에서 자열자子列子와 관윤關尹의 문답 가운데 보인다. 이를 토대로 최석정은 물에 취한다는 '취수醉水'의 설을 개진한다. 물이라는 것은 지극히 깨끗한 성질을 지니고 있는 물질로, 허虛한 특성으로 인해 빈 곳을 채우고 탁한 것을 정화한다. 계곡과 바위는 물의 청허淸虛한 성질이 더욱 깊어지게

54 崔錫鼎, 「醉水亭記」, 『明谷集』 권9, "莊周氏有言曰, 得全於酒者, 其神不傷. 夫人之托於酒也, 無思無慮, 無視無聽, 乃合大同, 混混冥冥, 亦可謂幾乎道矣. 然蘧然一醒, 則喪其樂焉, 然則得全於酒者, 是亦逃於昏冥而暫焉而已矣. 子欲聞夫醉水之說乎? 今夫水者, 天地淸虛之物也. 其體至潔, 其用至弘, 涓涓綿綿, 沖而徐盈, 浩浩漾漾, 濁而徐淸. 吾觀夫林壑助其深秀, 嵒巒養其淸奇, 而是物也, 發源於巀嶭之中, 泛流於瀠洄之間, 憑軒而聽之, 有聲琤然. 子試於此時, 頫而挹之, 注諸甌, 一嚥而洗其心, 再吸而淸其神, 穆然漻然, 如滄沆瀣而狃寒門. 六鑿之所攘, 萬誘之所惱, 莫不滌然一新, 不翅飮醇醪而自醉, 則斯豈非所謂得全於水者乎? 然求諸外者局, 反諸內者約. 托趣於酒, 孰與托趣於水, 得全於水, 孰與得全於天? 夫天在己而匪遠也, 其淸明之體, 絶勝泂酌之潢汚, 而浩然之樂, 非麴糵所可擬. 苟能精以端其用, 一以涵其體, 以至於一疵不存, 萬理澄澈, 則斯所謂得全於天, 而向所謂醉水之樂, 有不足言矣."

돕는다. 깨끗한 물을 한 모금 마시면 마음이 깨끗해지고, 한 모금 더 마시면 정신이 맑아진다. 그래서 깨끗한 물을 마시면 인간의 오감을 벗어나고 속세의 온갖 근심이 다 사라진다. 이는 술에 취한 상태와 같은 것인데, 술에 취한 것과 달리 찰나가 아니다. 지속적으로 이어지는 상태이다. 술이란 것은 깨고 나면 원래대로 돌아오므로 잠깐 미혹된 것일 뿐이지만 물에 취하면 그렇지 않다. 물에 취한 것은 깨지 않기 때문에 그 즐거움이란 말로 설명할 수 없는 경지인 것이다. 다만 원론적인 입장에서 보면, 취주醉酒나 취수醉水는 외물에서 깨닫는 것이기 때문에 내면에서 성찰하여 깨닫는 경지에는 미치지 못한다. 그리하여 최석정은 다시 내면에서 구도求道하는 '전천全天' - 하늘에서 타고난 본성을 온전히 함 - 에 대한 설을 개진하였다. 타고난 본성은 술이나 물처럼 외물이 아니고 자신에게 있는 것이기 때문에 청명淸明한 본체는 샘에서 떠온 물보다 훨씬 더 뛰어나고 탁트인 즐거움은 술로 견줄 것이 아니다. 이러한 본성을 정밀하게 살피고 함양하여 한 가지 흠도 없고 온갖 이치가 맑고 깨끗해지는 경지에 이르게 된다면, 이것이 바로 '전천全天'의 경지인 것이다. 결국 최석정은 이 기문을 통해서, 청탁자인 조시정으로 하여금 세상사를 도외시하고 외물에 가탁한 정취情趣에 머무르지 말고 심성공부까지 나아가도록 인도한 것이다.

이상 『주역』과 『장자』를 활용하여 의론을 개진한 최석정의 기문을 통해, 그가 청탁자의 처지와 지향에 대해 어떻게 위로하고 설득하는지를 살펴보았다. 『주역』의 괘사를 통해 순환론적 우주관을 피력하여 청탁자를 위로하는가하면 『장자』의 특유의 비판정신을 수용하여 기존을 통념을 뒤집어 청탁자를 설득하기도 하였다.

4. 맺음말

이상의 논의를 정리하면 다음과 같다.

최석정에 대한 기존의 연구는 대체로 그의 정치사적·사상사적 입지와 의의를 밝히는 데 치중하였으며, 학문에 대해서는 예학·산학·어학 분야에 집중되었다. 그러나 그의 문학에 대한 연구는 전무하다. 기실 최석정의 문학은 당대는 물론이고 후대에 이르기까지 높이 평가되었던 것이 확인되는데, 한시는 기세가 우뚝하여 당대 시인들이 미치지 못할 수준이고, 문장은 경학에 기초한 경세지문經世之文이라는 평가가 있었다. 이와 같은 평가에 기초하여 최석정의 문학을 연구대상으로 삼았다. 다만 본 논문에서는 한시가 아닌 산문을 다루되, 그 가운데 기문에 집중하였다.

최석정의 시문집인 『명곡집』에 수록되어 있는 기문은 총 10편이다. 기문은 모두 공적 건물과 사적 건물에 부친 건물기이다. 창작시기는 대부분 만년이고, 주로 제3자의 청탁에 의해 공적 건물과 사적 건물에 부친 기문이다. 선기옥형을 설치한 제정각에 부친 「제정각기」, 이상적인 관리의 궁극적인 목표는 '여민동락'임을 논설한 「파주풍락헌기」, 관리와 누정의 관계를 설명한 「자민루기」, 경종의 완쾌를 축하하기 위해 지은 「집경당기」, 대나무의 청허한 성질에 빗대어 이상적인 관리상을 제시한 「차군정기」, 신라 시조를 모시는 사당인 경주 나왕전을 중수한 것을 기념한 「경주나왕전중수기」, 노년에 산수를 즐기며 사는 즐거움을 묘사한 「이로당기」, 술에 취한 즐거움과 물에 취한 즐거움을 비교대조하여 논설한 「취수정기」, 제천 의림지에 지은 누정에 부친 「임소정기」, 나양좌를 위해 『주역』의 둔괘의 의미와 변방으로 유배 가는 그를 권계하는 「둔재기」가 있다. 이상의 기문은 대부분 사경寫境보다는 기사記事와 의론議論에 중심을 두고 있다. 이는 청탁자의 의도와 목적에 따른 결과이기도 하다. 공적 건물에 부친 기문은 권계하는 내용의 기사형이 많으며, 사적 건물에 부친 기문은 청탁자와 작자의 철리哲理를 교섭하여 주제의식을 드러내는 의론형이 많았다.

최석정의 기문을 "참신한 비유를 통한 이상적인 목민관 제시"와 "『주역』과 『장자』를 활용한 의론 전개"라는 소절로 나누어 분석하였다. 최석정의 기문 가운데 참신한 입론과 비유를 통해 이상적인 목민관을 제시한 작품으로 「차군정기」와 「자민루기」를 거론하였다. 이들 작품은 청탁자가 목민관이고, 대상 건물이 공적 건물인 이상 그 기문에서 지향하는 주제의식은 여민동락의 선정일 수밖에 없으나, 이러한 주제의식을 청탁자, 혹은 이후 그 건물을 소유할 목민관으로 하여금 선명하게 각인시키기 위해서는 참신한 입론이나 비유를 통해 효과적으로 전달하는 것이 관건이다. 이러한 측면에서 「차군정기」와 「자민루기」는 그 문학성과 실용성을 인정할 수 있었다. 최석정의 기문 가운데 『주역』을 활용한 경우로 「돈재기」를, 『장자』를 활용한 경우로 「취수정기」를 예로 들어 살펴보았다. 이들 작품들을 통해, 최석정이 청탁자의 처지와 지향에 대해 어떻게 위로하고 설득하는지를 알 수 있었다. 『주역』의 괘사를 통해 순환론적 우주관을 피력하여 청탁자를 위로하는가하면 『장자』의 특유의 비판정신을 수용하여 기존을 통념을 뒤집어 청탁자를 설득하기도 하였다.

제3부

명곡明谷 최석정南九萬 시세계詩世界의 탐색探索

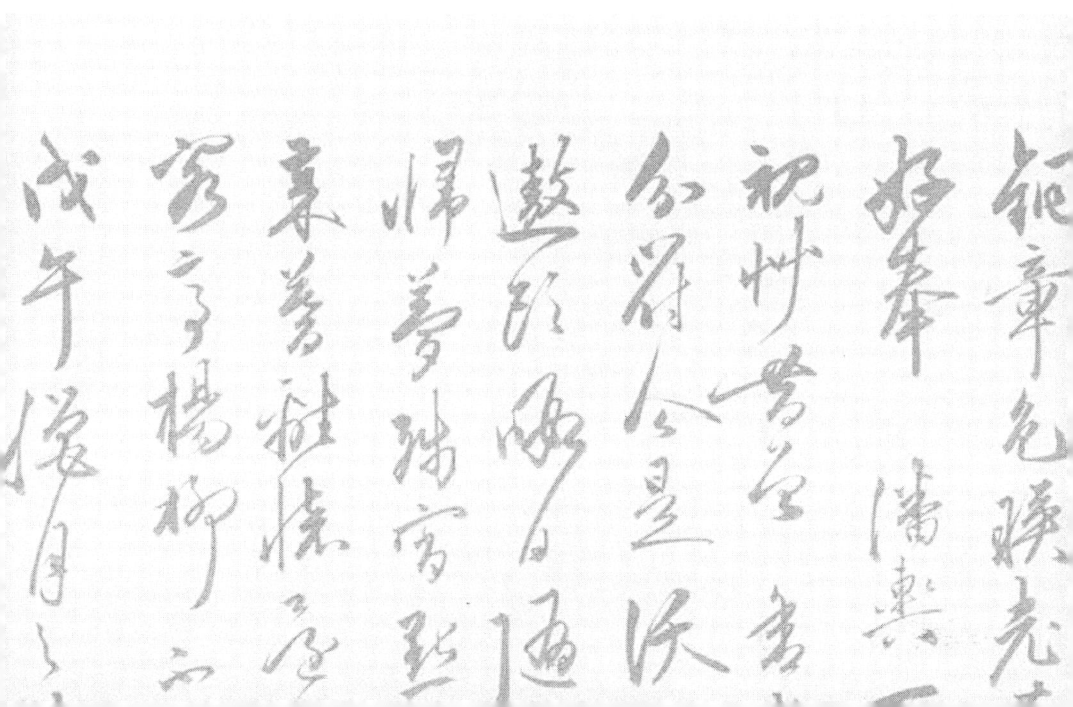

Ⅰ. 명곡 최석정의 누정시

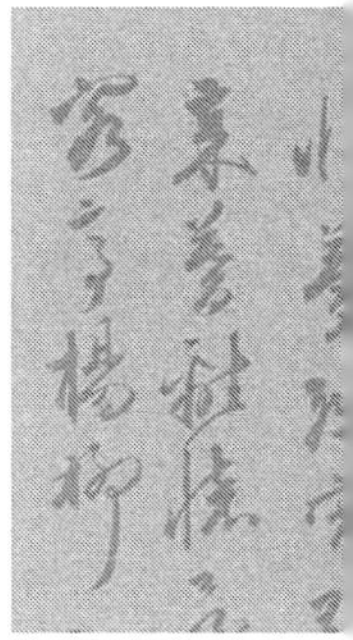

김효정

1. 서론

명곡明谷 최석정崔錫鼎(1646~1715)은 지천遲川 최명길崔鳴吉(1586~1647)의 손자로 현종·숙종조에서 40여 년간 관직생활을 하며 숙종조에 8번이나 영의정을 지냈던 인물로 소론의 영수를 지냈다. 그는 박세채朴世采(1631~1695)·남구만南九萬(1629~1711) 등 소론의 영수급 인사들에게서 학문을 배우고, 윤증尹拯(1629~1714) 등과 교유하면서 온건한 정치 노선을 견지하였다.[1] 명곡은 주자 성리학뿐만 아니라 양명학·음운학·수학 등 다양한 방면의 학문에도 뛰어나 여러 편의 저술서를 남겼다. 그는 예학禮學에도 해박하여 『예기유편禮記類編』[2]를 저술하였다. 특히 수학에 뛰어나 역학과 수학에 대한 이

1 신병주, 「17세기 후반 소론학자의 사상 - 윤증·최석정을 중심으로」, 『역사와 현실』 13, 한국역사학회, 1994, 121~122면.

2 『예기유편』은 『예기』의 원문 중 잘못 배치된 부분을 바로 잡고 빠진 것을

해를 기반으로 저술한 『구수략九數略』[3]은 현존하는 최고의 산서算書로 손꼽힌다.

명곡에 대한 연구는 그의 사상思想[4] · 예학禮學[5] · 수학數學[6] · 음운

보충하여 다시 세밀하게 분류 정리한 책이다. 이 책의 체제는 주자의 『儀禮通解』를 본뜨고 主說은 원나라 진호의 『禮記集說』을 기반으로 하였다. 그러나 당시 이것이 주자의 주설과 어긋났다고 하여 분책을 당하였다. 이는 그의 사상이 당대의 주류적인 흐름과 차이가 있음을 보여주는 것이다.

3 『구수략』은 4권 2책으로 구성되어 있으며 주역의 괘를 응용하여 數論을 전개하고 있는 점이 특징이다. 갑편은 사칙연산의 기본 설명, 을편은 기본 연산을 다룬 응용문제, 병편은 개방 입장 방정 등에 관한 내용, 정편은 새로운 산법 및 마방진의 연구 등으로 구성되어 있다.

4 윤태주, 「崔錫鼎의 九數略에 나타난 數理思想과 유럽數學의 收容에 對한 考察」, 경북대학교 대학원 석사학위논문, 1988. ; 신병주, 「17세기 후반 소론학자의 사상 – 윤증 · 최석정을 중심으로」, 『역사와 현실』 13, 한국역사학회, 1994. ; 강신엽, 「崔錫鼎의 정치사상」, 『동국사학』 28, 동국사학회, 1994. ; 윤명선, 「崔錫鼎의 生涯와 學問」, 전남대학교 교육대학원 석사학위논문, 1996. ; 김교빈, 「조선후기 주자학과 양명학 논쟁 – 정제두와 박세채 · 윤증 · 민이승 · 박심 · 최석정의 논쟁을 중심으로」, 『시대와 철학』 10, 한국철학사상연구회, 1999. ; 김용흠, 「숙종대 변통론의 계통과 탕평론 – 명곡 최석정을 중심으로」, 『한국사상사학』 32, 사상사회연구소, 2009. ; 이희재, 「17세기 최석정의 신뢰사회 구축을 위한 조화와 탕평의 리더십」, 『율곡사상연구』 23, 율곡연구원, 2011.

5 양기정, 「『禮記類編』의 編刊과 毁板 · 火書에 관한 연구」, 성균관대학교 대학원 석사학위논문, 2011. ; 양기정, 「『禮記類編』의 편찬과 간행에 관한 연구」, 『서지학보』 38, 한국서지학회, 2011. ; 이희재, 「崔錫鼎의 『禮記類編』에서 본 學禮」, 『공자학』 22, 한국공자학회, 2012. ; 리희재, 「崔錫鼎의 『禮記類編』에서의 家禮觀」, 『동양예학』 27, 동양예학회, 2012. ; 이희재, 「최석정의 『예기유편』에서의 길례와 흉례」, 『동양예학』 33, 동양예학회, 2014.

6 최상진, 「崔錫鼎의 陰陽動靜論과 Talmy의 動力學 패턴 比較」, 『어문연구』 28, 한국어문교육연구회, 2000. ; 오영숙, 「조선후기 算學의 一面 : 崔錫鼎의

音韻[7] · 소차疏箚[8] · 기문記文[9] 등과 관련된 연구가 진행되었으나 문학에 관한 연구는 사행길에 지은 차운시 연구[10]가 유일하다. 명곡의 시가 900 여수가 넘는데도 불구하고 그의 시문학 연구가 활성화되지 않은 까닭은 소론계 문인에 대한 학계의 관심 부족과 명곡이 문인보

'算' 읽기」, 『한국실학연구』 24, 한국실학학회, 2012. ; 김성숙 · 강미경, 「최석정의 직교라틴방진」, 『Journal for history of mathematics』, 한국수학사학회, 2010. ; 조희영, 「『九數略』, 송대 도서상수학으로 짜인 조선수학서」, 『정신문화연구』 40, 한국학중앙연구원, 2017.

7 배윤덕, 「崔錫鼎의 經世正韻研究 - 韻攝圖와 관련하여」, 『국어국문학』 104, 국어국문학회, 1990. ; 「崔錫鼎의 經世正韻 연구 - 內外四攝부터 外內八攝까지」, 『국어국문학』 114, 국어국문학회, 1995. ; 김동준, 「崔錫鼎의 語文觀과 文明認識 - 〈經世正韻五贊〉을 중심으로〉」, 『고전문학연구』 42, 한국고전문학회, 2012. ; 심소희, 「조선후기 문인들의 서신을 통한 성운 인식 고찰 - 최석정과 정제두의 서신을 중심으로」, 『중국언어연구』 38, 한국중국언어학회, 2012. ; 심소희 · 구현아, 「조선시기 최석정과 황윤석의 성음인식 비교 - 『황극경세, 성음창화도』에 대한 훈민정음 표음체계의 분석을 중심으로」, 『중국언어연구』 45, 한국중국언어학회, 2013. ; 이희재, 「17세기 조선후기 최석정의 훈민정음의 역학적 원리 연구」, 『대동철학』 66, 대동철학회, 2014. ; 심소희, 「『經世訓民正音圖說』 坤冊 『群書折衷』 연구」, 『민족문화』 43, 한국고전번역원, 2014.

8 윤재환, 「명곡 최석정의 상소문 연구 - 因宋婺源疏 辨誣辭職 仍陳先祖事蹟疏를 중심으로」, 『한국문학과 예술』 27, 숭실대학교 한국문학과 예술연구소, 2018.

9 권진옥, 「明谷 崔錫鼎의 記文 연구」, 『동아시아고대학』 49, 동아시아고대학회, 2018. ; 「明谷 崔錫鼎(최석정)의 논설류 산문 연구」, 『동양고전연구』 70, 동양고전학회, 2018.

10 김묘정, 「1697년 삼사(三使) 연행시의 교류성 연구 - 최석정(崔錫鼎) · 송상기(宋相琦) · 최규서(崔奎瑞)의 작품을 중심으로), 『한민족어문학』 78, 한민족어문학회, 2017.

다는 당대 정치가로서의 입지가 강했던 원인들이 복합적으로 작용한 것으로 생각된다.

이에 본고에서는 관료 문인 명곡의 시문학세계를 본격적으로 연구하기 위한 초석의 일환으로 그의 누정시를 고찰하여 시세계 일부를 조망해보고자 한다. 900여 수가 넘은 명곡의 시 중에서 누정시는 48수 정도로 그 비중이 크다고는 할 수 없다. 하지만 수차례에 걸친 사직과 복직, 그리고 한거 등 굴곡진 정치적 현실에서 누정은 그의 삶의 여정과 궤를 같이하는 공간이었다. 또한 그가 남긴 기문記文 10편 중 9편이 누정기樓亭記였다는 점도 특이하다고 하겠다.

명곡이 살았던 17세기 후반은 누정에 대한 인식이 확연히 변화를 보이는 시기였다. 16세기 사화로 인해 향촌으로 돌아간 사림들은 누정을 짓고 이곳에서 심성을 수양하거나 학문을 연마하는 은거의 공간으로 인식하였다. 이 시기 누정은 전국적으로 급격한 증가 추세를 보이며 이전 시기 관영官營의 공간에서 사림들의 은둔과 문학의 중심지로 기능이 확대된 사적 공간으로 변모하게 된다.[11] 17세기에 들어서면서 누정은 세속과 떨어진 사적인 공간으로 인식하는 경향이 강해졌고, 17세기 후반에 들어서면 누정은 정치적 현실과의 대립적 설정이 약해지고 개인적인 일상을 즐기는 공간으로 보는 경향이 두드러지게 나타난다.[12] 명곡의 누정시는 이 지점에 위치하고 있다.

명곡은 정쟁에 밀려 잠시 관직에서 물러나 한거할 때, 혹은 지방

---

11 이강렬, 「오음 윤두수의 누정시에 나타난 시공간 인식」, 『한문학논집』 24, 근역학문학회, 2006, 31면.

12 안세현, 「조선후기 누정기의 특징적 면모」, 『동양한문학연구』 31, 동양한문학회, 2010, 149면.

관으로 부임했을 때, 사행길에 누정을 찾아 심신을 달래거나 가까운 이들과 함께하며 돈독한 정을 쌓으며 시를 지었다. 누정에 대한 명곡의 공간 인식은 그의 삶과 내면 세계와 맞닿아 있다는 점에서 중요한 의미가 있다고 할 수 있다.

2. 명곡 누정시 개관

누정樓亭은 누각樓閣과 정자亭子의 줄임말로 대개 누각은 높은 언덕이나 돌, 흙을 쌓은 대위에 세우는 경우가 많아 누대樓臺라고도 불린다. 정자는 누각보다 작은 규모의 건물로 그 형태에 따라 정亭·루樓·당堂·각閣 등으로 나뉘기도 한다. 이외에 헌軒·재齋·사榭 등의 누정으로 분류된다.[13] 누정시는 누정을 창작 공간으로 하여 주변의 자연을 묘사하거나 이와 관련된 정서를 형상화한 시를 말한다.[14] 누정은 삼국시대부터 궁중에 설치되기 시작하여 고려조까지 왕족과 귀족들을 위한 공간으로 설치되었다가 조선조에 들어서면서 그 수가 급격히 증가하였다. 특히 사화로 인해 사림들이 대거 향촌으로 돌아간 16세기에는 그 수가 최고조에 이르렀고, 누정을 배경으로 하는 시와 기문의 창작이 급속히 증가하였다.[15] 누정의 건립 주체 또한

13 박은순, 「朝鮮時代의 樓亭文化와 實景山水圖」, 『미술사학연구』 250·251 합본, 미술사학연구, 2006, 153면.

14 이강렬, 「梧陰 尹斗壽의 樓亭詩에 나타난 時空間 認識」, 『한문학논집』 24, 근역한문학회, 2006, 28면.

15 16세기 전반에서 16세기 후반 사이 50 여년 사이에 누정시는 286수에서

궁궐과 관청에서 짓고 관리하던 공적 공간에서 16세기 사림들이 대거 향촌으로 이거離居하면서 누정은 은둔과 문학의 중심지로 기능이 확대되고 사적 공간으로 변모하게 된다.[16]

16세기까지 급속한 증가 추세를 보이던 누정은 임진왜란과 병자호란으로 인해 많은 누정이 파괴되고, 국가 재정이 파탄 지경에 이르게 되자 감소 추세를 보였다가 점차 경제적 안정을 되찾으면서 17세기 후반에서 18세기 초 누정의 수는 다시 증가 추세를 보인다.[17] 16세기 사림들이 사화를 겪으며 대거 향촌으로 이거하면서 누정은 이전 시기 관영官營의 공간에서 사림들의 은둔과 문학의 중심지로 기능이 확대되면서 사적 공간으로 변모하게 된다.[18]

누정에 대한 인식 또한 시대에 따라 변화를 보이는데 16세기 사화로 인해 향촌으로 돌아간 사림들은 누정을 은거의 공간으로 설정하

627수로 급속히 증가한다. 이는 누정시의 창작이 당대 사대부의 일반적 관행으로 자리 잡은 것임을 보여준다. 이러한 현상은 이황, 조식과 같은 도학자들을 중심으로 지방의 사림 문화가 발달한 시기와도 일치하는데 이는 정치적 안정과 사림 문화의 발달로 인해 산수 자연에 대한 미의식이 확산된 결과라고 할 수 있다.(유호진 · 우응순, 「樓亭題詠의 시공간적 분포와 그 의미」, 『민족문화연구』 40, 고려대학교 민족문화연구원, 2004, 58면.)

16 이강렬, 위의 논문, 31면.

17 유호진 · 우응순의 「樓亭題詠의 시공간적 분포와 그 의미」, 『민족문화연구』 40, 고려대학교 민족문화연구원, 2004.는 『신증동국여지승람』에 소개된 누정을 조사하여 275개의 누정 이름을 추출하여 이를 『한국문집총간』 1~240권에 수록된 작품을 검색하여 2,818제의 작품 목록을 작성하였다. 1392년 조선 건국부터 18세기 중반까지 조선시대 전역에 설립되었던 누정들의 통시적인 자료를 제공하였다. 이 연구를 통해 조선시대 전 시기에 걸쳐 누정과 누정시의 수치 변화와 지역별 변이양상을 확인할 수 있다.

18 이강렬, 위의 논문, 31면.

고 이곳을 심성을 수양하거나 학문을 연마하는 공간으로 인식하였다. 17세기에 들어서면 누정은 세속과 떨어진 사적인 공간으로 인식하는 경향이 강해진다. 하지만 여전히 붕당정치와 같은 정치 현실에서 완전히 벗어나지 못한 선택적인 은거의 공간의 의미는 여전하였다. 17세기 후반에 들어서면 누정은 정치적 현실과의 대립적 설정이 약해지고 개인적인 일상을 즐기는 공간으로 보는 경향이 두드러지게 나타난다.[19]

명곡의 누정시는 이 시점에 위치하고 있다. 누정은 대개 산수가 수려한 곳에 위치하는 경우가 대부분이다. 명곡은 누정 앞에 펼쳐진 아름다운 풍광을 즐기거나 혹은 누정에 함께 한 이들과 시를 짓고 흥취를 돋우기도 하였다.

명곡은 젊은 시절 오대산 사고史庫 근무를 비롯하여 안동 부사安東府使, 연안 부사延安府使 등 외직을 두루 경험하였고, 2차례의 사행 등을 통해 국토의 여러 곳을 직접 다니며 명승지를 볼 수 있는 기회가 많았다. 그곳에서 마주친 누정은 그에게 남다른 의미를 부여하는 특별한 공간이었다. 명곡은 48수의 누정시樓亭詩와 9편의 누정기樓亭記[20]를 남겼는데 그의 기문記文 10편 가운데 9편이 누정기이다. 그의 누정기에는 누정에 대한 그의 인식이 담겨있어 이를 살펴볼 수 있다. 명곡의 누정시를 자세히 살펴보면 다음과 같다.

19 안세현, 위의 논문, 149면.

20 8개의 누정기문은 「齊政閣記」·「坡州 豐樂軒記」·「字民樓記」·「集慶堂記」·「二老堂記」·「此君亭記」·「醉水亭記」·「臨沼亭記」·「遯齋記」, 『明谷集』 권9. 등이다.

[표 1] 누정시 목록

번호	권	시록	시제	시수	형식	창작시기	장소	비고
1	1	抽匵錄	酒泉淸虛樓	1	5율	1675년	영월	
2		騎省錄	題稷山靈沼亭	1	7율	1676년~1677년	직산	
3	2	榮州錄	重三訪龜鶴亭, 與恒弟憲姪流觴, 用三字韻	2	7율	1679년	영천	
4		甲乙錄	寄題涵碧亭, 次光甫韻	1	7율	1684년~1685년	미상	
5			寄題望雲亭	1	7율		고산	
6			四吾堂次韻	1	7율		미상	
7			次壺谷日涉亭韻	1	7율		한양	
8			飛鷺亭, 用白洲韻, 同洪九言賦	1	7율		한양	
10	3	椒餘錄	同遊花石亭, 次壁上韻	1	5율	1686년 사행	파주	
11			濠上亭	1	7절		황해도 서흥	
12			登練光亭, 按使李仲庚携酒來會	1	5율		평양	
13			練光亭, 用前韻靑字	1	7율		평양	
14			納淸亭歇馬偶題	1	7율		정주	
15			統軍亭, 次板上韻	1	5율		의주	
16		桑兆錄	敬次聽松堂迎諡宴文谷韻	1	7율	1686년	한양	
17		永嘉錄	望湖樓, 同密陽洪使君九言賦	2	7율	1689년 안동 부사	안동	
18			暎湖樓, 次板上韻	2	7율		안동	
19		閒居錄	宜月軒	1	5율	1690년 봄	미상	
20			茅齋朝坐	1	5율		미상	
21	4	鹽城錄	觀射君子亭	1	7율	1690년 여름 연안 부사	연안	
22			平遠堂夜集, 次洪生韻	3	7율		연안	
23			平遠堂晩望	1	5율		연안	
24			詠歸臺	1	5율		연안	
25			滄浪將歸漢陽, 夜登平遠堂	3	7율1수 5율2수		연안	

26			平遠堂。次板上梧陰韻	1	5율		연안	
27			花石亭, 敬次栗谷先生韻	1	5율		파주	
28			寄題水雲亭	1	7율		연안	
29		草坪錄	同生谷, 梅山. 訪井村朴生晶草堂	1	5율	1691년	진천	
30		草坪錄	釣隱亭小坐, 次西垌韻	1	5율	1691년	진천	
31		後閒居錄	茅亭小坐, 用唐律韻	1	7율	1692년~1693년	한양	
32	5	江漢錄	黃州月波樓	1	5율	1698년	황주	
33		蔗回錄	次韻湖上亭	1	7율	1697년 사행	황주	
34			次書狀太虛樓韻	1	7율		황주	
35			練光亭	1	7율		평양	
36			快哉亭	1	7율		평양	
37			百祥樓	1	7율		평양	
38			倚劍亭	1	5율		선천	
39			聽流堂	1	5율		용천	
40	6	後邵城錄	紫霞溪堂	1	5율	1703년	한양	
41		靑郊錄	小坐岫雲亭	1	7율	1710년	한양 인근	
42			滌煩亭, 敬次 御製韻	1	7율		한양 인근	
43			九月十三日, 携申生宗夏, 庶從錫華, 復游岫雲亭	1	5율		한양 인근	
44			次集勝亭詩帖韻, 示沈叔平	1	7율		한양 인근	
			44제 50수	50				

명곡의 누정시는 모두 44제 50수에 이른다. 이를 형식별로 살펴보면 칠언율시 31수, 오언율시 18수, 칠언절구 1수의 순이다. 명곡의 누정시는 칠언율시가 가장 많은 비중을 차지하며 칠언절구 1수를 제

외하면 모두 율시이다. 이는 명곡의 시 737제 956수 중 칠언율시가 452제 565수, 오언율시가 163제 200수 등 율시가 차지하는 비중이 약 80%에 이를 정도로 압도적이다. 누정시의 경우도 48수 중 47수가 율시이고, 칠언율시가 오언율시보다 2배가량 많은 양상을 보인다. 우리나라 문인들이 보편적으로 칠언율시를 선호하는 경우가 많으므로 명곡은 이와 같은 보편적인 작시 양상을 충실히 따르고 있다고 하겠다.

『명곡집』[21]은 32개의 시록으로 구성되어 있는데 각 시록마다 창작 시기를 자주自註로 밝히고 있어 각 시의 창작 시기 확인이 가능하다. 가장 이른 시기에 창작된 누정시는 〈주천대허루酒泉淸虛樓〉로 1675년 가을 오대산 사고에 근무할 당시 창작한 것이다.

누정시의 창작 양상을 살펴보면 연안 부사 재임 시절과 두 차례의 사행길에 창작한 시가 다수를 차지한다. 명곡은 1689년 봄에서 여름까지 안동 부사를 역임하였고, 1690년 여름~1691년 여름까지 연안 부사로 재직하였다. 이 시기에 지은 시들은 『명곡집』 권3의 「영가록

21 명곡의 문집 『明谷集』은 34권 15책으로 시는 권1에서 권6까지 737제 985수가 수록되어 있다. 시문집은 저작 시기에 따라 詩錄別로 편차되어 있고, 詩錄 및 작품 곳곳에 自註가 붙어 있어 제작 시기와 시작 동기를 파악할 수 있다. 권7~8은 賦 4편, 序引 38편이 수록되어 있고, 권9는 記 10편, 騈儷文 10편이 수록되어 있다. 권10은 祭文 45편, 권11은 箴 6편, 銘 16편, 贊 6편, 雜著 16편이 수록되어 있다. 권12는 題跋 49편, 권13은 書牘 24편이 수록되어 있다. 권14~20은 疏箚 100여 편, 收儀 6편이 수록되어 있고, 권21~22에는 碑銘 14편, 권23~24에는 墓碣銘 34편, 권25~27은 墓誌 및 墓誌銘 37편, 권28~34에는 墓表 및 墓表陰記 25편, 行狀 3편, 諡狀 13편이 수록되어 있다.

永嘉錄」과 권4의 「염성록鹽城錄」에 수록되어 있다. 이때 아들 최창대崔昌大도 부친을 따라 안동과 연안에 머물렀는데 최창대의 문집 『곤륜집昆侖集』 권1에는 안동을 오가는 길에 쓴 〈창괴대蒼槐臺〉와 〈강석등후가정자江夕 登侯家亭子〉가 수록되어 있다. 또한 최창대는 연안에 머물면서 11제 14수에 이르는 누정시를 창작하였다.[22] 특히 평원당에서 지은 시가 7수[23]에 이르러 이곳에서의 감회가 남달랐음을 보여준다. 명곡이 연안 부사 시절에 지은 누정시 7제 11수 중 평원당과 관련된 시는 7수에 이른다. 명곡과 최창대 부자에게 평원당이 매우 의미 있는 공간이었음을 짐작할 수 있다.

명곡은 1686년과 1697년 2번에 걸쳐 중국 사행을 다녀왔다. 두 번의 사행에서 여러 누정을 방문하고 감회를 읊었는데 그중 연광정의 경우 2번의 사행길에 모두 방문했던 곳이다. 1686년에 창작한 〈등연광정 안사이중경휴주내회登練光亭 按使李仲庚携酒來會〉와 〈연광정 용운청자練光亭 用前韻青字〉는 처음 방문한 연광정의 모습과 주변의 아름다운 경관을 감상하는 흥취가 고조되어 나타나지만 1697년 두 번째 사행길에 오르며 지은 〈연광정練光亭〉은 차분하게 가라앉은 어조로 연광정 주변의 풍취를 그려내며 지난 10년의 시간을 되돌아보고 있다.

명곡의 누정시는 남쪽의 안동 영호루, 망호루에서부터 최북단 지역인 의주 통군정까지 그 범위가 매우 넓다. 이 중 2번 이상 방문하

22 이황진, 「곤륜 최창대의 누정시 연구」, 『한국고전연구』 48, 한국고전연구학회, 2020.

23 〈夜登平遠堂〉·〈詠平遠堂〉·〈登平遠堂〉·〈道長將去 攜上平遠堂〉·〈又賦古體三首 書贈〉, 『昆侖集』 권1.

고 시를 남겼던 누정은 평원당·화석정·연광정·수운정 등이다. 명곡의 누정시는 대부분 해당 누정을 직접 방문했던 경험을 바탕으로 창작되었다는 특징을 지닌다.

3. 명곡의 누정 공간 인식

대개 경치 좋은 곳에 위치한 누정은 다양한 활동의 공간으로 기능한다. 크고 작은 사적인 모임을 갖고 자연을 완상하거나, 자녀 교육 등의 사적인 활동이 이루어지기도 하고, 민심을 살피거나 외빈을 접대하는 공적인 활동이 이루어지기도 한다.[24] 또한 외지를 오가는 관원들을 위한 객관의 부속 건물로 건축되어 관원들의 노고를 달래는 공간이기도 하다. 또한 인간과 자연의 합일이 이루어지는 유가적儒家的 이상의 실현 공간으로 인식되기도 한다. 이처럼 동일한 누정이라고 해도 그 공간 속에 있는 주체의 경험과 인식에 따라 각기 다른 공간으로 묘사되어 나타난다.

명곡의 누정에 대한 인식은 그가 지은 누정기에서 살펴볼 수 있다. 명곡의 누정기는 9편으로 대개 누정의 소재 관할 수령이나 누정 주인의 청탁에 의해 지은 것으로 사경寫境보다는 기사記事와 의논議論에 중심을 두고 있다.[25] 명곡의 누정기는 청탁자의 의도와 목적을

24 유호진·우용순, 앞의 논문, 55~56면.

25 권진옥, 「明谷 崔錫鼎의 記文 연구」, 『동아시아고대학』 49, 동아시아고대학회, 2018, 51면.

적극적으로 담고 있으며[26], 그 속에서 누정이라는 공간에 대한 그의 인식을 엿볼 수 있다. 다음의 글들은 누정기 중 일부이다.

(가) 혹자가 말하기를 "관리의 도는 자신을 단속하고 백성에게 은혜를 베푸는 것이 근본이다. 누각은 외물이다. 관리의 도에 있어서 무슨 도움이 되겠는가."라고 하였다. 응답하기를 "그렇지 않다. 관리가 된 자는 아침에는 政事를 보는데 문서가 눈을 어지럽히고 소송하는 하소연이 귀에 가득해 정신없이 이리저리 대응한다. 반드시 높고 밝으며 앞이 탁 트인 장소에서 긴장을 풀고 심리적 압박을 해소한 다음에야 비로소 막히고 답답한 데서 생기는 병이 없게 된다. 宓子賤이 거문고를 연주하고,[27] 裨諶이 야외로 나가 계획을 세우는 것[28] 모두가 이러한 도이다.[29]

---

26 명곡의 누정기는 공적 건물에 부친 것과 사적 건물에 부친 것으로 나눌 수 있다. 「齊政閣記」·「坡州 豊樂軒記」·「字民樓記」·「集慶堂記」·「臨沼亭記」 등은 공적 건물에 부친 기문으로 권계하는 내용의 記事型이 많고, 「二老堂記」·「此君亭記」·「醉水亭記」·「遯齋記」 등은 사적 건물에 부친 기문으로 청탁자와 작자의 철리를 교섭하는 주제의식을 드러내는 議論型이 많다(권진옥, 위의 논문, 51~52면.).

27 孔子의 제자 복자천이 單父 고을의 수령이 되어서, 마루 아래로 내려오는 일이 없이 거문고만 연주했는데도 잘 다스려지고 교화가 이루어졌다는 고사이다.

28 비심은 춘추 시대 鄭나라 대부이다. "비심은 계획을 잘 세웠는데 야외로 나가서 생각하면 좋은 계책을 얻고, 도시에서 생각하면 실패했다.[裨諶能謀 謀於野則獲 謀於邑則否]"라고 하였다.

29 崔錫鼎, 「字民樓記」, 『明谷集』 권9, "或曰 : "吏道以約己惠民爲本, 樓觀外物也, 於吏道何補焉?" 應之曰 : "不然。夫爲吏者, 朝而視事。朱墨眩眼, 牒訴盈耳, 左酬右應之靡暇. 必有高明爽塏之居, 以弛其張而縱其拘然後, 方無壅閉湫底之爲病。宓子之鳴琴, 裨諶之謀野, 皆是道也."

(나) 임소정은 공무 여가에 조망하기에 편리하고 길손이 구경하는 기물이 될 뿐만 아니라 또 선대의 일을 잇는 뜻이 있어서 또 기를 짓는 바이다.[30]

(다) 내가 노쇠하고 병든 몸으로 낙향하니 산천이 가로막혔는데, 차군정에 가서 그윽하고 뛰어난 경치를 직접 보고 그곳에 머물면서 자익과 시를 짓지 못한 것이 한스럽다.[31]

(라) 금천의 자하동[32]은 본래 경치가 뛰어나다고 소문났으며 도성과의 거리는 겨우 20리이고 도곡의 선영과 매우 가까워 마침내 그곳에 터를 정하였다. 계곡을 앞에 두고 두어 칸 정자를 지어 '이로당'이라 이름을 지었다. 시간이 날 때마다 형제가 함께 그곳을 찾아가 감상하고 배회하였고 마음이 가는 대로 기분이 내키면 반드시 술통을 가지고 술을 마셨다. 간간이 노래를 불러 흥을 돋우면 백발홍안이 서로 마주한 채로 당에서 기분 좋게 취하고 자제나 빈객도 동참하면서 어떨 때는 아침에 왔다가 저녁에 돌아가기도 하고 어떨 때는 하루나 이틀을 머물다 돌아가기도 했다.[33]

30 崔錫鼎, 「臨沼亭記」, 『明谷集』 권9, "是役也, 不惟公餘臨眺之便, 行客觀游之具, 抑有堂搆塗塈之義焉, 此又可書也已."

31 崔錫鼎, 「此君亭記」, 『明谷集』 권9, "余方衰病流落, 山川間之, 恨不致身亭上, 目擊幽脩之勝致, 與侯周旋詠歌其間也."

32 衿川 紫霞洞은 현재 서울시 관악구 신림동의 서울대학교가 있는 지역이다.

33 崔錫鼎, 「二老堂記」, 『明谷集』 권9, "衿川紫霞洞, 素以水石奇勝稱, 去京城僅二十里, 且爲其道谷先丘之密邇也, 遂卜居于玆地。臨溪構數間亭舍, 以二老名其顔。每於暇日, 昆仲並鑣而出, 探歷相羊, 隨意自適, 必携樽命酌. 間以笙歌侑歡, 白鬚紅頰, 相對頹然乎堂中, 子弟賓客從焉. 或朝出暮還, 或信宿乃歸."

(가)는 「자민루기字民樓記」의 일부분이다. 「자민루기」는 1689년(숙종 15) 명곡이 안동 부사 재임 당시 영천군수 신응징申應澄(1630~?)이 부탁하여 써준 기문이다. 명곡은 누정이 '관리의 도道에 도움이 되지 않는 외물'이라는 말하는 사람에게 관리는 정사로 인한 피로를 '높고 밝으며 앞이 탁 트인 장소'에서 긴장과 심리적 압박을 풀어야 병이 없다고 하였다. 명곡은 누정을 업무로 인한 스트레스를 풀 수 있는 휴식 공간이자 재충전의 공간으로 인식하고 있음을 볼 수 있다.

(나)는 「임소정기臨沼亭記」의 일부이다. 임소정은 제천 의림지義林池 주변에 있던 정자로 사진士珍 이진유李眞儒(1669~1730)가 제천 군수로 부임하여 지은 것이다. 의림지 주변은 사방이 바위 언덕으로 둘러싸여 있고 소나무와 회화나무가 울창한 빼어난 경관을 자랑하는 곳이다. 제천은 이진유의 집안과 인연이 매우 깊은 지역이다. 이진유의 고조인 이유간李惟侃(1550~1634)이 임진왜란 당시 이 고을의 수령을 지냈고, 증조부 이경직李景稷(1577~1640)도 부친을 모시고 제천에 머물렀다. 또한 당숙 이관성李觀成이 제천 수령으로 부임하여 선정을 베풀었다. 임소정은 백성들을 잘 보살폈던 선조들의 선정을 이어가고자 하는 이진유의 뜻을 담고 있는 그리움과 회상의 공간이라고 할 수 있다. 명곡은 임소정이 공무 여가에 관원들이 쉴 수 있는 공간이자 나그네에게 볼거리와 휴식을 제공하는 공간으로 인식하고 있음을 볼 수 있다.

(다)는 「차군정기此君亭記」의 일부이다. 차군정은 전남 화순에 있는 정자로 홍명하洪命夏(1608~1668)가 화순 현감 재임 시절인 1647~1648년 사이에 건립하였다. 그 후 자익子益 홍우익洪禹翊이 화순

현감으로 부임하여 중수하고, 명곡에게 기문을 부탁하였다. '차군'은 대나무의 별칭으로 왕희지의 아들 왕휘지가 늘 집에 대나무를 심어 놓고 "하루라도 차군이 없어서야 되겠는가[何可一日無此君]."라고 말한 것에서 유래하였다. 명곡은 차군정 주변의 아름다운 경치를 보면서 자익과 함께 시를 짓지 못한 것을 매우 안타까워하였다. 누정은 자연의 아름다움을 감상하는 공간이기도 하지만 시를 짓는 창작의 공간으로 인식하고 있는 것을 볼 수 있다.

(라)는 「이로당기二老堂記」의 일부이다. 이로당은 신여석申汝晳(1632~1695)과 신여철申汝哲(1634~1701) 형제가 지은 정자로 현재 서울대학교 주변에 있었다. 평소 우애가 좋았던 두 형제는 노년에 자하동 계곡에 자그마한 정자를 짓고 시간이 날 때마다 찾아가 술을 마시고 노래를 부르며 흥취를 즐겼다. 이로정에는 두 사람뿐만 아니라 자제와 지인들도 함께 찾아와 즐기며 친목을 도모하였다. 누정은 형제와 자녀들과 정을 나누는 공간이자 지인들과 함께 어울리며 친밀감을 높였던 사교의 공간으로 인식하고 있음을 볼 수 있다.

명곡은 누정이라는 공간에서 주변의 빼어난 경치를 완상하며 공무에 치진 몸과 마음을 잠시 내려놓기도 하고, 누정에 얽힌 사연에 자신의 심정을 얹어 근심을 달래기도 하였다. 또한 벗과 동료들과 함께 시를 짓거나 이별의 슬픔을 나누기도 하였다.

1) 흥취와 위로의 공간

명곡은 「자민루기」에서 누정의 탁트인 자연 풍광을 감상하는 것이 업무로 인해 쌓인 스트레스를 해소할 수 있고 병도 생기지 않는다고 하였다. 아름다운 풍경 속에 자리한 누정에서의 휴식과 재충전이 업무의 효율을 높일 수 있다는 것이다. 그는 누정을 아름다운 자연을 완상하며 즐기는 흥취의 공간으로 인식하였고, 때로는 현실의 괴로움을 위로받는 공간으로 인식하였다.

나그네 길에 이름난 정자 위에 오르니	客路上名亭
날아갈 듯한 기와는 별을 딸 것 같네	飛甍可摘星
산과 강은 고국을 둘러싸고 있고	山河圍故國
고운 화장한 듯 막 개여 아름답네	紅粉媚新晴
흥겨움은 마당극에서 만나기 쉽지만	興易逢場劇
시는 경계 맑은 곳에서 만나기 어렵다네	詩難遇境淸
경치를 보니 좋은 마음 커져	觀風多好意
나랏일 느슨해지는 것도 깨닫지 못하네	不覺緩王程[34]

이 시는 〈등연광정 안사이중경휴주래회登練光亭 按使李仲庚携酒來會〉로 1685년 겨울에 진주겸사은부사陳奏兼謝恩副使가 되어 연경燕京으로 가는 도중 평양에 있는 연광정에 올라 지은 시이다. 연광정은 예로부터 아름다운 풍광으로 이름나 있어 수많은 시인들의 시에 단골 소재로 등장했던 명승지이다. 명곡은 1685년과 1697년 두 차례의 사행 여정에서 연광정에 올라 당시의 감회를 읊었다.[35]

수련은 별을 딸 만큼 높은 곳에 있는 연광정의 위치와 처마 끝이 올라간 연광정의 모습을 그리고 있다. 이날 평안도 관찰사인 이세백

34 崔錫鼎, 〈登練光亭, 按使李仲庚携酒來會〉, 『明谷集』 권3.

35 명곡은 1685년 사행길에 〈登練光亭 按使李仲庚携酒來會〉·〈練光亭 用前韻靑字〉를, 1697년 사행길에 〈練光亭〉을 지었다.

李世白(1635~1703)은 술을 가지고 와 명곡과 함께 연광정에 올라 승경을 감상하며 술을 나누었다. 사행을 위해 고국을 떠나는 길에 올라선 연광정에서 바라본 고국산천의 풍광은 다른 때보다 감회가 남달랐을 것이다. 유유히 흘러가는 강과 주변을 둘러싸고 있는 산들을 애정 어린 시선으로 바라보며 구석구석까지 놓치지 않고 담아내려는 시인의 애틋한 심정이 잘 드러난다. 사행이라는 공무 수행 중임을 잠시 잊고 연광정의 아름다운 풍광에 흠뻑 취해 감상하는 시인 모습이 미련에 잘 나타나 있다.

형세 뛰어난 복주와 누가 크게 견줄 것인가　福州形勝較誰多
홍루를 절로 얻고 품격을 더했으니　自得紅樓品格加
예전 조정의 임금이 머물던 곳에 자취 남아있고　駐蹕前朝餘古迹
뭇 선비들의 시문은 명가에 전해졌지　籠紗群彥擅名家
공무 마치고 밤에 술 마시며 달을 바라보고　休衙夜酌宜看月
농사일 살피고 봄놀이 가서 또 꽃을 감상하네　省稼春行亦賞花
다시 남쪽 호수에서 푸른 배를 타고　復有南湖靑雀舫
미요의 물결 가운데 떠 있는 뗏목을 보네　波心未要着浮槎[36]

이 시는 〈영호루 차판상운暎湖樓 次板上韻〉 2수 중 첫 번째 수로 안동 영호루에 걸려있는 판액의 시에 차운[37]한 시이다. 명곡은 1688

---

36 崔錫鼎, 〈暎湖樓, 次板上韻〉, 『明谷集』 권3.

37 영호루에는 권근, 우탁, 채홍철의 시문이 걸려있다. 명곡이 차운한 시는 고려조의 문신 禹倬의 작품이다. (禹倬, 〈暎湖樓〉, 『東文選』 권15. "嶺南游蕩閱年多, 最愛湖山景氣加. 芳草渡頭分客路, 綠楊堤畔有農家. 風恬鏡面橫煙黛, 歲久墻頭長土花. 雨歇四郊歌擊壤, 坐看林杪漲寒槎.")

년(숙종 14) 장희빈의 어머니가 가마를 타고 궁궐에 온 것을 막다가 파직당한 이익수李益壽를 대관臺官에 의망했다가 안동 부사로 좌천되어 1689년 봄부터 여름까지 재임하였다.[38] 영호루는 진주 촉석루, 남원 광한루와 함께 한강 이남의 대표적인 누각으로 이름난 곳이다. 안동은 고려 때 복주福州로 불렀다. 고려 공민왕이 홍건적의 난을 피해 안동으로 피난왔을 때 적적한 마음을 달래기 위해 영호루를 자주 찾았다고 한다. 공민왕은 환궁 후 '영호루映湖樓'를 친필로 새긴 금자현판金子懸板을 보내어 영호루에 달게 하였다. 영호루에는 공민왕의 친필 현판 이외에 권근, 우탁, 채홍철 같은 당대 문인들의 시문이 걸려있는데 수련과 함련은 이를 묘사한 것이다. 수련과 함련은 과거의 시점에서 공민왕과 영호루에 대한 이야기를 소재로 내용을 구성하였고, 경련과 미련은 현재의 시점에서 시인이 안동 부사로서의 일상과 영호루 주변의 풍경을 그리고 있다. 사롱은 벽사롱碧紗籠을 가리킨다. 예전에 귀인이나 명사들이 지어 벽에 걸어 놓은 시문을 오래도록 보존하기 위해서 청사靑紗로 덮어 두었다. 여기에서는 영호루에 걸려 있는 판액의 시문들을 말한다.

경련과 미련은 공무와 백성을 살피는 일에 충실한 관료의 모습과 누정 주변의 아름다운 풍경을 완상하며 정치적 좌절의 우울감을 덜어내려는 모습을 보여준다. '미요未要'는 경북 의령의 옛 이름으로 낙동강이 흘러나가는 곳이기도 하다. 배를 타고 유유히 떠 있는 뗏목을 보면서 잠깐의 한가로운 여유를 즐기는 시인의 모습을 담담하게 그리고 있다. 다음의 시는 황해도 연안 부사 시절 평원당에 올라 지

38 『肅宗實錄』, 숙종 15년, 2월 2일.

은 시이다.

붉은 연꽃엔 삼추의 달빛 비추고 紅藕三秋月
푸른 산은 십 리의 성 같네 青山十里城
재주있는 이 뛰어나 크게 읊조리고 高吟才子妙
고운 난간 맑은 잔치 자리에 앉아있네 宴坐曲欄淸
얻고 잃음을 아니 무슨 어려움이 있겠는가 得喪知何有
오르내림도 오래되니 놀랍지도 않네 昇沈久不驚
오옹이 처마 위에 지은 상량문 梧翁楣上作
세상에 내 마음 일어나게 하네 曠世起余情[39]

이 시는 〈평원당만망平遠堂晩望〉으로 1690년 황해도 연안 부사 재임 당시 지은 것이다. 명곡은 1690년 여름 연안 부사로 부임하였다가 다음해인 1691년 여름 파직되었다. 연안 부사로 재임한 것은 1년 정도 밖에 안되지만 이때 지은 누정시가 7제 11수에 이른다.

평원당은 오음梧陰 윤두수尹斗壽(1533~1601)가 연안 부사로 재임할 당시 지은 정자이다. 윤두수는 1580년~ 1581년 사이 대기근이 들었을 때 이를 수습한 공으로 임금으로부터 은사恩賜를 하사받고, 이를 기념하기 위해 객관 남쪽에 평원당을 지었다. 윤두수가 직접 상량문을 썼고, 율곡栗谷 이이李珥가 「평원당기平遠堂記」[40]를 썼다. 윤두수는 『오음유고梧陰遺稿』에 수록된 235수의 시 가운데 누정에 관한 시가 50수가 넘을 정도로 누정은 오음의 주요 문학 활동처라고

39 崔錫鼎, 〈平遠堂晩望〉, 『明谷集』 권3.
40 李珥, 〈平遠堂記〉, 『栗谷全書』 권13.

할 수 있다. 16세기에 활동한 윤두수의 누정시는 외경의 즐거움을 통해 성정을 도야하고 덕성을 함양하는 성리학적 도道를 체득하기 위한 수신처로서의 성격이 강하게 나타난다.[41] 반면에 명곡의 누정시는 휴식과 개인적인 일상, 그리고 시 창작이 행해지는 사적 공간으로서의 성격이 강하게 나타난다.

이 시는 가을이 깊어진 달밤 평원당 주변의 풍경과 평원당에서 벌어진 연회의 모습을 묘사하고 그 속에서 마음의 평정과 위로를 얻는 시인의 내면을 그리고 있다. 시인의 시선이 평원당 외부의 정경에서 평원당 내부, 그리고 시인 본인의 내면으로 향하고 있어 독자의 시선을 집중시키고 있다.

수련은 평원당 주변의 가을 풍경을 붉은색과 푸른색의 색채대비를 통해 화려하게 그리고 있고, 함련은 평원당에서 벌어지는 연회의 모습을 묘사하였다. 연회에 참석한 이들을 '재자才子'로 표현하여 칭찬하고 있다. 경련은 외직으로 내쳐져 정치적으로 힘겨운 현재의 상황에 연연해하지 않는 달관적인 자세를 보여준다. 여러 차례에 걸쳐 정치적 부침을 겪었던 시인의 험난한 환로를 짐작하게 한다.

미련의 오옹은 윤두수를 가리킨다. 윤두수가 써놓은 상량문을 통해 위로와 힘을 얻는 시인의 긍정적인 현실 인식을 엿볼 수 있다. 모습에서 평원당 밖의 현실은 어둡고 힘겨운 세상이지만 평원당 안은 현실의 걱정에서 벗어날 수 있는 위안처이자 위로의 공간인 것이다.

41 이강렬, 위의 논문, 55면.

2) 그리움과 회상의 공간

명곡은 치열한 정쟁 속에 여러 차례 정치적 부침을 겪으며 지방관으로 부임하기도 하였고, 사행이라는 막중한 임무를 띠고 중국을 다녀오기도 하였다. 타향에서 만나는 누정은 그에게 객수와 이별의 아쉬움을 달래는 공간이자 누정에 얽힌 사연과 비슷한 자신의 사적 기억을 회상하는 공간이기도 하였다.

낙엽으로 오솔길도 보이지 않고	落葉迷樵逕
시든 꽃은 주천 마을 가까이에 있네	寒花近酒村
서울의 기러기는 편지에 응답하는데	書應秦地雁
초산에 원숭이 우니 가을 벌써 왔네	秋已楚山猿
누대 그림자 흐르는 시내 속에 보이고	樓影中流見
여울의 물소리 땅거미 지니 요란해지네	灘聲薄暮喧
시 짓다가 되려 홀로 읊조리고	詩成還獨詠
누구와 함께 맑은 술잔 나눌까	誰與共淸樽[42]

이 시는 〈주천 태허루酒泉 淸虛樓〉로 1675년 가을 한림翰林으로 오대산 사고에 파견되었을 때 지은 시이다. 주천은 강원도 영월의 옛 이름이다. 청허루는 영월 주천현 객관 서쪽에 있었던 누각으로 동쪽의 응허루凴虛樓와 함께 주천현을 대표하는 누각이었다. 현재 남아있는 청허루는 소실된 후 복원된 것으로 숙종과 영조의 친필 어제시가 남아있다.

이 시는 시간의 흐름에 초점을 맞춰 시상이 전개되고 있다. 수련

42 崔錫鼎, 〈酒泉淸虛樓〉, 『明谷集』 권1.

은 점차 깊어져 가는 가을날의 정경을 그리고 있다. 낙엽으로 덮혀 길조차 보이지 않는 오솔길의 정경과 마을 주변의 꽃들까지 시들었음은 가을이 매우 깊었음을 알려준다. 함련은 임금의 명을 받아 강원도 외지에서 근무하고 있는 외로운 처지를 소무蘇武의 고사와 소식蘇軾의 시 구절을 인용하여 묘사하였다. '초산원楚山猿'은 소식의 시 〈양강공유석상취도사위부차시楊康功有石狀醉道士爲賦此詩〉의 첫 구절인 '초산고다원楚山固多猿'를 인용한 시구이다.

해지는 저물녘 점차 어두워지는 전경과 점점 크게 울리는 여울의 물소리는 정적감을 극대화 시킴으로 외롭고 쓸쓸한 심상을 강조하고 있다. 명곡은 가족을 떠나 외직에 있는 쓸쓸한 심사를 청허루에서 시를 읊조리며 홀로 풀었다. 함께 술을 나눌 사람이 없다는 읊조림에서 외로운 심정이 잘 나타난다.

천리 길 함관에서 아버님 가르침 막혔어도	咸關千里阻趨庭
여기 정자 지은 어버이 그리움을 너는 알겠구나	知爾思親此構亭
한양으로 돌아가고픈 마음 구름은 아득한데	漢北歸心雲渺渺
하늘 끝의 좌천길에 말은 건장하네	天涯謫宦馬駉駉
언제 노래자처럼 다시 색동옷 입어볼까	幾時萊服重披綵
그날 궁궐 부들자리 옛날에 엎드렸던 자리였는데	當日宮蒲舊伏靑
생각나 편액을 바라보니 큰 글씨 써있고	扁額想看書大字
묵화는 반짝거리며 어둠이 다한 곳 비추네	墨花璀璨照窮溟[43]

이 시는 〈기제망운정寄題望雲亭〉이다. 망운정은 함경도 고산에 있

43 崔錫鼎, 〈寄題望雲亭〉, 『明谷集』 권2.

는 정자로 박세당朴世堂(1629~1703)의 아들인 박태유朴泰維(1648~1696)가 고산도 찰방山道察訪으로 좌천당했을 때 아버지를 그리며 지은 정자이다. 이 시의 마지막 구절 뒤에 박태유가 고산에 세운 곳이라는 주석[44]이 있다. 명곡은 박태유뿐만 아니라 그의 부친인 박세당, 그리고 당숙인 박세채와 교유하였다. 박세채는 명곡의 스승이기도 하다. 이 시는 누정 주변 풍광의 묘사는 생략하고 오롯이 정자에 담긴 사연과 어버이를 그리는 자신의 심정을 담고 있다. 망운정은 처음 가보는 장소이지만 그 장소에 담긴 사연이 자신의 마음과 같다는 점에서 어버이에 대한 그리움을 절로 소환시키는 회상의 공간이 된다.

이 시는 1684~1685년 사이에 쓰여졌는데, 명곡은 1680년, 1682년에 차례로 부친과 모친을 여의었다. 어버이를 그리는 정이 가득한 망운정은 그에게 부모에 대한 절절한 그리움을 회상시키는 공간이 된 것이다. 망운정의 편액은 박태유가 썼던 것으로 보인다. 박태유는 당대 명필로 이름이 나 있었다. 박태유가 쓴 편액과 묵화는 부모에 대한 그리움을 더욱 증폭시키는 매개물이기도 하다.

수레를 멈추고 여기에 머무르니	征車此焉駐
깊은 생각 넓어 다하기 어려운데	幽思浩難窮
흰 뜬구름에 지나간 자취 있고	往跡浮雲白
붉은 낙조에 서글프게 읊조리네	悲吟落照紅
푸른 물결은 나그네 보내는 듯하는데	滄波如送客
묵은 나무은 오히려 바람을 머금네	古木尙含風

44 高山郵館, 朴士安泰維所建. 士安工於書字, 獨步一代.

어린 시절 함께 사숙하며　　小子同私淑
눈 속에 있던 일 부질없이 품어보네　　空懷立雪中[45]

이 시는 〈화석정 경차율곡선생운花石亭 敬次栗谷先生韻〉이다. 화석정은 경기도 파주에 있는 정자로 1443년(세종 25)에 이명신李明晨이 건립하였다. 이후 이명신의 증손인 율곡이 중수하여 관직에서 물러난 후 여생을 보낸 곳이다. 명곡은 박세채에게 학문을 익혔는데 박세채는 이이를 매우 존경하여 사숙私淑하였다. 명곡 역시 이이를 사숙한 것으로 보인다. 율곡이 중수한 화석정은 명곡에게 각별한 의미를 지닌 공간인 셈이다. 화석정 주변을 흘러가는 흰 구름, 저물녘의 붉은 노을 하나하나가 모두 율곡의 자취를 떠올리게 한다. 이는 화석정이라는 공간에서만 느낄 수 있는 감정인 것이다. 특히 함련과 경련은 색채어를 적극적으로 사용하여 당풍의 이미지를 보여준다.

또한 화석정은 어린 시절 함께 모여 율곡을 사숙하던 때를 소환하는 회상의 공간인 것이다. '입설立雪'은 '정문입설程門立雪'[46]을 뜻하는

45 崔錫鼎, 〈花石亭, 敬次栗谷先生韻〉, 『明谷集』 권3.

46 程門立雪 : 양시와 유초는 처음에는 정호(程顥)를 스승으로 모셨고 스승인 정호가 세상을 떠났을 때, 이미 40세가 된 그들은 오래전에 진사(進士) 과에 합격하였다. 그러나 이 둘은 다시 정이(程?)를 스승으로 모시고 공부를 계속하였다. 양시와 유초가 정이(程?)를 처음 찾아갔을 때, 정이는 눈을 감고 정좌(靜坐)를 하고 있어서 두 사람은 공손하게 밖에서 서서 기다렸다. 나중에 정이는 그들이 밖에서 기다리고 있는 것을 보고 "너희는 계속 거기에 있었느냐? 날이 저물었다 그만 돌아가 쉬어라!"라고 말하면서 문을 나서 보니 문밖에는 눈이 한 척이나 쌓여 있었다. 이에 후세 사람들은 도(道)를 중요시하고 스승을 존경하며, 학문을 간절히 배우고자 함을 비유하여 "정문입설(程門立雪)"이라 하였다. (《이정어록(二程語錄)》)후세에 제자가 스승에

시어로 제자가 스승에게 정성을 다하여 가르침을 청하는 태도를 의미한다.

其二

긴 호수 얼어 합쳐지기 시작하니	長湖氷始合
올해도 저물어가네	玆歲又將闌
멀리서 온 나그네 저물녘 난간에 있는데	遠客欄干暮
우는 새는 차가운 성가퀴에 있네	啼烏睥睨寒
사귐을 논함은 서릿발 같은 칼에 있지만	論交霜刃在
이별의 한은 촛불의 불꽃에 남아있네	恨別燭花殘
다른 날 그대 그리워하는 곳에서	他日思君處
새로운 시 펼쳐서 보리라	新詩爲展看[47]

이 시는 〈창랑장귀한양 야등평원당滄浪將歸漢陽 夜登平遠堂〉 3수 중 두 번째 수이다. 창랑은 홍세태洪世泰(1653~1725)의 호이다. 홍세태는 역관출신으로 소론인 최석정 뿐만 아니라 노론 문인인 김창흡金昌翕(1653~1722), 이규명李奎明 등과 시를 교유하며 친분을 나누었고 낙사洛社라는 위항인 시사를 이끌기도 했던 위항시인이다. 평원당은 윤두수尹斗壽(1533~1601)가 연안 부사 재직 시절에 지은 누각으로 윤두수가 쓴 상량문이 남아있다. 당시 명곡은 황해도 연안 부사로 재직 중이었고, 홍세태는 연안까지 찾아와 한동안 머물렀던 것으로 보인다. 이때 명곡의 아들 최창대도 부친과 함께 연안에 머물렀는데

게 정성을 다하여 가르침을 청하는 태도를 「정문입설(程門立雪 : 정자 집의 문에서 눈을 맞으며 서 있었다)」이라는 말로 표현하게 되었다.

47 崔錫鼎, 〈滄浪將歸漢陽, 夜登平遠堂〉, 『明谷集』 권3.

이들은 함께 여러 차례 평원당에 올라 시를 지었다.

이 시는 한양으로 돌아가는 홍세태와의 이별을 아쉬워하며 평원당에서 지은 시로 평원당 주변의 풍광 묘사보다는 벗과의 이별을 아쉬워하는 정서의 표출이 중심이 되어 묘사되어 있다. 누정은 만남의 즐거움과 동시에 이별의 아쉬움이 공존하는 공간이다. 누정에서 함께 술을 나누고 시를 쓰면서 서로의 마음을 확인하고 돈독한 정을 나누었다.

수련은 시간적 배경을 묘사하였고 함련은 공간적 배경인 평원당의 모습과 주변을 묘사하였다. 한 해가 저물어가는 세모 무렵의 저녁은 이별의 서글픔을 배가시키는 시간적 배경이 된다. 두 번째 구절인 '자세우장란玆歲又將闌'은 조부인 최명길의 시 〈우제偶題〉[48] 두 번째 구를 인용한 것이다. 차가운 겨울 저녁에 들리는 새소리는 스산하고 쓸쓸한 분위기를 연출함으로써 이별의 아쉬움을 그리고 있다.

3) 창작과 사교의 공간

누정은 오래전부터 문인들에게 시문을 짓고 사회적 교류를 위한 좋은 장소로 인식되었다.[49] 2~3명 이상의 문인들이 모여 시를 창작하는 집단을 시사詩社 또는 시회詩會라 부르고 그 구성원을 동인同人

48 崔鳴吉, 〈偶吟〉, 『遲川先生集』 권6, "秋分忽已過, 玆歲又將闌. 露下蟲音促, 雲邊雁影寒. 浮生南復北, 明月缺仍團. 萬事從眞宰, 吾心到處安."

49 이현우, 「16~18세기 영호남 누정에 깃든 문화경관의 의미론적 해석」, 『문화재』 45, 국립문화재연구소, 2012, 192면.

이라고 부르는데[50] 18세기에 이르면 시회와 시사 활동이 매우 활발하게 전개된다. 이전 시기인 17세기에도 청풍계나 침류대 같은 시회 활동이 이루어졌고, 향유계층도 확대되어 갔다. 조선 후기 시단에서 시사와 시회의 존재는 시인의 활동에서 중요한 비중을 차지한다. 많은 시인들은 크고 작은 모임을 통해 창작 활동을 전개해 나갔다. 명곡의 경우 표면적으로 시회나 시사를 표방하지는 않았지만 누정에서 벗과 동료들과 함께 시를 짓고 흥취를 즐겼던 모습들이 자주 포착된다. 시회나 시사는 그 성격에 따라 다양하게 구분되는데[51] 명곡은 누정에서 벗과 친족, 지인들과 시를 지으며 친목을 도모하는 경우가 많았다. 명곡에게 누정은 벗과 동료들 간의 친목을 다지고 함께 시를 짓는 창작 공간이자 친목을 도모하는 사교의 공간으로 인식되었다.

구학정과 난정 양쪽에 나란할만 하니	鶴亭可並蘭亭兩
전배와 우리 셋은 어떠한가	前輩何如我輩三
잠시 물가로 향해 잔치 자리 만들어	暫向水邊成宴坐
대숲 속 따라 말을 세우고 노니네	仍從竹裏憩游驂
물결에 얽힌 작은 술잔 바람 따라 출렁이고	縈波細酌隨風灩

50 안대회, 「18세기 시사의 현황과 전개양상」, 『고전문학연구』 44, 한국고전문학회, 422면.

51 시회나 시사는 성격에 따라 정치적 결사의 同人會의 성격, 매화나 국화와 같은 화훼를 감상하는 花柳會의 성격, 명승지 나들이를 겸한 野遊會의 성격, 집안 친족이나 친구들과 친목을 도모하는 親睦會의 성격, 書畫 골동품이나 음악을 감상하는 감상회 성격 등으로 구분할 수 있다(안대회, 위의 논문, 427면.).

언덕 사이 무르익은 꽃은 비가 지나니 처져있네 夾岸濃花過雨毿
영각에서 아버님 가르침 받고 한가한 날 넉넉하니 鈴閣趨庭饒暇日
일 막힌 것 찾다가 소리 내어 읊조려도 무방하다네 不妨吟嘯事窮探[52]

이 시는 〈중삼방구학정 여항제헌질유상 용삼자운重三訪龜鶴亭 與恒弟憲姪流觴 用三字韻〉 2수 중 첫 번째 시로 삼짇날 영천의 구학정을 방문하고 쓴 시이다. 명곡은 1655년(효종 6) 봄 부친 최후량崔後亮(1616~1693)이 영천군수로 부임하자 따라가 여름까지 영천에 머물렀다. 구학정은 김륵金玏(1540~1616)이 영천에 지은 정자로 금으로 쓴 편액과 김륵과 가까웠던 유성룡柳成龍, 차천로車天輅, 홍가신洪可臣, 이수광李睟光, 이석李晳 등 당대 뛰어난 문인들의 찬시讚詩가 걸려 있었다고 한다.

명곡은 구학정을 좋아하여 여러 차례 방문하였는데 이 시는 세 번째 방문 당시 지은 것이다. 이때 동생인 최석항崔錫恒(1654~1724)과 조카 최창헌崔昌憲(1662~?)이 함께 동행하였다. 이들은 삼짇날을 맞아 구학정에 찾아 흐르는 물에 술잔을 띄우며 시를 짓고 노니며 혈족 간의 깊은 우애와 친목을 다졌다.

수련은 구학정을 난정蘭亭에 비유하고 자신을 비롯한 일행을 난정에 참여했던 시인들에 견주고 있다. 난정은 중국 회음현會稽縣 산음山陰에 있는 정자로 왕희지가 여러 문인들과 정자에 모여 시를 짓던 곳이다. 명곡이 난정계와 같은 시회를 결성하여 활동하지는 않았지만 지금의 모임을 난정계와 같은 시회의 성격을 부여하고 있음을 알 수 있다.

52 崔錫鼎, 〈重三訪龜鶴亭, 與恒弟憲姪流觴, 用三字韻〉, 『明谷集』 권2.

함련은 구학정 주변의 모습을 그리고 있다. 구학정 주변에 강과 대숲이 있음을 알 수 있다. 경련은 삼짇날 세 사람이 봄을 즐기는 모습과 봄풍경을 묘사하였다. 흐르는 물에 술잔을 띄우고 술을 마시는 것을 '곡수유상曲水流觴'라고 하는데 『진서晉書』 「속석전束晳傳」에 진무제晉武帝가 3월 삼짇날 곡수曲水하는 뜻을 묻자 속석束晳이 "옛날에 주공周公이 낙읍洛邑에 성을 쌓고 흐르는 물에 술잔을 띄웠으므로 그 시에 '우상수파류羽觴隨波流'라고 하였습니다. 그리고 왕희지의 난정 모임도 여기에서 비롯한 것입니다."라고 답하였다는 이야기가 나온다. 살랑거리는 봄바람에 유유히 떠있는 작은 술잔과 만개한 꽃들이 비를 맞아 처져있는 풍경이 여유로운 봄날의 한 장면을 보여준다. 영각鈴閣은 지방관이 집무하는 곳을 말하고, 추정趨庭은 자식이 부친을 뵙고 가르침을 받는 것을 말한다. 부친의 임소에 와서 가르침을 받고, 시를 읊조리는 일상의 여유로움이 잘 나타난다. 다음의 시는 1686년 1월 사행길에 지은 시로 시흥詩興의 홍취가 한껏 묻어 있다.

아득히 나는 듯한 정자 단청 빛나고	飛亭迢遞煥丹靑
서관의 아름다운 풍경 이 성을 말하는 것이네	佳麗西關說此城
윤택한 도성을 돌아보니 관청을 열었던 곳이고	潤色都巡開府地
오래 머물던 학사들 배를 띄우러 가네	淹留學士泛槎行
맑은 강물빛은 아름다운 풍경 거꾸로 그려내고	明粧倒寫澄江色
쇠를 치는 소리는 춤추는 소매 날기를 재촉하네	舞袖催翻鐵撥聲
취해 난간에 기댄 나를 안고 달래며	醉後憑欄寬我抱
다시 부르는 손님들 따라 시 짓기 재촉하네	更呼賓從促詩成[53]

이 시는 〈연광정 용전운청자練光亭 用前韻青字〉로 연광정 주변의 아름다운 풍경을 즐기며 사람들과 모여 시를 짓는 흥겨운 모습이 잘 나타나있다. 명곡은 누정에서 시 짓기를 즐긴 것으로 보인다. 그의 누정시에는 시 창작에 관련된 시어들과 상황들이 빈번하게 등장한다. 누정에서 시를 짓는 경우는 홀로 누정을 찾아 조용히 음영吟詠하는 경우도 있고, 여러 명이 함께 어울려 친목을 나누고 시를 짓는 시회의 성격을 지닌 경우도 있다. 명곡의 경우 혼자 음영하는 경우보다 여러 명이 모인 자리에서 시를 지은 경우가 더 많다. 위의 시에서 누정에 함께 있는 인물에 대한 구체적인 언급은 없지만 미련의 구절을 통해 여러 명이 모여 돌아가며 시를 수창하고 있음을 알 수 있다.

수련과 함련은 화려한 단청을 입고 나는 듯이 서 있는 화려한 연광정의 외형과 서관 제일의 풍경을 자랑하는 평양의 모습을 묘사하였다. 서관은 황해도와 평안도를 통틀어 이르는 말이다. 도성의 모습과 관청이 열려 백성들을 보살피는 업무가 잘 이루어지고 있고, 오랫동안 열심히 공부하던 선비들이 선유船遊를 즐기기 위해 배를 띄우러 가는 모습을 그리고 있다. 연광정 주변의 아름다운 풍경을 감상하는데 그치지 않고 백성들의 삶을 살피는 관료의 시선을 함께 보여주고 있다.

경련은 맑은 물에 비친 연광정의 모습과 어디선가 들려오는 쇠치는 소리에 저절로 소매 자락이 올라가는 흥겨움을 보여주고 있다. 시각과 청각적 이미지와 어우러져 멈추어 있는 정적인 장면과 움직

53 崔錫鼎, 〈練光亭, 用前韻青字〉, 『明谷集』 권3.

임이 강조된 동적인 장면이 대비적으로 묘사되어 입체적인 장면을 그려내고 있다. 미련은 연광정이 시를 짓는 창작의 공간이자 사교의 공간임을 직접적으로 보여주고 있다. 연광정을 비롯한 누정은 벗, 동료 등과의 교유를 돈독하게 하는 사교의 공간이자 시를 창작하는 시회의 공간이기도 하다. 다음의 시에서도 이와같은 양상을 살펴볼 수 있다.

其二

오늘 밤 좋은 잔치로 다행히 자리 대접하니	良讌今宵幸接茵
한 줄기 관가의 촛불 그림자 흔들리는 봄되니	一條官燭影搖春
강산은 이제부터 신선이 놀던 굴이 되겠구나	江山自是神仙窟
마지막 의기는 우리 무리의 사람이니	意氣終須我輩人
옻칠처럼 나누는 정은 던져져도 합해지고	似漆交情投處合
바둑 같은 세상일은 붙어서 새로 오네	如棋世事着來新
남쪽 누대에서 시 천수 짓기 정했으니	南樓定有詩千首
자주 싫증내지 않고 돌아가는 날 연락하리	歸日傳筒不厭頻[54]

이 시는 〈망호루 동밀양홍사군구언부望湖樓 同密陽洪使君九言賦〉 2수 중 두 번째 시이다. 망호루는 안동에 있는 누각이다. 이 시는 명곡이 안동 부사에서 체임되어 다시 서울로 떠나야 하는 상황에서 밀양 부사였던 홍구언과 함께 이별의 정을 나누며 지은 시이다. 누정은 주변의 승경을 감상하는 공간 뿐만 아니라 만남과 이별이 이루어지는 사교의 공간이기도 하다. 누정에는 열리는 연회는 참석한 사람들을

54 崔錫鼎, 〈望湖樓, 同密陽洪使君九言賦〉, 『明谷集』 권3.

하나로 묶는 의식이 되며 누정은 기억의 장소가 된다.

이 시는 망호루 주변의 자연 풍광보다는 이별을 앞에 두고 벌어진 연회에서 느끼는 시인의 심정 묘사가 중심이 되고 있다. 망호루는 승경을 감상하는 공간이 아닌 이별의 아쉬움을 나누며 정을 돈독하게 다지는 사교의 공간으로 그려져 있다. 명곡과 홍구언은 이별의 아쉬움을 시를 지으며 달래었다. 남루에서 천 수의 시를 짓기로 약속했다는 구절은 누정이 문인들의 주요 시 창작 공간이었음을 보여준다.

4. 결론

명곡은 40여 년의 관직 생활 중 여러 차례 사직과 복직을 반복하였다. 그가 관직에 있던 때는 노론과 소론 그리고 남인 간의 정쟁이 한창이던 때였다. 숙종조의 세 차례에 걸친 환국으로 인한 어지러운 정국은 그의 환로가 평탄치 않았던 까닭이기도 하다. 그가 남긴 950여 수의 시는 이러한 삶의 여정을 반영하는 흔적이기도 하다.

누정은 관영官營 소재의 공적 공간에서 16세기 이후 그 숫자가 증가하며 사림들의 은거와 심성 수양의 공간으로 인식되었다가 17세기 이후 점차 개인의 일상을 영위하는 사적인 공간으로서의 성격이 강해졌다. 명곡의 누정시는 개인적인 공간으로 인식되고 있는 시대의 변화를 잘 보여준다.

동일한 공간이라도 그곳에 어떤 의미를 두고 어떻게 인식하느냐는 개인에 따라 매우 다르게 나타난다. 명곡에게 누정은 아름다운 산수의 감상하고 이를 통해 정쟁으로 인해 지친 현실을 잊게 해주는 위로의 공간이자 그리움과 회상의 공간으로 인식되었다. 또한 가족과 벗, 동료들과 함께 정을 나누며 시를 짓던 문학 공간이기도 하였다.

본고는 명곡의 누정시를 고찰하고 누정에 대한 공간 인식을 살펴 그의 시세계 일부를 조망해 보고자 하였다. 그러나 형상화에 대한 부분과 문학관에 따른 시세계 양상이 논의되지 않아 다소 미진한 점이 있다. 이는 추후 연구를 통해 보완하기로 한다.

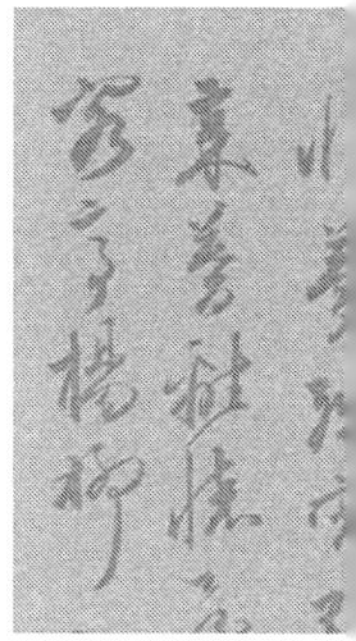

Ⅱ. 명곡 최석정의 사행시

유진희

1. 서론

명곡明谷 최석정崔錫鼎(1646~1715)은 숙종 조에 활동한 인물로 남구만을 이은 소론의 영수로 손꼽힌다. 명곡은 40년에 걸쳐 영의정을 10번 역임하는 등 왕성한 정치 활동을 하였다. 이처럼 정치 활동으로 부각되는 면모 때문인지 명곡과 관련한 기존의 연구는 명곡의 정치사상이나 수학과 관련된 연구가 주로 이루어졌다.[55] 최근에는 명

55 김용운, 「최석정의 마법진」, 『한양대학교 논문집』8, 1974. ; 윤태주, 「崔錫鼎의 九數略에 나타난 數理思想과 유럽數學의 收容에 對한 考察」, 경북대학교 교육대학원 석사학위논문, 1988. ; 강신엽, 「최석정의 정치사상」, 『동국사학』28, 동국사학회, 1994. ; 신병주, 「17세기 후반 소론학자의 사상 : 윤증 · 최석정을 중심으로」, 『역사와 현실』13, 한국역사연구회, 1994. ; 박성래, 「한국 역사상 가장 뛰어난 수학자 최석정」, 『과학과 기술』37, 한국과학기술단체총연합회, 2004. ; 김용흠, 「숙종대 소론 변통론의 계통과 탕평론 –明谷 崔錫鼎을 중심으로–」, 『한국사상사학』32, 한국사상사학회, 2009. ;

곡의 문학에 대한 연구[56]가 몇 편 이루어지기는 하였다. 그러나 명곡의 문집인 『명곡집明谷集』의 1~6권에 명곡이 지은 737제題 958수首의 시가 수록되어 많은 시가 남아 있는 것에 비하여 현재까지 이루어진 명곡과 관련된 연구는 아직 부족한 것으로 보인다.

명곡은 살면서 두 차례의 사행을 다녀왔다. 그러나 사행은 여러 목적이 있기 때문에 사행의 목적에 따라 사신단의 분위기가 달라지기도 한다. 또한 주어진 임무를 수행했는가 그렇지 못한가에 따라서도 달라진다. 명곡은 두 차례의 사행에서 맡았던 직책이 달랐으며

정해남, 「수학철학적 관점에서 본 〈구수략〉」, 『한국수학사학회지』22, 한국수학사학회, 2009. ; 김성숙, 강미경, 「최석정의 직교라틴방진」, 『한국수학사학회지』23, 한국수학사학회, 2010. ; 이희재, 「17세기 최석정의 신뢰사회 구축을 위한 조화와 탕평의 리더십」, 『율곡학연구』23, 율곡연구원, 2011. ; 오영숙, 「조선후기 算學의 一面 : 崔錫鼎의 算 '읽기'」, 『한국실학연구』24, 한국실학회, 2012. ; 송홍엽, 「오일러를 앞선 최석정의 오일러방진」, 『정보와 통신』30, 한국통신학회, 2013. ; 이상구 · 이재화, 「최석정의 산학연구와 「養窩集」의 저자 李世龜」, 「한국수학사학회지」28, 한국수학사학회, 2015. ; 김용흠, 「소론 정승이 장희빈을 살리려는 이유는? - 명곡 최석정의 정치노선과 탕평책 -」, 『내일을 여는 역사』 66, 2017. ; 조희영, 「『九數略』, 송대 도서상수학으로 짜인 조선수학서」, 『정신문화연구』40, 한국학중앙연구원, 2017.

56 김묘정, 「1697년 삼사(三使) 연행시의 교류성 연구 - 최석정(崔錫鼎) · 송상기(宋相琦) · 최규서(崔奎瑞)의 작품을 중심으로), 『한민족어문학』 78, 한민족어문학회, 2017. ; 권진옥, 「明谷 崔錫鼎의 記文 연구」, 『동아시아고대학』 49, 동아시아고대학회, 2018. ; 「明谷 崔錫鼎(최석정)의 논설류 산문 연구」, 『동양고전연구』 70, 동양고전학회, 2018. ; 윤재환, 「명곡 최석정의 상소문 연구 - 因宋婺源疏 辨誣辭職 仍陳先祖事蹟疏를 중심으로」, 『한국문학과 예술』 27, 숭실대학교 한국문학과 예술연구소, 2018.

사행의 목적과 결과가 모두 달랐다. 1686년 부사로 다녀온 첫 번째 사행에서는 더없는 치욕을 당하기도 하였고, 1697년 정사로 다녀온 두 번째 사행에서는 지난 사신단이 수행하지 못했던 임무를 다시 수행하기 위해 차출되었다가 성공적으로 목적을 달성하고 돌아오기도 했다.

『명곡집』의 1~6권에 수록된 총 32개의 시록에는 명곡이 지었던 시들이 시기 순으로 수록되어 있다. 그 가운데 3권의 첫 번째 시록인 「초여록椒餘錄」과 5권의 두 번째 시록인 「자회록蔗回錄」은 명곡의 두 차례의 사행길에 지은 시를 모아놓은 것이다. 「초여록」에는 1686년 진주겸사은부사陳奏兼謝恩副使로 사행을 다녀왔을 때에 지은 시를 모아두었으며 「자회록」에는 1697년 왕세자책봉주청사王世子冊封奏請使로 사행을 다녀왔을 때에 지은 시를 모아두었다. 두 시록에 수록되어 있는 시는 158제題 178수首로 전체 시의 18% 정도에 해당하는 분량이다. 1686년의 사행기간은 채 5달이 되지 않으며, 1697년의 사행기간은 5개월이 좀 더 넘어 두 사행의 기간을 합치면 약 10개월 정도가 된다. 이 10개월 동안 지은 시가 명곡이 18~68세까지 지은 시 가운데 18%에 해당한다면 두 차례의 사행이 명곡에게 상당히 인상 깊었던 사건이었음을 유추해 볼 수 있다.

본고에서는 먼저 명곡의 1686년 사행과 1697년 사행이 어떻게 진행되었는지를 간략하게 살펴보고 각 시록에 실린 시들의 특징을 찾아 명곡의 사행시를 본격적으로 고찰한 뒤 「초여록」과 「자회록」의 거리에 대해서도 아울러 논해보고자 한다. 이러한 작업으로 명곡의 시와 그의 의식세계를 보다 폭넓게 설명할 수 있으며, 동시에 사행시를 다양하게 이해할 수 있을 것으로 보인다.

2. 명곡의 사행 경험과 「초여록椒餘錄」·「자회록蔗回錄」

명곡의 문집인 『명곡집明谷集』은 총 34권으로 이루어져 있으며 그 가운데 1~6권에 명곡이 18세부터[57] 68세까지 약 50년 동안 지은 시가 수록되어 있다. 각 권은 4~7개의 시록으로 구성되어 있는데, 각 시록에는 그 시록이 지어진 시기, 장소, 상황 등의 배경이 간략하게 서술되어 있다. 각 시록에는 적게는 7수에서 많게는 91수의 시가 실려 있다. 그 가운데 시가 가장 많이 수록되어 있는 시록은 3권의 첫 번째 시록인 「초여록椒餘錄」이며, 그 다음으로 많은 시가 실린 시록은 5권의 두 번째 시록인 「자회록蔗回錄」이다. 「초여록」은 1686년 명곡이 진주겸사은부사陳奏兼謝恩副使로 연경에 다녀올 때에 지은 87題 91首의 시를 모아둔 시록이며, 「자회록」은 1697년 9월 왕세자책봉주청사王世子冊封奏請使로 연경에 다녀올 때에 지은 71제題 87수首의 시를 모아놓은 시록이다. 명곡은 일생동안 두 차례 중국에 연행을 다녀오면서 158제題 178수首의 시를 지었다. 이는 명곡이 평생동안 지은 전체 시의 18%에 해당한다. 명곡이 자신의 사행 경험을 이처럼 많은 시로 남겨두었다는 것은 명곡에게 이 두 차례의 사행이 인상 깊었다는 것을 반증한다. 명곡이 사행 기간 동안 시은 시들을 구체적으로 살펴보면 아래의 표와 같다.

57 『明谷集』에 가장 먼저 수록된 시는 〈頭陀山歌 敬送南先生鎭川之行〉이다. 그러나 이 시의 창작시기는 밝혀두지 않았고 두 번째 수록된 시인 〈卽事〉에 癸卯(1663년)라는 주석이 달려있어 명곡의 시 가운데 창작시기가 가장 빠른 것으로 확인된다.

椒餘錄			蔗回錄		
제목	수량	형식	제목	수량	형식
高陽客舍 次家弟汝久韻	1	5언율시	玉溜泉 次書狀宋玉汝韻	2	5언율시
同遊花石亭 次壁上韻	1	5언율시	次益損堂板上韻	1	5언율시
早發松京 示經歷洪成仲萬遂	1	7언율시	次韻湖上亭	1	7언율시
龍泉途中	1	7언절구	次書狀太虛樓韻	1	7언율시
濠上亭	1	7언절구	練光亭	1	7언율시
和進吾乘坐車韻	1	7언율시	快哉亭	1	7언율시
洞仙嶺 屬書狀	1	7언율시	觀燈	1	7언율시
黃岡途中	1	7언율시	次副使觀燈韻志感	1	7언율시
中和衙軒夜話	1	7언율시	謁箕子墓	1	7언율시
西都 用湖陰集中韻	1	7언율시	安定館 次書狀韻	1	5언율시
箕子廟 次董天使韻	1	7언율시	肅寧館偶吟	1	7언율시
井田	1	7언절구	百祥樓	1	7언율시
登練光亭 按使李仲庚携酒來會	1	5언율시	用前韻 奉調行臺	1	5언율시
敬次家大人韻	1	7언절구	次韻演雅	1	7언율시
寄內	1	7언절구	倚劍亭	1	5언율시
練光亭 用前韻青字	1	7언율시	林畔客館 逢李御史季章 次壁上韻	1	7언율시
將發箕城 用湖陰集中韻	1	7언율시	林畔途中	1	7언율시
安興館 贈金節度城	1	5언율시	聽流堂	1	5언율시
納淸亭歇馬偶題	1	7언율시	龍灣用前韻	1	5언율시
新安館 同行臺夜飮 疊前韻	1	7언율시	鴨江舟中作 屬灣尹柳君休以復	1	7언율시
林畔 次湖陰集韻	1	7언율시	渡江	1	5언율시
林畔途中	1	7언율시	九連城	1	5언율시
所串站	1	7언율시	九連城途中	1	7언율시
登箭門嶺有感	1	5언율시	金石山 疊前韻	1	7언율시
統軍亭 次板上韻	1	5언율시	霧	1	7언율시
九連城	1	7언절구	沙苍途中	1	5언율시
曉發九連城	1	5언율시	柵門	1	5언율시
金石山途中	1	7언율시	鳳凰城	6	7언율시
鳳凰城	1	7언율시	松站途中	1	7언율시

鳳城途中	1	7언율시	八渡途中	1	5언율시
松站用前韻	1	7언율시	連山關	1	7언율시
松站途中	1	5언율시	遼陽	1	5언율시
八度河途中	1	5언율시	遼陽食櫻瓜	1	7언율시
路中始見黃蝶	1	5언절구	遼陽用前韻	1	7언율시
連山關 逢江南人馮兆麟	1	7언절구	觀天用連山關韻	1	5언율시
連山關途中	1	7언율시	爛泥途中	1	5언율시
甛水站	1	7언율시	白塔堡途中 逢寧陵忌辰 是日入瀋	1	5언율시
甛水站途中	1	5언율시	瀋陽有感	1	7언율시
過靑石嶺	1	5언율시	瀋陽遇端午	2	7언율시
靑石嶺	1	7언율시	孤家店	1	7언율시
觀戲子及女胡馳馬 漫述	1	7언율시	周流河遇風	1	7언율시
遼東	1	7언율시	二道井遇雨	1	5언율시
華表柱	1	7언율시	新店	1	5언율시
疊前韻歸字	1	7언율시	戲占 呈同行兩詞伯	1	7언율시
瀋陽衛 謹次先祖北扉錄韻	1	7언율시	松山	1	5언율시
疊前韻鴉字寒字	2	7언율시	杏山	1	5언율시
在瀋陽 逢回還節使 走草呈芝湖李侍郎選	1	7언율시	塔山	1	5언율시
疊前韻星字	1	7언율시	觀祖將軍牌樓	2	7언율시
瀋衛偶題	1	7언율시	兩水河途中	1	5언율시
瀋陽途中 値三月三日	1	7언율시	兩水河早行	1	7언율시
邊城道中 見車載男婦者陸續不絶 問是平西部下配遣邊地者 有感偶題	1	7언절구	貞女祠 次碑上王致中韻	1	7언율시
偶吟	1	7언율시	入山海關	1	7언율시
二道井	1	7언율시	山海關	1	7언율시
用前韻	1	7언율시	鳳凰店途中	1	7언율시
早發二道井 歇馬新庄	1	7언율시	店舍逢生朝	1	5언율시
小黑山	1	7언율시	少憩樹陰	1	5언절구
敬次正使相公韻	1	7언율시	楡關	1	7언율시

觀祖大壽牌樓	1	7언율시	永平途中	1	7언율시
志感	1	7언율시	次神將權喜學韻	1	5언율시
兩水河途中曉發	1	5언율시	榛子店	1	7언율시
山海關客館偶吟	1	5언율시	玉田 敬次藥泉南先生韻 贈玉秀才楫	1	7언율시
永平府 次湖陰韻	1	5언고시	薊州途中	1	7언율시
題淸節祠 用簡易集韻	1	7언율시	通州	2	7언율시
沙河驛宿所	1	7언율시	東嶽廟	1	7언율시
榛子店 次季文蘭壁上韻	1	7언절구	玉河館遇伏日	1	5언율시
豐潤疊投字	1	7언율시	流頭日	1	5언율시
過高麗堡	1	7언율시	和玉齋燕京感懷	8	7언율시
玉田縣疊前韻	1	7언율시	北征聯句	1	5언고시
疊前韻記玉田	1	7언율시	敬次藥泉南先生韻	1	7언율시
疊前韻	1	7언율시	燕地旅舍 逢先祖諱日有感	1	7언율시
三河縣 用湖陰韻	1	7언율시	次豐潤谷秀才賜韻	1	5언율시
通州次湖陰韻	1	7언율시			
東嶽廟	1	7언율시			
三月二十五日 始入北京	1	7언율시			
呈咨禮部 用湖陰集中韻	1	7언율시			
次李同知翊臣韻	1	5언율시			
朝參後 漫題示書狀	1	7언율시			
再疊三疊 奉正使	2	7언율시			
鐘字四疊五疊	2	7언율시			
始見櫻桃 次杜律韻	1	7언율시			
見禮部咨後 憂憤不堪 久沒詩思 行到山海關 謾述求和	2	7언절구 7언율시			
連山驛 用前韻寒字	1	7언율시			
廣寧途中 用前韻多字	1	7언율시			
白旗堡途中	1	7언율시			
周流河途中	1	7언율시			
過遼陽	1	7언율시			
風俗通聯句五十韻	1	5언고시			

위의 표를 보면 명곡이 사행 기간 동안 지은 시는 대부분 율시로 창작되었음을 알 수 있는데, 이는 『명곡집』에서 대체적으로 보이는 형식과 크게 다르지 않다.[58] 그래도 「초여록」에서는 다른 형식의 시도 조금씩 지은 것을 확인할 수 있는데 「자회록」에서는 단 2수의 시를 제외한 모든 시를 율시로 창작하였다.

이제 1686년의 사행과 1697년의 사행이 어떻게 진행되었는지 살펴보도록 하겠다. 1868년의 사행은 정사正使 정재숭鄭載嵩, 부사副使 최석정崔錫鼎, 서장관書狀官 이돈李墩이 진주겸사은사陳奏兼謝恩使로 차출되었다. 이때의 연행은 청의 국경을 침범하여 인삼을 약탈한 조

58 『明谷集』 전체와 「椒餘錄」, 「蔗回錄」 소재 시를 형식별로 분류해 보면 아래 표와 같다. 명곡은 7언율시 564수, 5언율시 200수, 연작시에 율시가 섞여있는 것까지 합하여 총 776수의 율시를 지었다. 이는 전체시의 81%에 해당한다. 이에 반해 율시를 제외한 다른 형식들은 채 100수씩도 짓지 않은 것을 볼 수 있다.

형식	『明谷集』 전체	「椒餘錄」	「蔗回錄」
5언절구	7題 29首	1題 1首	1題 1首
5언율시	163題 200首	14題 14首	27題 28首
5언고시	45題 56首	2題 2首	1題 1首
7언절구	53題 81首	9題 9首	-
7언율시	452題 564首	60題 63首	42題 57首
7언고시	7題 7首	-	-
5언고시/7언율시	1題 2首	-	-
7언율시/5언율시	3題 9首	-	-
7언절구/7언율시	1題 2首	1題 2首	-
6언시	2題 5首	-	-
잡언시	3題 3首	-	-
소계	737題 958首	87題 91首	71題 87首

선인에 대한 처리 문제가 주된 사안이었으며,[59] 사행기간은 5개월이 채 되지 않았다. 명곡의 자주自註에 따르면 사신단은 1686년 1월 28일에 표를 올리고 떠나 3월 25일에 연경에 들어 옥하관에 41일간 머무르다 돌아왔다.[60] 『숙종실록肅宗實錄』 5월 14일자에 정사 정재숭 등이 성 밖에서 상소를 올렸다는 기사가 있는데 이것으로 보아 사신단은 5월 14일 이전에 도착하였음을 확인할 수 있다.[61]

그런데 이 사행의 결과는 상당히 절망적이었던 것으로 보인다. 정사 정재숭은 이때의 사행에 대해 "병자년 이후로 아직 없었던 모욕이었다."라고 하였는데, 이 언급으로 당시의 사행이 어떠했을지 그 분위기를 짐작할 수 있다. 정재숭은 사행을 가서 청나라 황제에게 문제가 되는 사안에 대해 벌금을 내라는 모욕을 듣고서 숙종에게 아뢰지 않고 예부禮部에 정문呈文하였다. 이것이 문제가 되어 청나라 강희제가 노하여 정재숭을 끌어내 꾸짖고 직위를 혁파하여 쫓아내었다. 예부에서는 정재숭이 올린 정문에 대해 "대저 저 나라가 작기는 하다지만, 임금과 신하의 분의야 어찌 유독 없겠는가? 과연 억울한

59 김영진, 「燕行錄의 체계적 정리 및 연구 방법에 대한 試論」, 『대동한문학회』 34, 대동한문학, 2011, 78면.

60 崔錫鼎, 「椒餘錄」, 『明谷集』 권3, "丙寅正月廿八日拜表, 二月二十日, 渡鴨綠江, 三月廿五日, 入燕京留玉河館四十一日, 始得回程【自主】."

61 『肅宗實錄』 윤4월 8일의 기사에서도 정사 정재숭이 등장한다. 하지만 이 기록은 3월 25일에 연경에 도착하여 41일간을 옥하관에 머물렀다는 명곡의 自註와 배치된다. 어떤 것이 옳은 기록인지 확인할 수 없으나 본고에서는 일단 명곡의 기록을 따르기로 한다. 또한 윤4월 29일자에 정사 정재숭이 정문을 올린 일에 대해 논의한 기사가 있으나 여기서는 정재숭이 등장하지 않아 사신단이 도착한 것으로 확인하기는 어렵다.

일이 있게 하였다면 그 국왕이 응당 글을 올려 스스로 해명하고 애걸하며 청원할 일인데, 하찮은 비천卑賤한 무리가 어찌 그 임금에게 고하지도 않고 경솔하게 붓끝을 희롱할 수 있다는 말인가?"라고 지적하였다.[62]

사행이 이처럼 치욕적으로 마무리되었기 때문에 명곡은 이때에 지은 자신의 시를 모아 「초여록」이라고 시록의 제목을 붙였다. 명곡은 「초여록자서椒餘錄自序」에서 "산초를 찧으니 넉넉한 매운맛 남아 있고, 사탕수수 씹으니 끝맛부터 돌아옴을 알겠네[擣椒剩有餘辛在, 噉蔗應知晚味回.]."[63]라는 사행의 수고로움을 표현한 정사룡鄭士龍의 시구를 인용하였다.[64] 「초여록」이라는 제목은 이 시구의 앞 구절에서 따온 것으로 보인다. 명곡은 이 사행에서 상당부분 정사룡을 의식하고 있음을 확인할 수 있는데, 『명곡집』에 실린 시 가운데 이 시기에 지은 시에서만 총 7번 정사룡의 시를 차운[65]하여 시를 짓고 있기 때

62 『肅宗實錄』, 숙종 12년 윤4월 29일, "示陳奏使鄭載嵩等狀啓別單曰 : '其詬責絶悖之言, 實丙子以後所未有之辱也.' 蓋使臣鄭載嵩等, 聞有罰金之辱, 呈文禮部, 禮部題本, 以不啓國王, 妄先呈文, 爲罪入奏, 胡皇怒未已, 禮部侍郎敖哈, 告其皇帝曰 : '朝鮮使臣負罪, 雖不須賞, 其餘正官等, 似當依例接待.' 胡皇大怒, 曳下責之, 革職黜送云, 禮部復摘其呈文中語 …… '夫彼國雖小, 君臣之分, 緊豈獨無? 卽使果有冤抑, 該國王應上章自明, 乞哀祈請, 豈有幺麽卑賤, 不告其君, 輕弄筆端?'"

63 鄭士龍, 〈山海關〉, 『湖陰雜稿』 권2, "漲塵微雪馬虺隤, 三百嫌遲不受催. 餞歲已供懷土裏, 打春剛及出關來. 擣椒賸覺餘辛在, 噉蔗應須晚味回. 刪得舊題成一集, 他年留與悶時開." 명곡이 「椒餘錄自序」에서 인용한 구절은 경련인데 글자가 조금 다르다.

64 崔錫鼎, 「椒餘錄自序」, 『明谷集』 권7, "昔在萬曆中, 湖陰太學士鄭公奉使朝天, 歸途有詩曰, '擣椒剩有餘辛在, 噉蔗應知晚味回.' 蓋言其行役之辛苦也."

문이다. 명곡은 정사룡의 시구에 김석주金錫胄의 「도초록擣椒錄」 소서小序를 인용하여 "산초의 성질은 매워 사람의 목구멍을 쏘는데, 옛 사람들이 괴롭고 어려움에 세월이 지나도 잊지 못하는 것이 있으면 늘 산초를 찧는 것에 비유한다."라고 하면서 '초椒'라는 글자가 사행의 수고로움에 쓰이는 이유를 밝혔다. 또 명곡은 자신이 다녀온 사행이 김석주가 다녀온 사행보다 계절적으로도 더 힘들었으며 나라가 전에 없던 치욕을 당해 그 마음이 외지에서 느끼는 고생 그 이상이었음을 술회하였다.[66] 명곡이 예부의 자문咨文을 받아보고서 지은 시에서는 그가 당시에 느꼈던 그 근심과 울분을 짐작할 수 있다.

만 갈래 깊은 근심은 고치의 실 같아	萬緖沈憂若繭絲
외로운 신하의 흰 머리로 시국을 근심하네	孤臣華髮爲傷時
역졸은 내 속마음 알지 못하고	郵童未解心中事
열흘 동안 시 짓지 않는 나를 이상히 여기네	怪我經旬不賦詩

又

조선의 사신 연경을 떠나는데	靑丘使者發燕京

65 『明谷集』 권3 「椒餘錄」에 〈西都 用湖陰集中韻〉, 〈將發箕城 用湖陰集中韻〉, 〈林畔 次湖陰集韻〉, 〈永平府 次湖陰韻〉, 〈三河縣 用湖陰韻〉, 〈通州次湖陰韻〉, 〈呈咨禮部 用湖陰集中韻〉의 시 7수가 남아있어 1686년 사행 전반에 걸쳐 명곡이 정사룡을 의식하고 있었음을 유추해 볼 수 있다.

66 崔錫鼎, 「椒餘錄自序」, 『明谷集』 권7, "錄其沿途所詠詩篇, 題曰擣椒集, 有小序云椒性辣, 螫人喉, 昔人於辛苦艱難, 閱歷年時, 而有不可忘焉者, 則輒以比之於擣椒. …… 今玆吾輩之行, 後息菴纔五六年, 其鱗介葷羶之與接, 便是一般辛苦, 且息菴冬赴春歸, 而吾行春往夏返, 炎路跋涉, 倍苦於寒天, 重之以身當僨事之罪, 國被無前之辱, 此其心事之危苦, 不啻止於外境之艱辛."

여름 해와 찌는 구름은 바닷가 성을 둘러싸네	赤煒炎雲擁海城
지금의 일에 나랏일 읊으며 내 신세는 잊으니	吟國忘身今日事
이번 사행에 강을 건널 면목이 없네	渡江無面此時行
가는 길에 어느새 추위와 더위가 뒤바뀌고	征途冉冉衝寒暑
변방의 산 겹겹이 배웅과 마중 담당하니	塞岫重重管送迎
멀리 연광정 길가	遙想練光亭畔路
나무그늘 짙은 데서 꾀꼬리소리 들을 것 생각하네	樹陰濃處可新鶯[67]

이 시는 명곡이 예부에서 자문을 받은 이후로 연경을 떠나 산해관에 도착하기까지 시를 지을 생각도 못하다가 산해관에서 겨우 지은 시이다.

첫 번째 시에서는 명곡이 깊은 시름으로 시를 짓지 않고 있는 모습을 보여주었다. 열흘도 넘게 시를 짓지 않는 명곡을 역졸이 이상하다고 생각하고 있다. 두 번째 시에서는 사행을 성공적으로 끝내지 못해 국경을 건널 면목이 없다고 하였다. 하지만 지친 몸과 마음에 멀리 평양의 연광정까지 생각하면서 마음을 달래고 있는 것을 볼 수 있다.

1679년의 사행은 정사正使 최석정崔錫鼎, 부사副使 최규서崔奎瑞, 서장관書狀官 송상기宋相琦가 왕세자책봉주청사王世子冊封奏請使가 되었다. 이 사행은 1696년 사행에서 왕세자 책봉의 임무를 완수하지 못해 같은 목적으로 다시 파견된 것이다. 같은 목적으로 다시 파견되는 만큼 그 부담감이 있었겠지만 이 사행에서는 다행히 임무를 완

67 崔錫鼎, 〈見禮部咨後, 憂憤不堪, 久沒詩思, 行到山海關, 謾述求和.〉, 『明谷集』 권3.

수하고 귀국할 수 있었다.[68] 이 사신단은 『숙종실록肅宗實錄』에 따르면 1697년 윤3월 29일에 출발[69]하여 9월 6일에 돌아와[70] 사행 기간이 5개월이 조금 더 넘었음을 확인할 수 있다.

명곡은 이 사행에서 지은 시를 모아둔 시록을 「자회록」이라고 이름하였다. 명곡이 정사룡의 시구인 "산초를 찧으니 넉넉한 매운맛 남아 있고, 사탕수수 씹으니 끝맛부터 돌아옴을 알겠네[擣椒剩有餘辛在, 噉蔗應知晩味回.]."의 앞 구절에서 「초여록」이라는 이름을 따왔다면, 뒤 구절에서 「자회록」이라는 이름을 따왔다는 것을 유추해 볼 수 있다. 앞 구절의 산초가 사행의 지난한 어려움을 얘기한 것이라면, 뒤 구절의 사탕수수는 『진서晉書』 고개지顧愷之의 사탕수수 일화[71]에서 보이듯 사행이 그래도 점차 좋은 경험이 된다는 것을 말하고 있는 듯하다. 첫 사행에서 몸과 마음이 모두 고생스러웠다면 그래도 두 번째 사행에서는 맡은 바 임무를 모두 수행하고 가벼운 마음으로 돌아올 수 있었기 때문에 시록의 제목을 이렇게 지은 것이라고 볼 수 있다.

이처럼 두 사행은 명곡이 맡았던 직책이 달랐으며 사행의 성격과

---

68 김묘정, 「1697년 三使 연행시의 교류성 연구」, 『한민족어문학』 78, 한민족어문학회, 2017, 184~185면.

69 『肅宗實錄』, 숙종 윤3월 29일, "陳奏兼奏請正使崔錫鼎, 副使崔奎瑞, 書狀官宋相琦出去, 上引見."

70 『肅宗實錄』, 숙종 9월 6일, "奏請使崔錫鼎等, 回還復命, 引見慰諭."

71 『晉書』 권92의 「顧愷之列傳」에 顧愷之가 사탕수수를 먹을 때마다 항상 끝부분인 밑동부터 먹으므로 혹자가 그 까닭을 묻자, 고개지가 "점점 더 좋은 데로 들어가기 위해서이다.[漸入佳境]"라고 했다는 일화가 나온다.

결과가 달랐다. 또 이에 따라 시록의 제목도 달라진 것을 확인할 수 있었다. 그렇다면 시록에 수록되어 있는 시의 내용은 어떠한 특징을 가지고 있는지와 각 시록에 나타나는 시의 거리에 대해서도 살펴보도록 하겠다.

3. 「초여록椒餘錄」과 「자회록蔗回錄」의 특징과 거리

1686년의 사행과 1697년의 사행은 그 사행의 성격과 결과에 다소간의 차이가 있었음을 살펴보았다. 그러나 「초여록椒餘錄」과 「자회록蔗回錄」의 시에서는 실제 사행의 결과에서 보이는 만큼의 뚜렷한 차이를 찾아보기는 어렵다. 이는 시록에 실린 시들이 대부분 연경까지 가는 길에 짓는 경우가 많다는 데에서 기인한다. 「초여록」은 총 87제의 시 가운데 73번째 시까지가 연경에 들기 전에 지은 시이며 「자회록」은 총 71제의 시 가운데 65번째 시까지가 연경에 들기 전에 지은 시이다. 이때까지는 결과가 어떻게 될지 전혀 알 수 없기 때문에 그 시 또한 사행의 결과에 영향을 받지 않는다.

또한 결과는 첫 번째 사행이 더 좋지 않았지만 가는 동안의 부담감은 두 번째 사행이 오히려 더 컸을 것이다. 첫 번째 사행에서 명곡은 부사副使였기 때문에 결과에 따른 책임에 있어서 조금 더 자유로울 수 있었고, 두 번째 사행에서 명곡의 직책은 정사正使였으며 같은 목적으로 다시 파견되었기 때문에 사행을 떠나면서 명곡이 가지는 부담감은 두 번째 사행이 더 컸을 것임을 추측할 수 있다.

「초여록」에 수록된 시 가운데 연경에 들기 이전에 시들을 보면 고향을 떠난 사람이 느끼는 향수나 남아의 기개를 읊은 경우가 많다.

[1]

서쪽으로 의주에 이르니	西來抵灣府
북쪽으로 바라다 보이는 건 온통 오랑캐 산인데	北望盡胡山
변새의 물줄기는 창해로 흘러들고	塞水朝滄海
봄바람은 옥관에도 이르네	春風到玉關
미인이 별곡을 연주하니	佳人彈別曲
길 가는 나그네의 근심어린 얼굴 풀어지니	征客解愁顏
남자의 일에 힘쓰면	努力男兒事
어찌 눈물 줄줄 흘릴까	何須涕淚潸[72]

[2]

날마다 새벽에 행장 챙겨 움직이는데	日日晨裝動
가도가도 말머리는 서쪽을 향하네	行行馬首西
봄 추위는 오히려 모질고	春寒猶刻轢
구름은 더욱 자욱해지네	雲物轉萋迷
어두운 골짝엔 곰 울음소리 들리고	谷暝聞熊吼
높은 봉우리엔 매 둥지가 보이네	峯危見鶻棲
용만관의 술 가지고 왔으니	携來灣館酒
삭풍의 서늘함을 두려워하겠나	肯怕朔風凄[73]

위의 두 수는 「초여록」에 수록된 시로 명곡의 기개를 느낄 수 있는 시이다. [1]은 의주義州의 전문령箭門嶺에 올라 지은 시이다. 높은

72 崔錫鼎, 〈登箭門嶺有感〉, 『明谷集』 권3.

73 崔錫鼎, 〈曉發九連城〉, 『明谷集』 권3.

곳에 올라와보니 명곡이 앞으로 가야할 길이 보이는데 온통 오랑캐 산이 눈에 들고 물줄기는 바다로 흘러들고 있다. 큰 산과 바다가 마주하는 상황에서도 봄바람이 불어온다고 하였다. 여기서 오랑캐 산이나 바다는 명곡이 마주한 풍경이지만 그 속에 서있는 명곡의 모습에서 그의 기개를 살펴볼 수 있다. 봄바람이 부는 속 미인의 연주 소리에 힘들었던 마음이 조금이나마 풀어진다. 마지막 미련에서는 명곡이 느끼는 남아의 의무감을 통하여 그의 기개를 엿볼 수 있는데 남자가 본인이 해야 할 일에 힘을 쏟으면 객지에서 눈물을 흘리는 일이 없을 것임을 이야기하고 있다. 객지에서 악기 소리를 들으면 처연한 마음에 눈물이 흐를 법 하지만 명곡은 자신이 사신의 업무를 수행하고 있기 때문에 오히려 그 소리로 마음을 다잡고 있는 것이다.

[2]는 구련성九連城을 떠나며 지은 시이다. 이 시에서는 전체적으로 변방의 스산한 분위기가 강조된다. 매일매일 새벽이 되면 행장을 꾸려 서쪽으로 향한다고 하였다. 함련과 경련에 등장하는 봄 추위, 구름, 어두운 골짝의 곰 울음소리나 높은 봉우리의 매 둥지는 전체적으로 변방에서 느낄 수 있는 스산함을 강조한다. 명곡은 그럼에도 변방의 이 스산함과 서늘함을 두려워하지 않는다. 용만관에서 가져온 술이 있기 때문이라고 말한다. 술로 변방의 이러한 분위기를 두려워하지 않을 수 있다고 자신의 포부를 밝히고 있는 것이다.

관문 밖으로 사신 수레 연이어 움직이는데	關外聯翩動使車
봉성 돌아가는 길을 한참동안 바라보네	鳳城歸路望中賒
변방의 시름 술잔 입에 대고 잊으니 금방이고	邊愁乍向含杯失
먼지는 부채 들어 가리니 들이치기 어렵네	塵色難容擧扇遮

변방 기운으로 쓸쓸한 바람에 지친 말은 울고　朔氣悲風嘶倦馬
하늘의 작용으로 지는 해에 추운 새들 떠들썩하네　天機落日噪寒鴉
그리워라 어느 달에나 나 돌아가　懷哉曷月余旋旆
압록강을 다시 건너 집에 갈 수 있을까　還渡灣江當到家[74]

이 시에서는 위에서 명곡의 기개와 포부를 느낄 수 있던 것과는 달리 명곡이 느끼는 향수를 느낄 수 있다. 관문 밖으로 계속 이어지는 수레를 바라보다 돌아가는 길을 바라보고 명곡은 고향을 생각한다. 변방의 시름은 위의 시에서 보았던 것처럼 한잔 술로 이겨냈고 수레 안으로 들이치는 먼지는 부채를 들어서 가릴 수 있지만 말의 울음소리와 새소리를 들으며 고향으로 돌아가는 길을 보니 문득 고향이 그리워지는 것이다. 그래서 미련에서는 직접적으로 고향에 대한 그리움을 드러내며 압록강을 다시 건널 날을 막연히 그리고 있는 것이다.

하지 아직 오지 않고 망종은 지났으니　夏至未來芒種過
가벼운 추위와 미미한 더위에 날씨는 조화롭네　輕寒嫩暑氣相和
새벽별은 달과 짝하여 새벽빛은 반짝이고　殘星伴月晨光迥
싱그런 풀은 하늘까지 이어져 들빛은 완연하네　芳草連天野色多
이곳에서 고향 생각에 눈 멀리 두려 애쓰지만　鄕思此時勞遠目
어떤 곳의 변방 소리 슬픈 갈피리 소리 울리네　邊聲何處動悲笳
그동안 시구는 근심 때문에 그만 두었지만　邇來詩句緣愁廢
오늘은 시름 몰아내려 시를 읊조리네　今爲排愁費一哦[75]

74 崔錫鼎, 〈金石山途中〉, 『明谷集』 권3.
75 崔錫鼎, 〈廣寧途中 用前韻多字〉, 『明谷集』 권3.

이 시는 연경에 갔다가 돌아오는 길에 지은 시로 명곡의 시름이 시에 묻어난다. 명곡은 예부에서 자문을 받고 난 뒤 산해관에 이르기까지 시를 지을 생각조차 잊혀졌다고 하였다. 명곡은 산해관에서 지은 그 시 다음에 몇 수의 시를 더 남겼는데 그 몇 수의 시에서 가장 중심이 되는 명곡의 심사는 근심으로 정의할 수 있다. 이 시에서도 배경은 망종과 하지 사이의 어느 날로 날씨가 좋은 어느 날이다. 새벽별과 들풀은 명곡이 있는 공간을 깨끗하고 평화롭게 만들어 준다. 좋은 날씨에 좋은 풍경이 더해지니 고향을 하며 고향이 보일까 먼 곳까지 눈을 두고 보지만 슬픈 갈피리 소리만 울린다고 하였다. 명곡은 그동안 많은 스트레스로 시를 지을 생각조차 잊고 있었지만 좋은 날씨와 풍경을 만나 이제는 시를 지어 근심을 털어내 보려 한다고 말하고 있다.

[1]

의검정이라는 이름의 정자 있어	倚劍名亭在
뗏목 타고 먼 곳에서 나그네 왔는데	乘槎遠客臨
흉년 들어 마땅히 음식 줄이지만	歲荒宜貶食
몸은 늙었어도 늘 웅대한 뜻 있네	身老尙雄心
저물녘 난간에 변방의 해 지는데	塞日欄杆暮
어두운 성가퀴에서 변방의 피리소리 울리네	邊笳睥睨陰
깊은 강물에 옛 왕조의 유적 있으니	深河有遺廟
한자락 서글프게 읊조리며 발자취 어루만지네	撫跡一悲吟[76]

76 崔錫鼎, 〈倚劍亭〉, 『明谷集』 권5.

[2]

106년 만의 액운에 재난 만나 태어남을 탄식하니	百六逢罹歎我生
그 당시 북비에서 공경들이 곤욕을 당했네	北扉當日困公卿
경도 권도가 여러 갈래이나 같은 데로 돌아갔으니	經權爛漫同歸地
중화와 오랑캐 사이에서 그 명성 없어지지 않네	夷夏鏘洋不朽名
풀과 나무만이 폐허가 된 심양관에 남아있고	草樹秖今餘廢館
안개만 예전처럼 황량한 성 둘러싸고 있네	風煙依舊擁荒城
사신으로 가는 길에 선조의 행적 회상해 보니	星槎比路懷先蹟
옥과 비단 들고 무슨 마음으로 상경 향해 달리나	玉帛何心走上京[77]

위의 두 수는 「자회록」에 수록된 시로 회고적인 성격을 띠고 있음을 알 수 있다. [1]은 의검정倚劍亭이라는 시로 이 정자는 평안북도에 위치해 있다. 명곡이 사행길에 이 정자에 들렀을 때는 이 지방이 흉년이 든 때였다. 흉년이 들어 먹는 양을 줄였지만 그래도 가진 뜻은 언제나 크다는 것을 말하고 있다. 저물녘 정자 난간에 기대니 피리소리가 들려온다. 피리소리가 들려오자 변방에서 옛 왕조의 자취를 찾고 있다. 늙었어도 마음에는 언제나 큰 뜻을 품고 있다고 하였지만 옛 왕조의 자취를 보고 서글프게 읊조리고 있는 것이다,

[2]는 중국의 심양에 있을 때에 지은 시이다. 심양에 와있으니 심양에 억류되어 있었던 김상헌과 최명길을 생각하고 있다. 그들의 경도經道와 권도權道가 서로 달랐지만 결국은 같은 신세가 되었음을 말한다. 그렇지만 그들의 이름은 한족과 오랑캐들 사이에 올라 없어지지 않는다고 하였다. 그렇지만 지금은 그들은 모두 없고 풀과 나무

77 崔錫鼎, 〈瀋陽有感〉, 『明谷集』 권5.

만 폐허가 된 심양관에 남아있고 안개만 자욱하게 껴있다고 한 것이다. 사신이 되어 옥과 비단을 가지고 연경으로 향해가지만 이제 와서 생각해보면 김상헌과 최명길의 노력들도 다 부질없다고 생각이 되는 것이다. 그래서 어떠한 마음으로 연경을 향해가고 있는 것인지 스스로에게 재차 물으며 확인하고 있다. 이는 1686년 자신이 부사로 다녀온 사행에서 힘들게 준비한 것들이 모두 허투루 돌아갔기 때문에 심양에서 김상헌과 최명길을 떠올리며 자신의 지금 사행에 대해 조금 더 회의적으로 느끼는 것처럼 보이기도 한다.

6월 15일이 되니	六月當三五
유두절 좋은 때 돌아왔네	流頭令節回
열흘만에 막 붓을 쥐고	經旬方把筆
하루건너 술잔을 입에대네	隔日始含杯
우연히 염제독을 만났는데	偶值廉提督
수재는 만나기 어려워	難逢好秀才
몸속에 가득한 혈성을 편지로 올리니	緘呈一腔血
고된 길에 기쁜 소식이 왔네	苦行喜音來[78]

이 시는 명곡이 연경에서 유두절을 보내면서 지은 시이다. 이 시에서는 좋은 날에 아는 사람을 만난 기쁨이 드러나 있다. 염제독廉提督이라는 인물은 누구인지 알 수 없다. 그러나 명곡이 이 사람을 '호수재好秀才'라고 한 것으로 보아 이 사람을 상당히 좋게 평가하고 있음을 알 수 있다. 이 시 외에도 서장관 송상기의 시에 화운하여 〈연

78 崔錫鼎, 〈流頭日〉, 『明谷集』 권5.

경감회燕京感懷〉 8수를 짓기도 하였다. 1686년의 사행에서도 좋은 날을 만났을 수 있지만 좋은 풍경 속에서 근심을 잊어보고자 하는 모습으로 나타난다. 또 1686년 사행에서 연경에 들고 자문을 받은 뒤에 시를 지을 생각이 없어졌다고 하였기 때문에 연경에서 느낄 수 있는 여러 가지를 읊는 〈연경감회燕京感懷〉와 같은 시는 찾아볼 수 없으며, 자문을 받은 뒤에 지은 시에서는 대부분의 시가 근심에 가득 찬 속에서 지어지기 때문에 이런 밝은 분위기의 시는 발견하기 어렵다.

4. 결 론

본고는 명곡의 사행시를 통해 명곡 시세계의 일단을 살피고자 한 것이다. 명곡은 일생동안 두 차례의 사행을 다녀왔다. 1686년의 사행은 진주겸사은부사陳奏兼謝恩副使로 참여하였고, 1697년에는 왕세자책봉주청사王世子冊封奏請使로 사행을 다녀왔다. 이 두 차례의 사행에서 지은 시를 모아놓은 시록이 「초여록椒餘錄」과 「자회록蔗回錄」이다. 「초여록」은 『명곡집明谷集』 32개의 시록 가운데 가장 시가 많이 수록된 시록이며, 「자회록」은 「초여록」 다음으로 많은 시가 실려 있는 시록이다. 이 두 시록에 실린 시는 총 158제 179수로 총 10개월 정도 되는 두 차례의 사행기간 동안 전체 시의 18%에 해당하는 분량의 시를 창작한 것이다. 때문에 명곡에게 사행은 해외 경험이라는 새로운 인상을 남겼다는 것을 짐작해 볼 수 있다.

1686년의 사행은 1월 말에 출발해 5월 중순 경에 돌아와 사행기간이 채 5개월이 되지 않는다. 이때의 사행은 상당히 치욕스럽게 마무리되었음을 알 수 있다. 1697년의 사행은 윤3월 말에 출발하여 9월 초에 도착하여 5개월이 조금 더 넘는 기간이라고 확인할 수 있다. 이때의 사행은 1696년 파견된 사신단이 목적을 달성하지 못하여 1697년에 다시 파견된 것이다. 각 사행에 지은 시록에 「초여록」, 「자회록」이라는 이름을 붙였는데 이는 정사룡의 시구에서 따 온 것임을 확인할 수 있었다. 「초여록」의 초椒는 산초를 말하는 것으로 사행길의 지난함을 씹으면 그 매운맛이 계속 남아있는 산초에 비유한 것이다. 「자회록」의 자蔗는 사탕수수를 말하는 것으로 사탕수수를 먹을 때에 점점 좋은 맛이 드는 것을 말한다. 1686년의 사행이 산초의 매운맛처럼 힘든 것이었다면 1697년의 사행은 사탕수수처럼 점점 단맛이 나는 사행과 같았던 것이다.

이 두 시록에 실린 시들로 명곡 사행시의 특징을 파악해보고 각 시록에 실린 시들간의 거리를 파악해 보고자 하였다. 사행의 성격과 결과가 많이 다르지만 시록에 실린 대부분의 시는 연경에 도착하기 전까지 지은 시이다. 이때까지 지은 시에서는 남아의 기개나 향수, 혹은 회고시 등 여타의 연행시에서 볼 수 있는 시들을 많이 찾아볼 수 있다. 그러나 연경에 도착한 뒤에 지은 시에서 「초여록」과 「자회록」의 차이를 찾아볼 수 있다. 「초여록」에서 명곡이 수심에 가득 찬 모습이 계속 보여지고 심지어는 시를 지를 생각조차 없었다고 하는 반면 「자회록」에서는 좋은날 아는 사람을 만나 타향에서나마 행복한 한때를 보내는 모습을 찾아볼 수 있으며 연경의 모습을 감상하며 떠오르는 대상들을 시로 읊기도 하는 등 여유로운 모습을 보여주고 있다.

본고에서는 명곡의 사행시를 살펴 아직 온전히 이루어지지 못한 명곡 시세계의 일단을 살펴보고자 하였다. 그러나 두 시록에 면밀한 이해가 부족했던 아쉬움이 남는다. 두 시록을 보다 더 꼼꼼히 살펴본다면 명곡의 시세계와 아울러 사행시 연구의 편폭을 넓힐 수 있는 계기가 되리라고 생각된다.

Ⅲ. 1697년 삼사 연행시의 교류성 연구

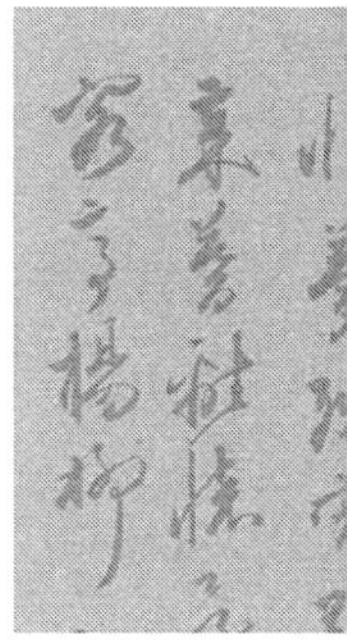

김묘정

1. 머리말

이 글은 1697년 당시 연행에 임했던 최석정의 『명곡집明谷集』, 송상기의 『옥오재집玉吾齋集』, 최규서의 『간재집艮齋集』 수록 작품들을 연구 대상으로 삼아 삼사三使 연행시의 교류성 양상을 조명하기 위해 기획되었다. 연행록 연구는 연구자들의 끊임없는 관심을 토대로 신자료 발굴 · 소개에서 개별 작가의 연행록 양상 규명으로까지 이어져왔다. 축적된 개별 연구들을 묶어본다면 시기를 아우르는 통시적인 조망이 가능할 정도로 일련의 성과를 거두었다고 평할 수 있다. 그러나 이러한 연구 성과에도 불구하고 대다수의 연행록은 해외 체험이라는 상동성을 지니므로 내용적 측면에서 몇 가지 특징을 제외하고는 거의 천편일률적이란 평가를 피할 수 없는 실정이다. 이와 같은 문제가 발생하게 된 가장 큰 이유를 꼽자면 텍스트 자체가 지니고 있는 한계일 것이다. 특히 이 글에서 다루고자 하는 연행시 같은 경우에는 일록 형식보다 편폭 측면에서 정보가 적게 담길 수밖에 없고, 작가의 개성이 표면적으로 크게 돌출되지 않기에 내용적 측면에서 여타 연행록과 다른 독창성을 기대하기 힘들다. 그에 따라 기존 연행시 연구는 시라는 형식적 측면에 얽매여 분석되고 개인 창작물 관점에서 한정적으로 연구되어왔다.[79] 이러한 형태의 연구는 시를 통해 작가의 작품세계를 밝혀냈다는 점에서 큰 의의가 있음이 자명하다. 그러나 연행시는 연행 기록 중에서도 대명 · 대청 의식이라

79 엄경흠, 「한국 사행시 연구」, 동아대학교 박사논문, 1992, 이호정, 「삼탄 이승소의 한시연구」, 이화여자대학교 석사논문, 1985. ; 전수연, 「양촌 권근의 객관적 유심주의와 시세계」, 이화여자대학교 박사논문, 1990. ; 전재강, 「熱河日記 所載 揷入詩의 性格과 機能」, 『동방한문학』 제8권, 1992. ; 임기중, 「朝天錄과 燕行錄의 和答詩」, 『국어국문학』 119집, 1997. ; 김현미, 「간이 최립의 사행시 연구」 이화여자대학교 석사논문, 1998. ; 박우훈, 「燕行長詩 〈續北征〉의 序 · 跋의 내용과 그 검토」, 『어문연구』 34집, 2000. ; 금지아, 朝鮮 申緯의 奏請行卷 硏究, 『연행록연구총서』 5, 2002. ; 이종묵, 「조선시대 한시 번역의 전통과 양상」, 『장서각』 제7집, 2002. ; 이권재, 「霽峯의 使行詩에 드러난 意識世界」, 『한국고시가문화연구』 9집, 2002. ; 엄경흠, 「鄭夢周와 權近의 使行詩에 表現된 國際關係」, 『한국중세사연구』 16호, 2004. ; 이희목, 「영재의 북유시초에 대하여」, 『한국한시연구』 13집, 2005. ; 김동준, 「〈續北征詩〉, 李時秀가 詩로 쓴 燕行紀」, 『서지학보』 25, 2006. ; 이혜순, 「姜瑋의 燕行詩 小考」, 『연행록연구총서』 1, 2006. ; 박경은, 「敬亭 李民宬의 詩文學」, 『연행록연구총서』 1, 2006. ; 주경열, 權近의 使行詩 硏究, 『연행록연구총서』 1, 2006. ; 이종건, 「白沙의 戊戌朝天錄 소고 연행시」, 『연행록연구총서』 2, 2006. ; 강혜선, 「法古創新과 朴趾源의 燕行詩」, 『연행록연구총서』 2, 2006. ; 지영재, 「익재 연행시(1320년) 연구」, 『연행록연구총서』 권 5, 2006. ; 김종진, 「鄭元容의 《燕槎錄(詩)》 小考」, 『연행록연구총서』 5, 2006. ; 김원준, 「芝峯 使行詩의 一考察」, 『韓民族語文學』 42집, 2006. ; 이춘희, 「연행 노정에 관한 시와 연행심리의 변화 고찰」, 『한국어문학연구』 제50집, 2008.

는 내용의 상동성 측면에서 가장 큰 문제를 안고 있는 장르다. 따라서 필자는 1697년 연행에서 포착되는 특징들이 연행시 연구의 또 다른 방향성을 제시하리라 기대하며 글을 개진하고자 한다. 이제 연행시 연구는 순수 내용 분석에서 탈피해 형식적 특징에서 파생된 의미망을 밝히는 방향으로 전환될 필요가 있다. 이와 같은 다양한 시도를 지속했을 때 새로운 논의로 확장되고, 나아가 연행록의 획일적 연구 방식에서 탈피할 수 있다고 여기는 바이다. 그 밖에도 이 글에서 논하고자 하는 최석정과 최규서의 연행은 학계에서 연구된 바 없고, 송상기 역시 시세계만 간략히 연구되었을 뿐[80] 연행시의 교류성과 관련해 구체적인 검토가 이뤄지지 않았으므로 첫 연구라는 의미를 지닌다.

이에 2장에서는 1697년 연행만이 가지고 있는 몇 가지 특징적 면모를 살펴보고자 한다. 연행 구성 인물과 목적을 밝히는 것을 시작으로 삼사三使가 남긴 연행 기록인 연행시의 형식적 특징을 고찰하도록 하겠다. 3장에서는 본격적으로 삼사三使 연행시의 교류성을 밝히고자 한다. 최석정, 송상기, 최규서의 연행시를 살펴보면, 차운시와 백운시가 거의 작품 대다수를 차지하고 있으므로 형식적 · 내용적 특성을 종합적으로 고찰하고자 한다. 이에 3장 1절에서는 차운시에 드러난 공간적 경험 공유 양상을 조망하고, 3장 2절에서는 백운시에 드러난 주제의 유기적 운용 및 담론의 소통 양태를 확인해 보도록 하겠다.

80 김경수, 「玉吾齋 송상기의 생애와 현실인식」, 『韓國史學史學報』 25집, 2012. ; 이향배, 「玉吾齋 宋相琦의 漢詩世界」, 『한국언어문학』 82집, 2012. ; 정만호, 「宋相琦의 生涯와 意識世界」, 『語文研究』 71집, 2012.

2. 1697년 연행의 몇 가지 특징

1697년 연행에 대해 연구가 이뤄진 바 없으므로 이 장에서는 1697년 연행만이 가지고 있는 몇 가지 특징적 면모를 살펴보고자 한다. 연행 구성 인물과 연행 임무를 밝히는 것을 시작으로 삼사三使가 남긴 연행시의 형식적 특징을 분석하도록 하겠다.

1697년 연행을 개관해보면 정사正使 최석정崔錫鼎(1646~1715), 서장관書狀官 송상기宋相琦(1657~1723), 부사副使 최규서崔奎瑞(1650~1735)로 구성되었으며, 왕세자책봉주청사王世子冊封奏請使로 왕세자 책봉이라는 목적을 달성하기 위해 파견되었음을 확인할 수 있다. 앞서 1696년 11월 왕세자 책봉 주청이라는 사안을 해결하기 위해 주청사겸동지사奏請使兼冬至使 정사正使 서문중徐文重(1634~1709), 부사副使 이동욱李東郁(1646~1708), 서장관書狀官 김홍정金弘楨 등이 연행길에 올랐으나[81] 임무를 완수하지 못해 관작官爵에서 삭탈된 바 있다.[82] 조정에서는 1697년 연행이 중요 사안인 동시에 동일 목적으로 재차 파견된 만큼 연행단을 선발함에 있어 신중한 태도를 겸비한 것으로 보인다.[83] 그에 따라 재차 선발된 이도 임무 완수에 대한 부담감이 막중했다.[84]

81 『肅宗實錄』, 숙종 22년 11월 2일, "奏請兼冬至使徐文重, 李東郁, 金弘楨等, 以世子冊封奏請事, 如淸國."

82 『肅宗實錄』, 숙종 23년 3월 11일, "上下備忘記曰 : …… 正使徐文重, 副使李東郁, 書狀官金弘楨竝削奪官爵, 門外黜送, 奏請使以大臣, 卽爲擬入, 以爲趁開月拜表之地."

83 宋相琦, 「諡狀」, 『玉吾齋集』 권18, "丁丑, 以舍人差奏請使書狀官赴燕. 時景廟在東宮, 前使徐文重等, 以封事未準纔得罪, 公之應下价, 出於極擇."

우선 1차 1696년 연행단의 주청 사안이 거부당한 이유를 분석해 보면, 청나라가 『회전會典』을 인용해 왕과 비妃가 50세가 되고서도 적자嫡子가 없으면 그때 서장자庶長子를 세워 왕세자王世子를 삼는 것이 옳다고[85] 주장했기 때문임을 확인할 수 있다. 그런데 청나라는 1697년 2차 연행단을 대함에 있어서도 동일한 견해를 겸비한 것으로 파악된다. 최석정이 세자 책봉을 주청하던 당시 정황에서 드러나기 때문이다.

옥을 닦는 정성 간절할 뿐	拭玉誠徒切
금을 바치는 계획은 사정에 어둡구나	捐金計亦迂
은미한 말로 간절한 정성을 쏟아내니	微辭瀝危懇
논박하는 의론이 이전의 잘못을 반복하네	駁議踵前誣[86]

1~2구는 최석정이 임금의 명을 받고 사신의 임무를 다하는 정성은 간절함에도 불구하고 정작 청나라에 주청하는 방식이 잘못되었음을 언급한 것이다. 3구에서는 최석정을 비롯해 사신들이 세자 책봉을 위해 정성을 기울였음을 확인할 수 있다. 4구는 앞서 임무를 수행

84 崔錫鼎, 「辭右議政疏 再疏」, 『明谷集』 권15, "且國家使事未完, 專對之命, 猥及於臣, 固當不擇夷險, 死生以之."

85 『肅宗實錄』, 숙종 23년 3월 11일, "上下備忘記曰, 卽見奏請使狀啓, 禮部咨文謄本, 所幹之事不得准請, 實是萬萬意慮之所不到, 不覺驚惋也. 彼人所引『會典』, 王與妃五十無嫡子, 始立庶長子爲王世子等語, 極其無理無據. 爲使臣者, 所當碎首以死力爭, 而不此之爲, 數次爭執, 仍爲回程. 今若更遣使臣不許, 則又將如此而歸而已耶? 其辱君父甚矣."

86 崔錫鼎, 〈北征聯句〉. 『明谷集』 권5.

하지 못한 주청사겸동지사奏請使兼冬至使의 상황을 드러낸 동시에 이번 사신 임무의 어려움을 표출한 것이다. 청나라 예부에서 1696년에 『회전會典』을 잘못 인용했다는 것으로 계를 올리지 못하게 했는데, 이전과 같이 글의 제목을 논박했다는[87] 내용을 통해 왕세자 책봉 주청이 쉽지 않았음을 짐작할 수 있다.

오랑캐 땅 다니기 부끄럽지만	蠻貊行雖愧
우둔한 사람도 믿게 할 수 있구나	豚魚信可孚
길일 아침에 기쁜 소식 들으니	穀朝仍好語
가마꾼들도 환호하네	輿卒亦歡呼[88]

온갖 고초 끝에 청나라가 요청한대로 시행하도록 허락하였음을 송상기의 시를 통해 확인할 수 있다. 1~2구는 송상기의 청나라에 대한 부정적 인식이 가미되어 있는 부분이다. 동물도 사람의 신의가 간절하면 통함을 말하여 현재 상황을 비유적으로 제시했다. 3~4구는 청나라가 왕세자 책봉을 허락하게 되자 연행에 동행한 이들이 모두 환호했음을 드러낸 것이다. 그 밖에도 최석정이 왕세자 책봉을 통해 임금의 근심이 풀렸으며, 신하로써 죄도 면하게 되었음을 언급한 바 있다.[89]

다음으로 삼사三使인 최석정, 송상기, 최규서가 남긴 연행시를 개

87 宋相琦, 〈北征聯句百韻〉, 『玉吾齋集』 권2, "禮部曾誤引會典防啓. 今又仍前駁題."

88 宋相琦, 〈北征聯句百韻〉, 『玉吾齋集』 권2, 24번째 수.

89 崔錫鼎, 〈北征聯句〉, 『明谷集』 권5, "喜氣傾樽淥, 秋聲隕井梧. 主憂紓可矣, 臣罪免知夫."

괄해 보는 작업이 필요하다. 우선 정사正使 최석정의 이번 연행은 2번째로[90] 연행시 70제 135수가 문집에 수록되어 있다. 1번째 연행은 1686년 1월부터 3월 25일까지 총 41일이었으며, 진주겸사은부사陳奏兼謝恩副使로 상사上使 정재숭鄭載嵩(1632~1692), 서장관書狀官 이돈李墩과 동행해 「초여록椒餘錄」을 남겼다. 첫 연행에 임했던 서장관書狀官 송상기의 연행시 70제 134수는 『옥오재집玉吾齋集』에 담겨있고, 부사副使 최규서의 연행시 45제 46수는 『간재집艮齋集』에 보인다.

[표 1]. 삼사三使의 1697년 연행록 현황

三使	연행시 수록 문집	형식	수량
正使 최석정	『明谷集』, 「蔗回錄」	한시 형식	70제 135수
書狀官 송상기	『玉吾齋集』	한시 형식	70제 134수
副使 최규서	『艮齋集』	한시 형식	45제 46수

삼사三使 연행시의 형식적 특징을 살펴보면, 최석정, 송상기, 최규서의 운자 활용 양상이 두드러지게 포착된다. 동일한 운자를 활용해 연행시를 창작한 정황이 확인되며, 차운次韻과 연구聯句 형식의 작품이 다수 보인다. 그에 따라 1697년 연행에 임한 삼사三使는 한시라는 텍스트를 빌려 대화를 시도했다고 판단된다. 운자 운용 양상을 시제, 형식, 수량별로 정리해 보면 다음 표와 같다.

90 崔錫鼎, 〈北征聯句〉, 『明谷集』 권5, "十載重持節, 當年左設弧. 生爲大男子, 志不在妻孥."

[표 2] 삼사三使의 운자 활용 양상 정리표

순번	최석정 『明谷集』 수록 연행시			송상기의 『玉吾齋集』 수록 연행시			최규서의 『艮齋集』 수록 연행시		
	제목	운자	형식/수량	제목	운자	형식/수량	제목	운자	형식/수량
1	次書狀太虛樓韻	차운	7언율시/1수	太虛樓	원운	7언율시/1수	太虛樓次書狀韻	차운	7언율시/1수
2				途中遇小雨	원운	7언절구/1수	生陽館中和次書狀遇小雨韻	차운	7언절구/1수
3	安定館次書狀韻	차운	5언율시/1수	安定館書奉副使	원운	5언율시/1수			
4	肅寧館偶吟	원운	7언율시/1수	次正使肅寧館韻	차운	7언율시/1수	奉次正使肅寧館肅川 韻	차운	7언율시/1수
5	百祥樓	원운	7언율시/1수				郭山客舍奉次正使韻	차운	7언율시/1수
6				新安館錄奉副使	원운	5언율시/1수	又次書狀韻	차운	5언율시/1수
7	用前韻奉調行臺	원운	5언율시/1수	次正使韻以自解	차운	5언율시/1수			
8	倚劍亭	원운	5언율시/1수				又奉次正使韻	차운	5언율시/1수
9	林畔客館逢李御史季章次壁上韻	차운	7언율시/1수	次倚劍亭板上韻	차운	7언율시/1수	倚劍亭次板上韻	차운	7언율시/1수
10	林畔途中	원운	7언율시/1수				車輦館奉次正使韻	차운	7언율시/1수
11				良策途中	원운	7언율시/1수	龍灣途中次書狀韻	차운	7언율시/1수
12	鴨江舟中作屬灣尹柳君休以復	원운	7언율시/1수	次正使鴨江韻	차운	7언율시/1수			
13	鳳凰城六首	원운	7언율시/6수	鳳城次正使韻	차운	7언율시/4수			

14	松站途中	원운	7언율시 /1수	松站次正使韻	차운	7언율시 /3수			
15	八渡途中	동운	5언율시 /1수	八渡河途中	동운	5언율시 /1수			
16	連山關	동운	7언율시 /1수	通遠堡	동운	7언율시 /1수			
17	遼陽	원운	5언율시 /1수	遼陽 次正使韻	차운	5언율시 /1수			
18	遼陽食櫻瓜	동운	7언율시 /1수	遼陽食櫻瓜	동운	7언율시 /1수			
19	遼陽用前韻	원운	7언율시 /1수	華表柱 次正使前韻	차운	7언율시 /1수			
20	白塔堡途中 逢寧陵忌辰 是日入瀋	차운	5언율시 /1수				白塔堡途中逢 寧陵忌辰有感 是日入瀋	원운	5언율시 /1수
21	瀋陽有感	동운	7언율시 /1수	瀋陽有感	원운	7언율시 /1수	次韻書狀瀋 陽有感	차운	7언율시 /1수
22	瀋陽遇端午 二首	동운	7언율시 /2수	瀋陽遇端午	동운	7언율시 /3수			
23				廣寧有感	원운	7언율시 /1수	次韻書狀廣 寧有感	차운	7언율시 /1수
24				小凌河韻	원운	5언율시 /1수	次書狀小凌 河韻	차운	5언율시 /1수
25	松山	동운	5언율시 /1수	松山	원운	5언율시 /1수	次書狀松山韻	차운	5언율시 /1수
26	杏山	동운	5언율시 /1수	杏山	원운	5언율시 /1수	次書狀杏山韻	차운	5언율시 /1수
27				撫寧縣	원운	5언율시 /1수	次書狀撫寧 縣韻	차운	5언율시 /1수
28	貞女祠次碑 上王致中韻	차운	7언율시 /2수	貞女祠次壁 上王致中韻	차운	7언율시 /1수	貞女祠次壁 上王致中韻	차운	7언율시 /1수

29	山海關	원운	7언율시/1수	山海關	동운	7언율시/1수	奉次正使山海關韻	차운	7언율시/1수
30				望夫石	원운	7언절구/1수	次書狀望夫石韻	차운	7언절구/1수
31				永平途中	원운	5언율시/1수	次書狀永平途中韻	차운	5언율시/1수
32				玉田途中	원운	7언절구/1수	次書狀玉田途中韻	차운	7언절구/1수
33				薊州途中	원운	7언율시/1수	次書狀薊州途中韻	차운	7언율시/1수
34				漁陽	원운	7언절구/2수	次書狀漁陽韻	차운	7언절구/2수
35							次書狀彩亭橋韻	차운	7언절구/1수
36				滹沱河	원운	7언절구/1수	次書狀滹沱河韻	차운	7언절구/1수
37				通州	원운	7언율시/1수	次書狀通州韻	차운	7언율시/1수
38				燕都感懷	원운	7언율시/8수	燕都感懷次書狀韻	차운	7언율시/1수
39							次書狀淸節祠韻	차운	7언율시/1수
40	榛子店	원운	7언율시/1수	榛子店次上使韻	차운	7언율시/1수			
41	通州二首	원운	7언율시/2수	通州次上使韻	차운	7언율시/1수			
42	和玉齋燕京感懷八首	화운	7언율시/8수	燕京感懷	화운	7언율시/8수			
43	北征聯句	백운	5언절구/50수	北征聯句百韻	백운	5언절구/50수			
	24제 68수			24제 87수			28제 29수		

삼사三使의 운자 운용 양상을 정리해보면, 최석정은 24제 68수, 송상기는 24제 87수, 최규서는 28제 29수의 작품을 차운次韻, 백운연구百韻聯句, 동운同韻, 화운和韻 형식으로 창작했음을 확인할 수 있다. 비율로 환산했을 때 최석정은 50%, 송상기는 65%, 최규서는 63%에 달하는 양이다.

이에 1697년 연행시의 운자 활용 양상을 세분화하여 정리해 보면 크게 세 가지 특징이 발견된다. 첫 번째로 포착되는 양상은 삼사三使와의 차운시次韻詩이다. 이 유형은 여타 연행록에서도 자주 발견되는 현상이나, 전체 작품 수량 대비 삼사三使와의 차운시 비중이 이처럼 폭발적인 경우는 드물다는 점에서 특기할 만하다. 특히 같은 장소에 당도하여 한 명이 감회를 읊고 다른 이가 그 시에 차운하는 방식이 두드러진다. 공간적 담론의 공유 양상이 포착되므로 3장 1절에서 다루도록 하겠다. 두 번째로 발견되는 유형은 연구聯句형식에 포섭되는 백운시百韻詩이다. 최석정과 송상기는 5언 절구 50수를 함께 창작했다. 연구는 시상의 유기적 흐름을 의식할 수밖에 없으며 시상의 조화를 생각하고 창작해야 한다는 점에서 또 다른 제약이 따르는 방식이다. 그에 따라 3장 2절에서는 시 문면에 표출된 주제의 유기적 운용 및 담론 공유 양상을 살펴보는 작업을 진행하고자 한다. 세 번째로 확인되는 유형은 특정 장소에 당도하여 그곳에 남아있는 시를 보고 차운한 경우다. 정자 시판에 기록된 시에 차운한 것과 사당에 남은 다른 문인의 작품에 차운한 유형이 여기에 속하는데, 표 9번의 작품과 28번의 작품이 해당된다. 삼사三使 연행시의 특징적 면모라고 보기에는 수량적으로 적은 양상이므로 이에 대한 논의는 차치하기로 한다.

3. 삼사三使 연행시의 교류성 양상

1) 차운시次韻詩에 드러난 공간 담론의 공유

형식적으로 차운시는 압운한 글자의 순서까지 완벽히 일치시켜야 하므로 용운用韻, 의운依韻에 비해 제약이 크고 난이도가 높은 작시 방법이다. 그럼에도 불구하고 1697년 연행에 임한 삼사三使는 차운을 주된 방식으로 사용해 연행시를 창작했다. 이들이 차운시 창작에 경도 된 이유를 유추해보면 시적 역량의 발현, 지적 유희 수단으로의 활용일 수도 있으나[91] 가장 큰 특징은 상호 교류 수단으로써의 활용이다. 차운시는 기본적으로 원운시 작자와의 소통을 기반으로 하기 때문에 문학적 대화의 일 양상이라고 볼 수 있다. 특히 연행 길에서는 일반적인 화답 형식의 차운시보다 더욱 적극적인 대화가 이뤄질 수밖에 없는데, 동일 공간이라는 장소의 특수성이 자리 잡고 있기 때문이다. 1697년 연행에 임한 삼사三使는 특정 장소에 당도해 같은 광경을 목도한 후 공간 안에서 느끼는 심회를 제각기 표출하면서도 큰 틀만을 공유한 양상을 보인다. 차운시의 작자는 원운시의 형식적 틀과 전체적인 의경을 기반으로 하되 자신이 표출하고 싶은 미시적 주제를 부가하기 때문이다.[92] 이 밖에도 삼사三使는 차운시를 활용해 개인적 감정을 공유하기도 했는데, 이는 주로 행역의 고단함, 환조

---

91 강민호, 「押韻의 미학으로 본 次韻詩의 특성에 대한 연구 : 元白과 蘇軾의 차운시를 중심으로 」, 『中國文學』 72집, 2012. 60면.

92 신은경, 「次韻詩의 상호텍스트적 성격 - 尹善道의 시를 대상으로 -」, 『東洋學』 67집, 2017, 6면.

욕구, 고향에 대한 그리움이라는 단편적인 감정들로 이어진다. 따라서 이 절에서는 1697년 삼사三使 연행시의 가장 특징적인 상호교류성 양상을 고찰하되 의미가 있다고 판단되는 공간적 담론 공유 양상을 확인하고자 한다.

첫 번째로 살펴보고자 하는 공간은 심양이다. 병자호란 이후 이들이 목도한 심양은 봉림대군鳳林大君, 소현세자昭顯世子 그리고 김상헌金尙憲(1570~1652), 최명길崔鳴吉(1586~1647)을 제외하고 언급할 수 없는 공간이었다.[93] 따라서 1697년 연행에서의 심양은 기본적으로 효종을 떠올리게 하는 동시에[94] 김상헌의 외증손인 송상기, 최명길의 손자인 최석정이 함께 마주한 공간이라는 점에서 큰 의미를 지닌다. 김상헌은 척화 행적이 문제시되어 1640년 청나라에 압송되어 구금되었고, 최명길은 명나라와 비밀리에 관계를 맺은 것이 탄로나 1642년 국가적 책임을 지고 청에 억류된 인물이다.[95] 김상헌은 주자학적 이념에 입각해 의리를 강조했고, 최명길은 양명학적 사고를 겸비해 현실 문제 해결에 좀 더 중점을 두었다는 점에서 이들은 방법적 측면에서 노선을 달리한 듯 보인다.[96] 그러나 결국 이는 방법적

93 崔錫鼎, 〈北征聯句〉, 『明谷集』 권5, "瀋衛眞天府, 雄關舊挹婁. 龍潛聖王困, 羝乳老臣拘."

94 宋相琦, 〈白塔堡 遇寧陵忌辰 次副使韻〉, 『玉吾齋集』 권2, "不謂崩天日, 今當到瀋時. 還將遼塞淚, 重作杞人悲. 大業嗟中失, 單車尙北馳. 昔年淹恤地, 遺跡恨難知."

95 이정원, 「遲川 崔鳴吉 漢詩 硏究 : 『북비수창록』을 중심으로」, 성균관대학교 석사논문, 2005, 33면 참고.

96 심양 억류 당시 이들이 수창한 『北扉酬唱錄』을 통해 현실 대응 방식의 차이를 확인할 수 있다.

측면에서 권도權道를 중시했는가 경도經道를 지켰는가에 대한 문제로 귀결될 뿐 본질적 측면에서는 동일하다고 볼 수 있다. 김상헌은 권도權道는 현자도 그르칠 수 있으나 경도經道를 사용하면 모든 사람들에게 어긋나지 않는다고[97] 판단해 경도를 중시했으나, 최명길은 끓는 물과 얼음은 다 같은 물이며 갖옷과 갈옷도 다 옷임을 말하여 행동이 다를 뿐 마음은 같음을[98] 수창시를 통해 드러낸 바 있기 때문이다. 이렇게 본다면 비록 척화와 주화의 형태로 다른 입장을 취하기는 하였으나, 결과적으로 추구하고자 했던 최종 목표는 같았다고 볼 수 있다. 이에 1697년 연행에 임한 김상헌의 외증손인 송상기, 최명길의 손자인 최석정, 그리고 최규서는 자신과 밀접한 연관성을 맺고 있으면서도 역사적 사연을 안고 있는 공간인 심양에 당도해 과거 속에 현존하는 인물들을 반추한다.

[1]

당시의 석실 노선생	當年石室老先生
부절 잡은 한나라의 소무 같았고	握節還同漢子卿
만고에 춘추 정신으로 대의 세웠으니	萬古春秋扶大義
한때 모든 나라에서 높은 이름 우러렀네	一時夷夏仰高名
앞 강물은 아직도 바다로 흘러가건만	朝宗尙有前江水
글 읽는 소리 옛 성에서 찾기 어렵네	絃誦難尋舊日城
부끄럽네, 후손이 더러운 것 감내하면서	慚愧後孫甘澳涊

97 金尙憲, 〈次講經權有感韻〉, 『淸陰集』 권12, "成敗關天運, 須看義與歸. 雖然反夙莫, 詎可倒裳衣. 權或賢猶誤, 經應衆莫違. 寄言明理士, 造次愼衡機."

98 崔鳴吉, 〈用前韻講經權〉, 『遲川先生集』 권3, "靜處觀群動, 眞成爛漫歸. 湯氷俱是水, 裘葛莫非衣. 事或隨時別, 心寧與道違. 君能悟斯理, 語默各天機."

빈의 폐백 높이 들고 연경으로 가고 있으니　手擎豳幣走燕京[99]

[2]
심양에 들어서자 온갖 감회가 일어나니　纔入瀋陽百感生
신정에서 감읍했던 진나라 공경 같네　新亭感泣晉公卿
효종대왕 8년 동안 머물며 근심하셨고　先王淹恤八年地
석실 노선생 천년 동안 인륜으로 이름났네　石老綱常千古名
일월은 정축약조 시절로 거듭 돌아온 듯하고　日月重回丁丑歲
산하는 아직도 혁련성에 둘러싸여있네　山河猶擁赫連城
하늘끝 눈길 가는 곳은 오랑캐먼지로 어두컴컴하니　天涯極目腥塵暗
어느 곳에서 신주의 황제 도성을 찾을 것인가　何處神州覓帝京[100]

[3]
액운 재난을 만나 태어남을 탄식하니　百六逢罹歎我生
그 당시 북비에서 공경들이 곤욕을 당했네　北扉當日困公卿
경도 권도 여러 갈래이나 같은 데로 돌아갔으니　經權爛漫同歸地
중화 오랑캐 사이에 그 명성 쟁쟁해 없어지지않네　夷夏鏘洋不朽名
풀과 나무만 지금의 폐허가 된 심양관에 남아있고　草樹秪今餘廢館
풍연이 예전처럼 황량한 성을 둘러싸고 있네　風煙依舊擁荒城
사신으로 가는 길에 선조의 행적을 회상해보니　星槎比路懷先蹟
옥과 비단 들고 무슨 마음으로 상경 향해 달리는지　玉帛何心走上京[101]

본격적으로 살펴보면 위 작품들은 심양이라는 공간을 배경으로

99 『玉吾齋集』 2권, 〈瀋陽有感〉.

100 『艮齋集』, 1권, 〈次韻書狀瀋陽有感〉.

101 崔錫鼎, 〈瀋陽有感〉, 『明谷集』 권5.

창작된 시이다. 모두 동일 운자를 활용한 것으로 [1]에 해당하는 작품은 송상기의 원운시, [2]는 최규서의 차운시, [3]은 최석정의 차운시이다.

송상기의 작품인 [1]에 해당하는 시는 외증조 김상헌에 대한 회고로 점철되어 있는 양상이다. 1~4구는 김상헌의 당시 행적을 요약적으로 제시하고 있는 부분이다. 1구의 석실노선생石室老先生은 김상헌을 지칭한 것이며, 2구에서는 한나라 소무에 김상헌을 비유해 절의 측면에서 동일함을 강조했다. 소무는 무제 천한天漢 원년에 흉노匈奴에 사신 갔다가 억류되었으나 항복하지 않고 부절符節을 항상 손에서 놓지 않은 채 절의를 지키다가 19년 만에 귀국한 인물이다. 3~4구는 김상헌의 행적과 영향력 말한 것인데 그가 춘추대의에 입각해 대의를 세웠으므로 오랑캐조차 그를 우러렀음을 언급한 것이다. 5~6구에는 명청교체에 대한 감회가 집약적으로 담겨있으며, 송상기가 문명국인 명나라와 청나라를 대조적으로 파악했음을 확인할 수 있다. 5구는 예전과 같이 강물이 바다로 흘러가지만 명나라로 조회갈 수 없음을 언급한 것이고, 6구는 청나라가 집권한 이후 더 이상 글 읽는 소리가 들리지 않음을 드러낸 것이다. 7~8구는 1697년 연행에 임한 자신의 상황을 읊은 것으로 '참괴慚愧'라는 단어에 그의 심정이 응축되어있다. 외증조 김상헌은 심양에 갇혀서도 절의를 지켰으나, 자신은 연행에 임할 수밖에 없음을 괴로워한 것이다.

다음으로 최규서의 차운시 [2]를 살펴보면, 최규서가 송상기의 작품인 [1]의 시상을 가져오면서도 일부 변용시켰음을 확인할 수 있다. 1~2구는 최규서가 심양에 당도한 감회를 토로한 부분으로 자신의 심정을 진晉나라 공경에 투영시켰다. 서진西晉 말년 중원中原이 함락되어 신정新亭에서 공경들이 통곡하자 승상丞相 왕도王導가 "함께 힘을 합쳐 신주神州를 회복할 생각은 하지 않고, 어찌하여 초나라 죄수들처럼 서로 마주 보며 눈물만 흘리는가.[何至作楚囚相對]"라고 꾸짖었다는 고사를 인용한 것이다. 3~4구는 심양에서 효종대왕과 김상헌을 떠올린 것으로 효종대왕, 김상헌, 최명길의 일화가 심양에 자리잡게 됨으로써 심양이 역사 공간으로 변모되었음을 볼 수 있다. 5~6구에 이르면 1637년 청나라와 정축약조를 맺을 당시 그때의 감회가 되살아났음을 알 수 있다. 7구에서는 오랑캐로 대변되는 청나라가 중원을 장악했음을 언급하는 동시에 청나라에 대한 부정적 견해를 담아냈다. 8구는 앞서 1~2구에서 언급한 신주神州를 말해 은연중에 명나라 황제에 대한 그리움을 표출한 것으로 보인다.

마지막으로 최석정의 차운시인 작품[3]을 보면 송상기의 원운시와 유사한 면모를 보이면서도, 최석정이 언급하고 싶었던 최명길에 대한 내용이 강조되어 있음을 확인할 수 있다. 1~2구를 보면 최명길, 김상헌이 함께했던 북비北扉라는 공간을 회고하고 있음을 알 수 있다. 3구에서는 최명길, 김상헌이 각기 따랐던 권도權道와 경도經道에 관한 최석정의 견해를 확인할 수 있다. 이 외에도 최석정은 조부 최명길이 명나라를 존숭하는 의리를 잊지 않았으며, 두 원로의 권도權道와 경도經道가 각각 모두 국가를 위한 것이었음을 상소문에서 밝힌 바 있다.[102] 4구는 최명길과 김상헌이 명나라와 청나라 사람들에게

102 崔錫鼎, [因宋婺源疏 辨誣辭職 仍陳先祖事蹟疏 丙戌」, 『明谷集』 권17, "況於顚沛造次之際, 不忘尊周之義, 因是而備嘗危辱, 阽死靡悔. 至蒙崇禎聖天子惻念褒諭之典, 則其所樹立, 又何如也. 其在燕獄也, 故相臣李敬輿有詩曰, "二老經權各爲公, 擎天大節濟時功. 如今爛熳同歸地, 俱是南冠白首翁." 蓋並指

절의로 존경받았음을 말한 것으로 보인다.[103] 5~6구는 풀, 나무, 풍연으로 표상되는 자연물들은 예전과 같은 모습인 반면 심양관은 폐허가 되어 황량한 성만 남았음을 포착한 것이다. 7~8구는 최명길과 김상헌으로 대변되는 선조의 절개와 행적을 회상하며, 청나라로 사신가는 자신에 대한 평가를 가미한 부분이다.

두 번째로 살펴보고자 하는 공간은 만리장성 동쪽 끝 지점에 위치한 관문인 산해관山海關이다. 산해관은 명나라 때 군사적 요충지 역할을 담당했으나, 청나라에게 함락된 후 명청교체라는 상징성을 띤 공간으로 변모한 곳이다. 그에 따라 연행시에서 자주 등장하는 산해관은 사신들에게 특별한 공간으로 인식되었다. 이에 송상기, 최석정, 최규서가 산해관에서 명청 교체의 현장을 떠올리고 명나라를 회고하면서 서로의 감정을 공유한 정황을 확인하고자 한다.

[1]

북에서 뻗어온 산세에 장엄한 연경	北來山勢壯幽燕
남에 보이는 푸른 바다는 진실로 드넓네	南見滄溟正浩然
만리장성 진나라 2세 때 성대하게 축성되었는데	漫築長城秦二世
한나라 중천 화염에 휩싸였다 탄식한 이 누구인가	誰嘘炎火漢中天
진나라 이사의 글씨 성문 현판에 남아있고	李斯遺墨門楣在

臣祖及故相臣金尙憲也. 夫旣許以濟時之功, 而又美其同歸於南冠, 則斯蓋紀實歎賞之詞, 而足爲後代之公案矣."

103 崔錫鼎, 「因宋婺源疏 辨誣辭職 仍陳先祖事蹟疏 丙戌」, 『明谷集』 권17, "在囚也, 中朝人張文衡謂我人曰,"你國二閣老、一尙書, 以事關天朝之故, 方被繫北獄, 東方節義, 令人起敬. 이 내용을 통해 최명길이 구금되어 있었을 당시 명나라 사람들에게 존경받았음을 확인할 수 있다.

명나라 서달의 큰 법도 성가퀴에 전해지네　徐達弘規堞櫓傳
예로부터 멀리 사신 와 웅장한 필력 갖추었으니　自昔遠游雄筆力
관문 너머서의 시문을 먼저 걱정하지 않으리　未應先怯度關篇[104]

[2]

요동 땅 지나 또 연경으로 들어가면서　領略全遼又入燕
진나라 관문 한번 바라보니 마음이 아득해지는데　秦關一望意悠然
땅 끝 바다에는 천 층의 물결 일고　地窮滄海千層浪
만리장성은 임조에서 만 리 하늘에 닿았네　城自臨洮萬里天
우주의 물 위 거품 모두 얼마나 허망한가　宇宙浮漚凡幾幻
산하에서 사신으로 떠돌며 홍망성쇠 전해듣고　山河逆旅遞相傳
서생이 공연히 시절을 상심하여 눈물 흘리니　書生空有傷時淚
무릎을 치며 시를 지어 옛일을 슬퍼하네　擊節吟成弔古篇[105]

[3]

동으로 요동의 발해와 북으로 연경 끝까지　東經遼渤北窮燕
갑자기 오늘 아침 시야가 확 트이네　忽覺今朝眼豁然
만 마리 말 달리는 듯한 산은 변방에 이어지고　萬馬奔馳山接塞
여섯 자라 뛰어오르는듯한 바다 하늘에 닿아있는데　六鰲騰躍海連天
방비 보탰으나 끝내 관문을 빼앗겼고　添防竟恨重關失
맥 끊겼으나 겨우 진나라 2세에 전해졌었지　絶脈纔看二世傳
오직 오가며 옛날 회상하는 나그네만이　唯有往來懷舊客
멀리 노닐면서 문장으로 남기네　壯遊輸入紀行篇[106]

104 崔錫鼎, 〈山海關〉, 『明谷集』 권5.

105 崔奎瑞, 〈奉次正使山海關韻〉, 『艮齋集』 1권.

106 宋相琦, 〈山海關〉, 『玉吾齋集』 권2.

위 작품은 모두 산해관을 공간적 배경으로 삼아 창작한 것으로 [1]에 해당하는 작품은 최석정의 원운시, [2]는 최규서의 차운시, [3]은 송상기의 차운시이다.

최석정의 작품인 [1]에 해당하는 시는 산해관을 마주한 후 만리장성이 축성된 진나라에서부터 명나라까지의 일을 회고하는데 집중한 작품이다. 1~2구는 산해관 북쪽과 남쪽에 펼쳐진 산세와 바다 전경의 웅장함을 읊은 부분이다. 3~4구는 진나라에서 한나라에 이르기까지 만리장성이 지속적으로 축성되어 이민족의 침입을 막아냈음을 드러낸 것이다. 만리장성이 군사적 경계로 제 역할을 했음을 언급한 것으로 보았을 때 최석정은 산해관을 화이華夷의 경계로 인식하고 있던 것으로 판단된다. 5~6구에서는 현판에 적힌 진나라 이사李斯의 글씨를 언급하고, 명나라에 이르러 서달徐達이 증수增修했음을 말했다. 더불어 아직까지도 진나라와 명나라의 흔적이 남아있음을 드러냈다.

다음으로 최규서의 차운시 [2]를 살펴보면, 최규서가 최석정의 작품인 [1]의 시상을 가져오면서도 자신의 감정을 투영시켜 변용한 양상을 확인할 수 있다. 최석정이 진나라에서부터 명나라까지 이어온 만리장성과 산해관을 객관적 시선으로 읊었다면, 최규서는 산해관을 마주한 뒤 느낀 서글픈 심정을 시에 담아냈다. 1~2구에는 요동 땅에서부터 연경으로 향하는 연행 경로가 드러나며, 최규서가 진나라 관문으로 표현된 산해관을 마주하며 온갖 감회를 느꼈음을 알 수 있다. 3~4구는 산해관에서 마주한 장대한 광경을 그려낸 것으로 임조에서 산해관까지 이르는 장성인 만리장성이 하늘까지 닿을 정도로 광대함을 말한 것이다. 5~6구에 이르면 산해관에서의 감회가 흥망성쇠에서 비롯된 인생무상에 대한 감정으로까지 이어졌음을 확인할 수 있다. 산해관이 명청교체를 상징하는 공간으로 자리 잡으면서 사신들에게 산해관은 정통의 우상을 잃은 아픔이자 회구의 대상이[107] 되었을 것이다. 7~8구에 이르면 감정이 확장되어 깊은 슬픔으로 나아갔음을 볼 수 있다.

마지막으로 송상기의 차운시인 [3]작품을 보면 광대한 산해관의 변함없는 모습과 명청교체 이후의 산해관이 대비적으로 드러난다. 1~4구는 산해관에서 마주한 광활한 풍경을 읊은 것이다. 산은 만 마리 말이 달리는 듯하고 바다는 자라가 뛰어오르는 듯하다고 비유적으로 표현했다. 5~6구는 명나라 서달이 만리장성을 증축해 방어하고자 했으나 청나라에게 관문을 빼앗겼음을 말한 것이다. 이로 인해 산해관이 화이華夷의 경계라는 의미를 상실했음을 알 수 있다.[108] 또한 진나라 진시황이 북방 오랑캐를 막기 위해 만리장성을 쌓았으나, 결국 부질없이 다음 왕인 호해胡亥 때 멸망했음을 언급해 맥이 끊겨 겨우 지금까지 전해졌음을 밝혔다. 7~8구에 이르면 송상기는 사라져버린 과거를 떠올리며 회상에 잠긴 자신의 모습을 시 안에 그려 넣었다. 명청교체 이후 사신들이 마주한 산해관은 예전과 같은 모습이지만 의미를 상실했기에 회상의 공간으로 자리 잡게 되었음을 볼 수 있다.

지금까지 살펴본 바 있듯 연행은 동일 공간 공유라는 점에서 특수성을 지니고 있으므로 삼사三使 사이에 더욱 적극적인 교류가 이루

107 김철 · 황효영, 「명 · 청시기 조선 사신들의 대중국 인식 변화 양상에 대한 연구」, 『아시아문화연구』 39집, 2015, 64면.

108 宋相琦, 〈北征聯句百韻〉, 『玉吾齋集』 권2, "禦暴功思魏, 開門策笑吳. 藩籬輕毀撤, 豺虎遂吞屠."

어질 수밖에 없었다고 논할 수 있겠다. 대표적으로 심양과 산해관을 읊은 원운시와 차운시를 추출해 그들이 논한 역사적 공간을 살펴봄으로써 공간적 담론 공유 양상을 확인할 수 있었다.

2) 백운연구시百韻聯句詩에 표출된 주제의 유기적 운용

이 장에서는 최석정과 송상기의 〈북정연구北征聯句〉 백운시百韻詩를 대상으로 삼아 그 안에 담긴 담론과 주제 공유 양상을 고찰하고자 한다. 운의 최대 효과는 제각기 흩어진 소리들의 연계성을 찾아 일관되게 하여 하나의 완전한 곡조를 이루게 하는 것인데,[109] 이러한 효능을 극대화시켜 활용한 백운시는 운율뿐만 아니라 주제적 측면에서도 통일감을 추구한다. 〈북정연구北征聯句〉 백운시 5언절구 50수는 최석정과 송상기가 한 수씩 번갈아 창작하는 방식이며, 유기적인 주제 운용 양상 및 주제 교류라는 특징이 드러난다. 따라서 선차적으로 50수의 연계성을 살펴보기 위해 주제를 분석해 제시하고, 이동 경로까지 표기해 공간 이동 추이를 따져보고자 한다.

[표 3] 〈북정연구北征聯句〉의 담론 공유 양상 정리표

순번	주제	공간	저자
1	사신에 임하는 태도		최석정
2	正使, 書狀官, 副使에 대한 소개 및 사신에 임하는 태도		송상기
3	연행에 함께 正官에 대한 소개 및 노정 거리 개관		최석정
4	전별 자리에서의 감회	임진강 화석정, 송도 만월대	송상기

109 주광잠 저 · 정상홍 역, 『詩論』, 동문선, 1991, 264면.

5	공간에서 파생된 감회 및 아름다운 예찬	옥류천, 황주 태허루, 평양, 대동강	최석정
6	본격적인 사행길의 시작을 알림	살수(평안도 청천강), 용만(평안도 의주)	송상기
7	이틀 밤 노숙 한 후의 고초 토로		최석정
8	동팔참에 당도한 감회 및 위나라 주허, 연나라 태자 단에 대한 회고	동팔참	송상기
9	심양에서 효정대왕, 김상헌, 최명길의 고난을 떠올림	심양	최석정
10	청나라가 조선을 도와준 일이 없음을 언급하며 약소국의 처지임을 토로		송상기
11	곽조서를 만나러 갔다가 그의 아들 곽원을 만남	거류하, 거류하참	최석정
12	연행길에서 의무려산을 조망	대황기보, 소황기보, 대백기보, 소백기보, 일판문, 의무려산	송상기
13	의무려산에서 옥녀분과 도화동을 떠올리며 조대수 패루를 바라본 감회	의무려산, 영원(조대수 패루)	최석정
14	조대수 진영인 금주를 바라보고 명말 장수 원숭환을 영원성에서 떠올림	금주(금주성), 영원성	송상기
15	만리장성과 진시황에 대한 아쉬움 토로	만리장성	최석정
16	위국공 서달이 만리장성을 다시 쌓은 것언급, 오삼계의 계책 비웃음	만리장성	송상기
17	오랑캐 풍으로 변모한 모습 비판		최석정
18	이광과 이목의 일화 및 이제묘와 전설 속옥전 언급	영평(이제묘)	송상기
19	청나라 풍속		최석정
20	청나라 불교 및 통주 노하의 부유함 포착	계주(독락사), 통주(노하)	송상기
21	북경에 도착한 경위와 당시 계절	북경, 동악묘, 옥하관	최석정
22	북경에 도착한 다음날 홍려시에 가서 조회한 후 부정적 감회 표출	북경, 예부, 홍려시	송상기
23	계를 올렸으나 마찰이 발생했음을 토로	예부	최석정
24	청나라가 세자 책봉을 허락했다는 소식을 들은 후 기쁨 표출		송상기
25	청나라가 세자 책봉을 허락했다는 소식을 들은 후 기쁨 표출		최석정

26	사신의 괴로움 토로		송상기
27	청나라의 풍습(청나라 마술사 포착)		최석정
28	청나라의 풍습(마술사를 보고 잠시 웃었으나 여전히 청나라에 대해 부정적임을 표출)		송상기
29	청나라의 풍습(청나라 가게, 거리의 화려함 포착. 예를 저버리고 문과 선비를 천시했다고 논함		최석정
30	청나라의 풍습(침상의 장식, 술, 향기로운 차, 초나라 춤, 오나라 노래)		송상기
31	청나라에 대한 부정적 견해 표출		최석정
32	명나라 멸망 회고와 청나라에 대한 부정적 견해 표출		송상기
33	명나라 멸망 회고와 청나라에 대한 부정적 견해 표출		최석정
34	고향과 어버이에 대한 그리움		송상기
35	돌아가기를 재촉함		최석정
36	고향에 대한 그리움과 사행길의 고달픔		송상기
37	서장관 송상기의 재능과 풍류 예찬		최석정
38	정사 최석정의 재능과 문장 예찬		송상기
39	노쇠함을 한탄		최석정
40	사신으로 인해 흉금이 단단해지고 시의 운치가 깊어졌음을 말함		송상기
41	부사 최규서의 성품과 재능 예찬		최석정
42	삼사에 대한 애틋함 표출		송상기
43	삼사와의 우정 표출		최석정
44	임금의 은혜		송상기
45	사신 임무를 무사히 마쳤음을 논함		최석정
46	고향으로 돌아가 자연과 벗하는 삶 소망		송상기
47	이번 연행이 10년 만에 떠난 2차 연행임을 드러냄		최석정
48	계절의 변화를 언급해 환조 했음을 밝힘		송상기
49	서장관 송상기의 문재와 위엄 예찬, 부사 최규서가 연구를 함께 짓지 않은 것에 대해 부정적으로 말함		최석정
50	연구를 함께 짓지 않은 부사 최규서에게 백운 연구시가 옛 사람을 모방해 지은 시보다 나으므로 보고 비웃지 말라고 말함		송상기

위 표를 통해 확인한 바 있듯 〈북정연구北征聯句〉 백운시百韻詩는 내용적 측면에서 두 사람이 함께 창작했다고 보기 어려울 정도로 개별 작품들이 유기적으로 연결되어 있으며, 공간적으로도 이동 경로에 따라 순차적 면모를 보임을 알 수 있다. 더 나아가 〈북정연구北征聯句〉는 두 명의 작가가 자신의 시각을 반영하여 청나라의 다양한 양상을 조망하려 한 작품이므로 연속성 속에서 변화를 추구하고 변화 속의 연속성을 추구한 작품으로 파악된다. 통일성을 증폭시키면서도 단조로움을 축소시키는 미감을 추구하고자 했음을 알 수 있다.[110]

그 밖에 이 작품이 지닌 독특한 점은 삼사三使 중에서 최석정과 송상기만이 〈북정연구北征聯句〉를 짓게 된 경위다. 최석정과 송상기가 최규서에게도 연구를 함께 짓자고 제안했으나, 최규서가 여러 이유를 들어 장율長律과 연구聯句를 짓지 않겠다고[111] 표명한 바 있다. 이에 최석정은 최규서를 양주처럼 자기를 위하는 학문의 최고 경지라고 비판했고,[112] 송상기는 연구시를 비웃지 말라고 경고했는데,[113] 〈북정연구北征聯句〉 49번째 시, 50번째 시에서 이와 같은 내용을 확인할 수 있다.

첫 번째로 살펴볼 작품들은 최석정의 〈북정연구北征聯句〉 13번째

---

110 강민호, 「押韻의 미학으로 본 次韻詩의 특성에 대한 연구 : 元白과 蘇軾의 차운시를 중심으로 」, 『中國文學』 72집, 2012, 54면.

111 宋相琦, 〈北征聯句百韻〉, 『玉吾齋集』 권2, "此令, 以長律聯句爲多事不肯. 僕笑謂爲我之學上關. 用崔顥事."

112 崔錫鼎, 〈北征聯句〉, 『明谷集』 권5, "自應輕李白, 無乃學揚朱."

113 崔錫鼎, 〈北征聯句〉, 『明谷集』 권5, "和璧嫌彈雀, 祥金恥躍爐. 傍觀休笑拙, 亦勝畫葫蘆."

시와 송상기의 〈북정연구北征聯句〉 14번째 작품이다. 명나라 말 장수들에 대한 거시적 담론 공유 양상이 포착되므로 살펴볼 필요가 있다. 영원위寧遠衛에 있는 조대수祖大壽(미상~1656) 형제 패루는 명청 교체를 떠올리는 주요 장소로 자리 잡게 되면서 18세기 초기 연행록에 새롭게 추가된 유적지라고 할 수 있다.[114] 〈북정연구北征聯句〉를 통해 보았을 때 17세기 말부터 점차 영원위와 조대수 패루에 대한 언급이 시작되었음을 확인할 수 있는 동시에 두 작품이 내용적 측면에서 유기성을 가짐을 볼 수 있다.

[1]

옥녀분 맑고 깨끗한데	玉女盆淸澈
도화동도 실제 있었을지	桃花洞有無
조대수 패루는 완연하게 남았는데	門樓宛猶在
원숭환 너를 어찌 탓하겠는가	督帥爾何誅[115]

[2]

금주성에서 항복한 단을 보니	錦堞降壇見
영성에 전사들의 뼈가 말랐네	寧城戰骨枯
근심스런 구름은 부질없이 참담해 보이는데	愁雲空慘淡
원숭환의 원통한 핏자국이 아직도 아른거리네	寃血尙糢糊[116]

최석정의 작품[1]을 살펴보면, 1~2구에는 의무려산 위에 자리한다

114 김현미, 「18세기 연행록의 전개와 특성 연구」, 이화여대 일반대학원 박사학위논문, 2004, 53면 참조.

115 崔錫鼎, 〈北征聯句〉, 『明谷集』 권5, 13번째 수.

116 崔錫鼎, 〈北征聯句〉, 『明谷集』 권5, 14번째 수.

고 전해지는 옥녀분玉女盆과 도화동桃花洞이 실제로 존재하는 곳인지 의문시하는 내용이 담겨있다. 3~4구는 조대수祖大壽(미상~1656) 패루를 마주하고 원숭환袁崇煥(1584~1630) 장수의 일화를 떠올리고 있는 부분이다. 최석정은 명나라 원숭환 장수가 청나라 태종을 막아내고자 힘썼기에 명청교체가 그의 탓이 아님을 말하는 동시에 끝내 청나라에 항복한 조대수의 패루가 아직도 화려하게 남아있음을 비판적으로 드러냈다.

송상기의 작품[2] 역시 조대수와 원숭환에 대한 담론을 이어갔음을 볼 수 있는데, 1~2구는 조대수가 진영을 설치했던 금주성에서 명나라 말기 영원위를 지키다 죽은 이들을 떠올린 것이다. 3구에는 명청교체에 대한 송상기의 심정이 '수운愁雲'이라는 경물을 통해 구체화되어 있다. 4구는 원숭환에 대한 내용으로 그의 원통한 핏자국이 아직도 아른거린다고 표현한 것으로 보아 명나라를 지키지 못한 조대수를 은연중에 원망하고 있음을 알 수 있다.

지금까지 확인한 바 있듯 최석정과 송상기 작품에 등장하는 조대수는 원숭환과 대비되면서 명나라를 지키지 못한 인물로 그려져 있음을 알 수 있다. 최석정과 송상기는 동일한 장소에서 조대수와 원숭환을 회고하며 명청교체에 대한 안타까움을 공유한 것이다. 조대수와 원숭환에 대한 이 같은 평가는 18세기 연행록에 이르러 더욱 심해짐을 확인할 수 있다.[117]

---

117 김현미, 「18세기 연행록의 전개와 특성 연구」, 이화여대 일반대학원 박사학위논문, 2004, 53면 참조. 이정신(1712)은 영녕사와 조대수 묘를 둘러보면서 매우 길게 조대수에 대한 원망을 토로하고 있으며, 한덕후(1732) 역시 영원위에서 원숭환의 일화를 소개한 후 원숭환이 잘 했는데도 형세가 뒤집히지

두 번째로 살펴볼 작품들은 최석정의 〈북정연구北征聯句〉 27번째 시와 송상기의 〈북정연구北征聯句〉 28번째 작품으로 청나라의 특이한 볼거리를 마주한 이들의 담론 공유 양상이 드러난다. 작자가 상이함에도 불구하고 동일 공간에서 동일 대상을 목도해 통일감 있게 시를 창작했다는 점에서 유기성을 지닌다. 내용적 측면에서 주목할 점은 17세기까지는 존명배청 사상이 짙은 시기라 청나라의 화려함을 말하면서도 적대시하는 감정이 지배적이었음을 이들 작품을 통해 확인할 수 있다는 것이다. 이 외에 〈북정연구北征聯句〉 29번째, 30번째 작품에서도 청나라 거리의 화려함과 풍습을 시에 담았으나, 큰 틀에서 존명배청 의식이 시를 지배하고 있는 양상이다.

[1]

마술사는 여러 사람의 눈을 속이고	幻子瞞群目
생긴 모양마다 귀신같은데	形形類鬼符
폭죽에 온갖 재미 숨겼다가	燈籠藏百戲
가지가지 새 모양 만들어 내네	種種出新模[118]

[2]

특이한 볼거리에 잠시 웃음 지었지만	異觀聊相噱
복잡한 속내에 끝내 기쁘지 않네	煩襟竟未愉
소반의 생선에는 파리가 득실대고	盤腥集蠅蜹
푸줏간 고기에는 들오리 섞여있네	庖肉雜駕梟[119]

못한 것에 대해 통분 할 만 하다고 이야기하며 조대수, 조대락 형제에 대해 비판적 견해를 토로한 바 있다.

118 崔錫鼎, 〈北征聯句〉, 『明谷集』 권5, 27번째 수.

작품[1]을 살펴보면, 최석정이 청나라의 마술사의 모습에 주목했음을 알 수 있다. 18세기 이전까지 청나라의 마술을 다룬 연행시가 거의 없다는 점에서 의미를 지니는 작품이다. 또한 조선전기 이후 우리나라에서는 마술공연이 금지되었기에 마술사의 모습은 상당히 흥미로운 문화였을 것이다.[120] 그에 따라 최석정의 작품에는 사람의 눈을 속이며 갖은 재미를 선사하는 마술사에 대한 문화적 놀라움이 담겨있다. 다음으로 송상기가 지은 작품[2]를 보면, 최석정과 송상기가 같은 광경을 목도했음을 알 수 있다. 그러나 송상기는 마술을 있는 그대로 즐기지 못하고 청나라로 변한 시대적 갈등을 표출한 것으로 확인된다. 이는 청나라를 이적시하면서도 그 나라가 이룩한 예상하지 못했던 경제적 문화적 번성 앞에서 느꼈던 깊은 갈등을 보여주고 있는 것이다. 존명배청 의식이 강했던 17세기에 행해진 연행이라 18세기 후반부터 19세기 사신들의 작품에서 볼 수 있는 교류성 양상 혹은 발전적 면모에 대한 탐구 양상은 보이지 않음을 확인할 수 있다.[121]

세 번째로 살펴볼 작품들은 최석정의 〈북정연구北征聯句〉 32번째 시와 송상기의 〈북정연구北征聯句〉 33번째 작품인데, 직접적으로 표면에 드러난 대청의식을 확인할 수 있다. 이들은 명나라가 청나라가로 교체됨을 받아들이지 못해 부정적 심회를 그대로 노출시킨 것으

119 崔錫鼎, 〈北征聯句〉, 『明谷集』 권5, 28번째 수.

120 임준철, 「幻戲詩 통해 본 청대 북경의 幻術 - 金進洙의 〈幻戲宴〉 二十八首를 중심으로 -」, 『동아시아문화연구』, 50권, 2011, 217면.

121 이혜순, 「姜瑋의 燕行詩에 나타난 시대정신」, 『이화어문논집』 15집, 1997, 237면.

로 보인다.

[1]
성궐에는 낙타 가득하고 城闕群駝滿
관아에는 풀이 무성하네 官衙衆草蕪
하늘이 이와 같이 취했으니 皇天如此醉
시대의 운수는 어찌 이리도 더러운가 世運一何汙[122]

[2]
여기저기 요새를 만들어 놓았으나 謾設金湯地
허망하게 육지와 바다 열었으니 虛開陸海區
처음에는 도적이 생겨났지만 始焉生闖賊
결국에는 선우에게 빼앗겼구나 終乃付單于[123]

최석정의 작품[1]은 낙타가 가득한 성궐과 풀이 무성한 관아를 살핀 후 청나라가 들어섰음을 직접적으로 인지함에 따라 청나라를 부정적으로 말한 것이다. 시대의 운수가 더러워 청나라가 중원을 장악한 것이라고까지 직접적으로 감정을 토로하고 있다. 더 나아가 오랑캐의 지배 자체를 운수의 더러움으로 변용시켜 청나라에 대한 부정적인 인식을 드러낸 것이다. 송상기의 작품[2] 역시 최석정의 작품과 연계성을 지닌다. 시대의 변화를 자세히 설명하고 있는 양상인데, 처음에는 이자성李自成(1605~1645)이 난리를 일으켰으나 결국에는 청나라에게 나라를 빼앗긴 상황을 언급한 것이다. 송상기는 명나라

122 崔錫鼎, 〈北征聯句〉, 『明谷集』 권5, 32번째 수.
123 崔錫鼎, 〈北征聯句〉, 『明谷集』 권5, 33번째 수.

를 그리워하며 숭명배청 의식이 강했던 인물이기에[124] 명청교체 상황을 더욱 안타깝게 여긴 것으로 생각된다.

이 절에서는 백운연구시百韻聯句詩을 중심으로 주제의 유기적 운용을 통한 담론의 소통 양상을 확인하였다. 실질적 작품 분석을 통해 주제 운용 측면에서 개별 작품들이 유기적으로 연결되어 있음을 파악할 수 있었다. 그 밖에도 연행시의 담론 공유 양태를 추적하는 과정 속에서 17세기 연행록이 가지는 특징을 추출해 그 의미까지도 확인할 수 있었다.

4. 맺음말

지금까지 1697년 당시 연행에 임했던 최석정, 송상기, 최규서의 작품들을 연구 대상으로 상정해 삼사三使 연행시의 교류성을 조명하고자 했다. 이는 삼사三使가 남긴 차운시次韻詩와 백운연구시百韻聯句詩를 대화와 소통이라는 관점에서 바라보고자 한 시도였다. 그에 따라 미시적으로는 이들이 나눈 공간 담론, 주제의 유기적 운용 양상을 확인할 수 있었으며, 거시적으로는 17세기 후반 연행에 임한 이들이 공유했던 특징적인 인식세계까지도 엿볼 수 있었다.

필자는 이 글을 통해 크게 두 가지 성과를 얻을 수 있으리라 기대한다. 첫 번째는 연행시 안에서 삼사三使의 상호교류성을 발견할 수

124 宋相琦, 『玉吾齋集』 권2, 〈燕京感懷〉. 송상기는 〈燕京感懷〉 8수를 지었는데, 1~5수는 모두 명나라를 회고하는 내용으로 점철되어있다.

있다는 점이다. 상호교류성과 연관이 있는 기존 연구 성과를 확인해 보면, 일록 형식을 취하는 연행록의 경우에는 서술방식에서의 상호텍스트성[125] 및 후대 사행록과의 상호텍스트성에 관한 연구가 이미 진행된 바 있으며,[126] 특정 시기 연행록의 형식적 특징과 변천 양상까지도 연구되었다.[127] 그러나 시 형식으로 구성된 연행록 같은 경우에는 차운시를 통해 전대 연행록 수용 양상을 규명하고자 한 시도만이 있는 실정이다.[128] 앞서 시도된 연행시의 전대 연행록 수용 · 변이 양상이 수직적인 상호교류성에 관한 것이라면, 이 글에서 논의한 삼사三使 연행시의 교류 양상은 수평적인 상호교류성의 성격을 강하게 지닌다. 더 나아가 특정 공간에 당도했을 때 전대의 역사적 일을 회고하여 담론을 활성화시키고 있으므로 수직적 상호교류성도 지니고 있다고 평할 수 있겠다. 이렇게 본다면 상호교류성에 입각해 연행시를 분석하는 것은 연행시의 글쓰기 양상을 밝히는 또 다른 작업이 될 수 있으며, 새로운 인식의 틀을 발견할 수 있는 종합적인 방법이 되리라 여긴다.

125 상호텍스트성은 텍스트가 그 자체로서 완결적인 의미를 갖는 것이 아니라 언제나 과거 혹은 동시대의 다른 텍스트들과의 연관관계 아래에서 의미작용이 완성됨을 뜻한다. 줄리아 크리스테바, 「말, 대화, 그리고 소설」, 『바흐친과 문학이론』, 문학과지성사, 1997, 235면.

126 김아리, 「『老稼齋燕行日記』의 글쓰기 방식 - 상호텍스성을 중심으로 -」, 『한국한문학연구』 25집, 2000. ; 김영죽, 「연행 體驗 기록의 慣行과 그 매커니즘」, 『한문고전연구』 34권, 2017.

127 김현미, 「18세기 연행록의 전개와 특성 연구」, 이화여대 일반대학원 박사학위논문, 2004.

128 김묘정, 「姜銑의 『燕行錄』 연구」, 『한국문학연구』 50집, 2016.

두 번째는 삼사三使의 연행시 연구를 통해 최석정, 최규서, 송상기의 인식세계를 확인할 수 있다는 점이다. 이 글에서는 특히 최석정과 송상기의 연행이 김상헌, 최명길과 연결되면서 이들의 관계망을 비롯해 주화와 척화에 관한 당대 그리고 후대 사람들이 지니고 있던 인식의 틀을 일면 밝혔다고 사료된다. 최석정, 최규서 같은 경우에는 문학세계나 의식세계에 대한 직접적인 조명이 이루어지지 않았기에 이 글이 이들의 대청·대명 인식을 비롯해 인식세계를 밝히는 작은 기점이 되었으면 한다.

참고문헌

1. 資料

金昌協, 『農巖集』

南九萬, 『藥泉集』

尹光紹, 『素谷遺稿』

李敬輿, 『白江先生集』

李珥, 『栗谷全書』

李宗城, 『梧川先生集』

張維, 『谿谷集』

鄭齊斗, 『霞谷集』

趙泰億, 『謙齋集』

崔奎瑞, 『艮齋集』

崔鳴吉, 『遲川先生集』

崔錫鼎, 『明谷集』,

崔昌大, 『昆侖集』

趙穆, 『月川集』,

洪萬宗, 『詩評補遺』 上下(존경각본).

『疏箚輯要』

『肅宗實錄補闕正誤』

『肅宗實錄』

『晉書』

『韓國思想史學』 32집, 思想社會研究所, 2009.

조선왕조실록, http://sillok.history.go.kr/main/main.do

한국고전번역원, '한국고전종합DB' http://db.itkc.or.kr/

2. 單行本

송상기 저 · 김기 외3 역, 『玉吾齋集』, 問津, 2013.

宋相琦, 『玉吾齋集』, 韓國文集叢刊 171, 民族文化推進會, 1760.

안대회, 『궁극의 시학 : 스물네 개의 시적 풍경』, 문학동네, 2013.

정대림, 『한국고전비평사 - 조선후기편』, 태학사, 2001.

주광잠 저 · 정상홍 역, 『詩論』, 동문선, 1991.

줄리아 크리스테바, 「말, 대화, 그리고 소설」, 『바흐친과 문학이론』, 문학과지성사, 1997.

하정승, 『고려조 한시의 품격 연구』, 다운샘, 2002.

3. 論文

권진옥, 「明谷 崔錫鼎의 논설류 산문 연구」, 『동양고전연구』 70, 동양고전학회, 2018.

______, 「明谷 崔錫鼎의 記文 연구」, 『동아시아고대학』 49, 동아시아고대학회, 2018.

강민호, 「押韻의 미학으로 본 次韻詩의 특성에 대한 연구 : 元白과 蘇軾의 차운시를 중심으로 」, 『中國文學』 72, 2012.

강신엽, 「崔錫鼎의 政治 思想」, 『동국사학』 28, 동국사학회, 1994.

김동준, 「崔錫鼎의 語文觀과 文明認識 - 經世正韻五贊을 중심으로 - , 『한국고전연구』 42, 한국고전문학회, 2012.

김묘정, 「1697년 三使 연행시의 교류성 연구 - 崔錫鼎 · 宋相琦 · 崔奎瑞의 작품을 중심으로 - 」, 『한민족어문학』 78, 한민족어문학회, 2017.

______, 「姜銑의 『燕行錄』 연구」, 『한국문학연구』 50집, 2016.

김석득, 「실학과 국어학의 전개 : 崔錫鼎과 申景濬과의 학문적 거리」, 『동방학지』 16, 연세학교 국학연구원, 1975.

김성숙, 강미경, 「최석정의 직교라틴방진」, 『한국수학사학회지』 23, 한국수학사학회, 2010.

김아리, 「『老稼齋燕行日記』의 글쓰기 방식 - 상호텍스성을 중심으로 - 」, 『한국한문학연구』 25집, 2000.

김영주, 「조선후기 소론계 문인의 문학론 연구」, 경북대학교 대학원 박사학위논문, 2005.

______, 「조선후기 소론계 문학이론의 특징 연구 (1)」, 『퇴계학과 유교문화』 35, 경북대학교 퇴계연구소, 2004.

김영죽, 「연행 體驗 기록의 慣行과 그 매커니즘」, 『한문고전연구』 34, 2017.

김영진, 「燕行錄의 체계적 정리 및 연구 방법에 대한 試論」, 『대동한문학회』 34, 대동한문학, 2011.

김용운, 「최석정의 마법진」, 『한양대학교 논문집』 8, 한양대학교, 1974.

김용흠, 「소론 정승이 장희빈을 살리려는 이유는? - 명곡 최석정의 정치 노선과 탕평책 -」, 『내일을 여는 역사』 66, 2017.

______, 「숙종대 소론 변통론의 계통과 탕평론 - 明谷 崔錫鼎을 중심으로 -, 『한국사상사학』 32, 한국사상사학회, 2009.

김철 · 황효영, 「명 · 청시기 조선 사신들의 대중국 인식 변화 양상에 대한 연구」, 『아시아 문화연구』 39, 2015.

김현미, 「18세기 연행록의 전개와 특성 연구」, 이화여대 일반대학원 박사학위논문, 2004.

노상균, 「『전아』 의경의 미학사적 고찰」, 『中語中文學』 25, 한국중어중문학회, 1999.

박성래, 「한국 역사상 가장 뛰어난 수학자 최석정」, 『과학과 기술』 37, 한국과학기술단체총연합회, 2004.

박은순, 「朝鮮時代의 樓亭文化와 實景山水圖」, 『미술사학연구』 250 - 251, 미술사학연구, 2006.

배윤덕, 「崔錫鼎의 經世正韻 연구 : 外內四攝부터 外內八攝까지」, 『국어국문학』 114, 국어국문학회, 1995.

______, 「崔錫鼎의 經世正韻 硏究 : 韻攝圖와 관련하여」, 『국어국문학』 104, 국어국문학회, 1990.

______, 「崔錫鼎의 經世正韻 硏究」, 『동방학지』 71 - 72, 연세대학교 국학연구원, 1991.

백진우, 「朝鮮後期 史論 散文 硏究」, 고려대학교 박사논문, 2011.

설석규, 「조선시대 儒生上疏의 유형과 推移」, 『경북사학』 17 - 18, 경북사학회, 1995.

송혁기, 「노 · 소 분기기의 학적 지형과 남구만 계열 소론계의 문학비평」, 『고전과해석』 10, 고전문학한문학연구학회, 2011.

______, 「論說類 산문의 문체적 특징과 작품양상」, 『동방한문학』 31, 2006.

송홍엽, 「오일러를 앞선 최석정의 오일러방진」, 『정보와 통신』 30, 한국통신학회, 2013.

신병주, 「17세기 후반 소론학자의 사상 : 윤증 · 최석정을 중심으로」, 『역사와 진실』 13, 한국연사연구회, 1994.

신은경, 「次韻詩의 상호텍스트적 성격 - 尹善道의 시를 대상으로 -」, 『東洋學』 67, 2017.

심소희, 「조선후기 문인들의 서신을 통한 성운 인식 고찰 - 최석정과 정제두의 서신을 중심으로 -」, 『중국언어연구』 38, 중국어문학회, 2012.

______, 「최석정의 《經世訓民正音圖說》연구」, 『중국어문학논집』 73, 중국어문학회, 2012.

______, 「최석정의 《황극경세 · 성음창화도》에 대한 인식」, 『한중언어문화연구』 28, 한국중국언어문화연구회, 2012.

______, 「최석정의 『經世訓民正音圖說』 연구 - 「聲音律呂唱和全數圖」와 『經史正音切韻指南』의 체제 비교를 중심으로 -」, 『중국어문학논집』 73, 중국어문학연구회, 2012.

______, 「『經世訓民正音圖說』 坤冊 「群書折衷」 연구」, 『민족문화』 43, 한국고전번역원, 2014.

심소희, 구현아, 「조선시기 최석정과 황윤석의 성음인식 비교 - 『皇極經世, 聲音唱和圖』에 대한 훈민정음 표음체계의 분석을 중심으로」, 『중국언어연구』 45, 한국중국언어문화연구회, 2013.

안대회, 「18세기 시사의 현황과 전개양상」, 『고전문학연구』 44, 한국고전문학회, 2013.

안세현, 「조선중기 누정기 연구」, 고려대학교 국어국문학과 박사학위논문, 2009.

______, 「조선후기 누정기의 특징적 면모」, 『동양한문학연구』 31, 동양한문학회, 2010.

양기정, 「『禮記類篇』의 編刊과 毁板 · 火書에 관한 연구」, 성균관대학교 석사논문, 2011.

______, 「『禮記類編』의 編纂과 刊行에 대한 연구」, 『서지학보』 38, 한국서지학회, 2011.

오영숙, 「숙종대의 과학과 실학 . 조선후기 산학(算學)의 일면(一面) : 최석정(崔錫鼎)의 산(算) 읽기」, 『한국실학연구』 24, 한국실학학회, 2012.

유호진 · 우응순, 「樓亭題詠의 시공간적 분포와 그 의미」, 『민족문화연구』 40, 고려대학교, 2004.

윤명선, 「崔錫鼎의 生涯와 學問」, 전남대학교 교육대학원 석사논문, 1996.

윤재환, 「명곡 최석정 상소문 연구 : 「因宋婺源疏 辨誣辭職 仍陳先祖事蹟疏」를 중심으로」, 『한국문학과 예술』 27, 숭실대학교 한국문학과예술연구소, 2018.

______, 「欒泉 南九萬 上疏文의 構成 原理와 展開 樣相」, 『韓民族語文學』 74, 韓民族語文學會, 2016.

윤태주, 「崔錫鼎의 九數略에 나타난 數理思想과 유럽數學의 收容에 對한 考察」, 경북대학교 교육대학원 석사학위논문, 1988.

이강렬, 「오음 윤두수의 누정시에 나타난 시공간 인식」, 『한문학논집』 24, 근역학문학회, 2006.

이상구, 이재화, 「최석정(崔錫鼎)의 산학연구와 《양와집(養窩集)》의 저자 이세구(李世龜)」, 『한국수사학회지』 28, 한국수학사학회, 2015.

이석형, 「문학 풍격용어(風格用語)'혼후'(渾厚)의미 판석(辨析)」, 『中國學報』 38, 1998.

이정원, 「遲川 崔鳴吉 漢詩 研究 : 『북비수창록』을 중심으로」, 성균관대학교 석사논문, 2005.

이현우, 「16~18세기 영호남 누정에 깃든 문화경관의 의미론적 해석」, 『문화재』 45, 국립문화 재연구소, 2012.

이혜순, 「姜瑋의 燕行詩에 나타난 시대정신」, 『이화어문논집』 15, 1997.

이황진, 「곤륜 최창대의 누정시 연구」, 『한국고전연구』 48, 한국고전연구학회, 2020.

이희재, 「17세기 조선후기 최석정의 훈민정음의 역학적 원리 연구」, 『대동철학』 66, 대동철학회, 2014.

______, 「17세기 최석정의 신뢰사회 구축을 위한 조화와 탕평의 리더십」, 『율곡사상연구』 23, 율곡연구원, 2011.

______, 「최석정의 『禮記類篇』에서 본 학례」, 『공자학』 22, 한국공자학회, 2012.

______, 「최석정의 『禮記類篇』에서의 家禮觀」, 『동양예학』 27, 동양예학회, 2012.

______, 「최석정의 『禮記類篇』에서의 길례와 흉례」, 『동양예학』 33, 동양예학회, 2014.

임준철, 「幻戱詩 통해 본 청대 북경의 幻術 -金進洙의 〈幻戱宴〉 二十八首를 중심으로-」, 『동아시아문화연구』 50, 2011.

정해남, 「수학철학적 관점에서 본 〈구수략〉」, 『한국수학사학회지』 22, 한국수학사학회, 2009.

조희영, 「明谷 崔錫鼎, 易數로 邵康節과 소통 후 남긴 메시지 탐색」, 『동방학지』 189, 국학연구원, 2019.

______, 「『九數略』, 송대 도서상수학으로 짜인 조선수학서」, 『정신문화연구』 40, 한국학중앙연구원, 2017.

최　식, 「奏議類 散文의 特徵과 展開樣相」, 『東方漢文學』 31, 동방한문학회, 2006.
최상진, 「崔錫鼎의 陰陽動靜論과 탈미(Talmy)의 動力學 패턴 比較, 『어문연구』28, 한국어문교육연구회, 2000.

저자 소개

권진옥 한국고전문학텍스트연구소 책임연구원. 동양학연구원 선임연구원을 겸하고 있다. 고려대학교에서 「귤산 이유원의 학문 성향과 유서・필기 편찬에 관한 연구」로 박사학위를 취득했으며, 논문으로 「陶菴 李縡 碑誌類 문장의 일고찰」, 「明谷 崔錫鼎의 記文 연구」, 「昆侖 崔昌大의 문장론 연구」 등이 있다. 번역서로 『낙전당집(공역)』, 『어우집(공역)』, 『도암집(공역)』, 『한비자집해(공역)』, 『오천집(단독)』 등이 있다.

김묘정 한국고전문학텍스트연구소 책임연구원. 단국대학교에서 「17세기 小北八文章의 시세계 연구」로 박사학위를 취득했으며, 논문으로 「雪峯 姜栢年의 시세계 고찰」, 「晩洲 鄭昌冑의 시세계 연구」, 「小北 문인집단의 지식 공간 양상과 그 의미 -別墅詩會를 중심으로」 등이 있다.

김효정 한국고전문학텍스트연구소 상임연구원. 단국대학교 대학원 국어국문학과 박사과정을 수료했다. 논문으로 「17세기 전반 北人系 南人 文士들의 교유」・「斗峯 李志完의 詩世界 考察」 등이 있으며, 17세기 전반 북인계 남인 문사의 시문학을 대상으로 박사학위 논문을 준비 중에 있다.

유명석 한국고전문학텍스트연구소 선임연구원. 단국대학교 대학원 국어국문학과 박사 과정 중에 있으며, 한국고전번역원 부설 고전번역교육원 연수과정을 마쳤다. 논문으로 「月汀 尹根壽의 『朝天錄』 所載 使行詩 硏究」・「東州 李敏求의 「東游錄」 硏究」 등이 있다.

유진희 한국고전문학텍스트연구소 상임연구원. 단국대학교 대학원 국어국문학과 박사과정을 수료했으며, 한국고전번역원 부설 고전번역교육원 연수과정을 마쳤다. 논문으로 「訥齋 朴祥의 詩에 나타난 歸去來 意識 硏究」・「思菴 朴淳의 卽興詩 硏究」 등이 있으며, 16세기 초반 學唐을 중심으로 박사학위 논문을 준비 중에 있다.

윤재환 한국고전문학텍스트연구소장. 단국대학교 국어국문학과 교수로 동양학연구원 번역실장을 겸하고 있다. 星湖와 順菴, 茶山 등을 중심으로 한 조선 중·후기 근기남인들의 문학세계 연구에 주력하고 있으며, 저서로 『매산 이하진의 삶과 문학 그리고 성호학의 형성』·『조선 후기 근기 남인 시맥의 형성과 전개』 등이 있다.

이황진 한국고전문학텍스트연구소 책임연구원으로 단국대학교 국어국문학과 연구전담교수이다. 중국 廣西師範大學에서 박사학위를 취득했으며, 논문으로 「顧雲이 최치원에게 준 송별시 〈고운편〉에 대한 진위 고증」, 「중[僧] 관련 한·중 속담 비교 연구」 등이 있다.

한국고전문학텍스트연구소기획연구총서 2

명곡 최석정 문학세계에 대한 접근의 일단

2020년 4월 10일 초판 1쇄 발행

기　획 : 한국고전문학텍스트연구소
지은이 : 권진옥 · 김묘정 · 김효정 · 유명석
　　　　유진희 · 윤재환 · 이황진
펴낸이 : 김병환
펴낸곳 : 학자원
주　소 : 서울시 강동구 천호대로 1121
전　화 : 02) 6403-1000
팩　스 : 02) 6338-1001
E-mail : hakjaone@daum.net
등　록 : 2011년 3월 24일 제2011-14호

ISBN 979-11-6247-175-3 94810
　　　979-11-6247-165-4 (세트)

값 20,000원